老人心灵呵护系列丛书

陪伴咱爸妈

主编
方树功
王洋

学苑出版社

图书在版编目（CIP）数据

陪伴咱爸妈 / 方树功，王洋主编. -- 北京：学苑出版社，2024.10. -- ISBN 978-7-5077-7051-3

Ⅰ.R48-49

中国国家版本馆 CIP 数据核字第 2024WJ1642 号

责任编辑：任彦霞
出版发行：学苑出版社
社　　址：北京市丰台区南方庄 2 号院 1 号楼
邮政编码：100079
网　　址：www.book001.com
电子信箱：xueyuanpress@163.com
联系电话：010-67601101（营销部）、010-67603091（总编室）
印　刷　厂：北京兰星球彩色印刷有限公司
开本尺寸：710 mm×1000 mm　1/16
印　　张：19.00
字　　数：258 千字
版　　次：2024 年 10 月第 1 版
印　　次：2024 年 10 月第 1 次印刷
定　　价：65.00 元

序言一

爱的陪伴

方树功是我的知己,也是很在乎又特看好的老弟。他是毕业于名校的理工男,全身心投入临终关怀已有些时间了,依然情绪高昂,没半点懈怠,把事业搞得有模有样,很难理解这哥们儿是怎么做到的。

我琢磨他要么长着一颗悲悯心,爱意满满,情怀丰盈,不是一般的开悟;要么不知几辈子前的他,带着遗憾出现在这个世上,前来应验"前世不欠,今生不见,今生相见,定有亏欠"的天理。

甭管出于哪种因缘,凡是我做不到的事儿,都心服口服。好人咱必须仰视,坏人只能斜眼瞄着,不愿直面。

他用心编著了《陪伴咱爸妈》,让我作序。码这些字样倒是轻车熟路,问题是我的文风与这本书爱得严肃认真的调性不搭。写狐朋狗友时,担心给人留下故意吹捧的嫌疑,也就好话不能好好说,拐弯抹角骂骂咧咧地表扬一番。

可他是个严谨儒雅的正经人,不见得能接得住我这种老不正经。只能一改吊儿郎当的习性,随弯就弯,以助唱团的角色,帮着渲染几句。

记得树功跟我说过,甭管高贵还是低贱,每个生命都渴望被看见、被尊重、被呵护。爱的陪伴,就是不评判、不定义、不分析、不争辩。特别是对于身处临终关怀最后那一时段的人们，给予温暖与顺从，即为最得体的送别。

这段心得表述，既有哲学、美学思考，又是经由多年实操提炼出来的经验，很是深刻。所有的体会，最终沉淀在"陪伴"这两个字样上，也就有了此书的呈现。

以我的理解，爱的陪伴可看成是往贫枯绝望精神里注入内容和营养，分散人们对死亡的注意力，把恐惧和焦虑降到最低水平，让离去变得从容安详。

爱的陪伴，亦是对死亡的有效预习，夯实生命最后时刻的精神依托，使心态逐渐趋于平缓自然。若能明白"遇见是因为有债要还，离开是因为债已还清了"这个理，也就对活着还是离世，不再像以前那么舍不得、放不下。

爱的陪伴，会让生命最后日子里的那些人，感受到生与死本同为一体，不再是难以调和的对立，只是把死亡作为生的一部分被长久封存罢了。如果还能自主意识到人生本就是不断地再见，最后大限总要来到，必会有长久离别的一天，现在仅把它提前了几个刹那而已，就更好。

虽然所有的死去都很沉默，但若能静悄悄、安逸地告别人世，就不算是死亡。这是我与老娘手拉着手，送别的最后一刻瞬间起意的。可能是陪伴老娘时光半年刚过，心境并没有完全平复下来，在阅读文稿时，不知为啥会有中学生那种天真活跃的思绪。能感觉文字在舞蹈，舔到了泪水的咸味，并相信思念是有声音的，是不惊不扰地默默祝福与相望。

既然死亡百分之百正确，又是生命的前提，人仅是有限的存在，那坦然接纳短暂的自我，接受各种形式的衰老和故去，人生才被赋予了动机和意义。

人之所以怕死，是因为对生活的热爱，死亡并不是生命的终点，遗忘才是。但像我这把年纪过多地谈及死亡有没有必要，这是个问题。我想还是尽量回避死亡的纷扰为好，无须对死亡常有默念，把精神头移植在对重生的深思里，才算是正道。

序言一　爱的陪伴

这本书的代入感太强，感觉从头到尾都被爱催化着，读着读着把自己给读进去了。对标曾经的过往，有心酸，有遗憾，有快乐，也有哀伤。

也试着想自己混到那一天会怎样。有爱有陪伴更好，没有的话，就做足自己爱自己、自己陪伴自己的所有准备，咋说也不能成为社会的拖累。活着的时候，俺追求向死而生的豪迈，说白了是在给自己壮胆，假装连死都不怕，困难自然就看轻了许多。临终那会儿更得讲究，必须摆出向生而死的架势，在无限接近死亡过程中，最后体会一把生的意义，就像花的魅力在于它曾凋谢过。我是否活透亮了，就在于这一下子，亦是生命关键的收官之作。

AI是否能替代人为的陪伴，对此我倒是有所指望。养老金里要预留出足够的余头，专项用于购买机器人，及时升级换代。虽然看上去不太靠谱，但多一个想法多条路，万一行了呢。

一本好书的作为很大。让我明白了轰轰烈烈的浩大，是隆重；细雨润无声，是隆重；树功整理出来的这本册子，直戳心窝子的那些美好，也是相当的隆重。让我明白了人只能被自己感动，并非其他。激动与感动不是一回事儿，感动是激动的升华版。书中诸多感人的陪伴故事，着实触动了我激动的神经，唤醒了内在的良知而动了真情。

通篇阅完，隐约看到树功老弟在郑重地提示所有人，这辈子如若缺失了爱的陪伴这门功课，必懊悔终生。

岁次甲辰夏至　于懋书
独立学者

序言二

陪伴是最长情的告白

陪伴是最长情的告白,守望是最温暖的心流。凝视我们生命的来处,所有父母都值得我们深拥。因此,切莫吝啬爱的表达,切莫让含蓄掩盖真挚与感动,爱父母要用嘴说、用手触、用眼睛去交流、用身体去力行;陪爸妈要看他们笑、解他们忧、懂他们苦;让他们的人生无处不宜人。

很荣幸读到《陪伴咱爸妈》这本书,一个个动人的故事,牵动情绪、引发深省,不禁想到自己,爸妈年届八十,身体健康,颐养在家,于他们而言,儿女便是心中天大的事。我因异地工作和父母聚少离多,一个周末我在北京开会,晨起赶到会场准备主持工作。9点许会议刚开始,父亲一遍遍给我打电话,手机屏幕上八九个信息不停闪烁,满腹狐疑离场给父亲回电话:"爸,有事儿吗?"

父亲焦虑地问:"你还好吗?你怎么一直没动,是身体不舒服?"

"我怎么没动啊!我在会场开会呢。"

"我和你妈怎么看你今天的微信步数只有18步,以为你生病了,你也岁数不小,年过半百必须……"

那一刻,我的心无比感动,我不知道80岁的爸妈在用微信步数"守望我",在他们眼中1万步就安心,步数少就焦虑、心神不宁,彼时彼刻我感动到不能自已。我几乎用颤抖的声音告诉父亲，我很好，我只是今天没出差，在北京开会，今早出门儿即上车，下车即会场，所以您看不到我太多步数……

回到会场，心情久久不能平复。80岁的爸妈化身福尔摩斯为你喜为你忧，这份情是永远也还不完了。回望给予我们生命的双亲，有生之年要善待父母、做好传承。

通观《陪伴咱爸妈》，你会发现爱是人间极致奢侈。一个人只有被爱过，他才会懂爱；只有懂爱，才会有识别爱的能力；也只有被爱过、懂爱、会识别爱，才会成为爱的使者，传播爱。我们的世界需要爱，我们的家庭需要爱，那就从爱父母开始吧，让世界充满爱的和谐，愿每个生命都一生沐浴在爱河中。

路桂军

北京清华长庚医院安宁疗护科主任，《华人生死学》副主编

2024年6月29日

引 言

人来到世界上常常会问自己：我是谁？我从哪里来？我要到哪里去？我们生活的宇宙到底是什么？我们该如何看待世界？

《道德经》开篇就说："道可道，非常道。名可名，非常名。无，名天地之始。有，名万物之母。""无"是说，大自然在认知上永远不可穷尽，有无限的可能性，这是"宇宙学尺度"；"有"就是我们在认知不可穷尽的情况下，勉强给了对象一个符号，起了一个名字，表示我们已经对它进行了"认知"，已经把它归入"人类学尺度"。

简而言之，大千世界是没有定义的存在，而从人类的视角来看，万事万物又都是定义的存在。

那么，死亡是什么？生命的本质是什么？一个人是怎样来到这个世界上的？有限人生的意义是什么？如果人生最后都以死亡为结局，富贵功名都化为尘土，那么人生的追求和奋斗还有什么意义？以上问题都属于亚里士多德所谓的"从古到今以至将来永远地使人困惑的问题"。

每一个生命对死亡、对生命的本质都有一份专属于自己的认知、理解和解读，这其中内容也许是千差万别的，但核心问题是：自己对死亡、对生命本质的认知、理解和解读是否能与自己的体验自洽？自洽就好。

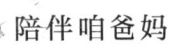 陪伴咱爸妈

一

老人心灵呵护的理念就是以老人为中心的爱与陪伴。

家家有老人，人人都会老，每一个生命都是需要被看见的，每一个生命都是需要被尊重的，每一个生命都是需要被呵护的，所以我们不分析、不评判、不下定义，就是爱与陪伴。

爱是什么？爱不仅仅是全然的付出，也是全然的接纳，爱就是让每一个生命成为他本来的样子。

如何让每一个生命成为他本来的样子？看见本来。看见老人的一言一行，看见自己在陪伴老人时念头的起起落落，看见自己的看见，同时，看见自己看见的看见，当下你会感受到那份本来宁静祥和的"三不"（"不分析、不评判、不下定义"）状态，感受到每一个生命都是定义的存在，万事万物亦然。

在这种宁静祥和的"三不"状态中去陪伴老人，去陪伴生命中遇见的每一个生命，去陪伴当下的每一种存在，你会感受到陪伴不仅仅是我们用生命在陪伴对方，其实对方也是在用生命陪伴我们，是我们生命间彼此的陪伴，是彼此的生命成长，是对彼此的看见，看见我们彼此生命本来的样子。"爱"与"陪伴""相即相入"。

用爱与陪伴为生命服务，陪伴好自己的家人、朋友和遇见的每一个生命，愿每一个生命在爱中行走，在爱中回家。

二

老人对心灵呵护的需求可以分成三类。

第一类老人觉得独自走向死亡非常地孤独，尤其周围的人还活着，自己要走向一条不归路，没有人结伴而行，这让他们感受到无以言表的孤

独。其心理的底层需求是如何不孤独地走向死亡。

第二类老人对死亡有很深的恐惧。如何让老人身体和心理放松下来接纳死亡是陪伴者在面对这类老人时所要思考的。

第三类老人思维比较活跃，自己认知的死亡和体验到的死亡不一样，会产生深深的纠结，希望可以超越对死亡的认知。

三

老人心灵呵护方法有三种。

方法一：面对有第一类需求的老人，陪伴者需要用自己生命的"在"陪伴老人，让老人感受到有一个生命和他在一起，这种陪伴方法称为生命陪伴生命。

方法二：面对有第二类需求的老人，陪伴者要意识到要让老人接纳死亡，陪伴者要首先接纳自己。陪伴者要先把自己的状态调整到宁静祥和的"三不"状态，老人就有可能通过同频共振慢慢地静下来，为老人提供一种逐渐接纳死亡的可能性，这种陪伴方法称为生命影响生命。

方法三：面对有第三类需求的老人，陪伴者要清晰地意识到，老人要超越死亡，最根本的是要超越对死亡的固有认知。因此，陪伴者要全然接纳老人当下对死亡的所有认知和探索，陪伴老人探索对死亡认知的边界，这种陪伴方法称为生命唤醒生命。

四

老人心灵呵护志愿者在过去10多年服务20多万人次重症、临终老人经验的基础上，总结出了老人心灵呵护的十大技术，主要是为重症、临终老人提供心灵呵护服务的技术，当然也适用于一般老人的心灵呵护。老人心灵呵护十大技术分别是祥和注视、用心倾听、同频呼吸、经典诵读、音乐沟通、抚触沟通、动态沟通、"三不"技术、零极限技术、同频共振技术。为了方便读者初步理解，下面对十大技术做个概述。

1. 祥和注视技术是通过眼神进行交流的心灵呵护技术。我们与老人交流最方便的方法就是通过目光去注视老人，让老人感觉到有一个生命在陪伴他。我们通过目光祥和地注视老人，就有可能达到当下宁静祥和的生命状态。

2. 用心倾听技术是通过倾听进行交流的心灵呵护技术，是将自己的身心安顿好，通过倾听与交流对象建立起生命连接的心灵呵护技术。用心与否，体现在陪伴者的举手投足、一颦一笑的每一个瞬间，体现在每一言每一行的当下，体现在每一个心念和行为与老人的相契与协同上。

3. 同频呼吸技术是通过呼吸进行交流的心灵呵护技术，指通过调整呼吸的频率使两个生命达到同频，即通过彼此之间呼吸的同频达到双方意念、能量等的和而协同的生命状态的心灵呵护技术。同频呼吸的实质是通过调整呼吸的技术达到人我之间能量的波动趋于同频，从而感受到彼此，进而在内心建立信任，继而为后续其他陪伴服务打下基础。

4. 经典诵读技术是通过诵读经典进行交流的心灵呵护技术。诵读经典可以唤醒我们心灵深处对真、善、美的追求，搭建个体生命与经典智慧连通的桥梁，使生命间在诵读经典的过程中能量彼此接近，最终达到同频共振。

5. 音乐沟通技术是通过音声进行交流的心灵呵护技术，是指应用音乐作为辅助手段，达到陪伴老人、呵护心灵效果的沟通方式和心灵呵护技术。音乐沟通的核心：陪伴者在当下对自己、对老人、对整个场域的状态要有觉察，对老人"不分析、不评判、不下定义"，感受老人的状态、与老人同在。

6. 抚触沟通技术是通过肌肤接触进行交流的心灵呵护技术。抚触是通过肌肤接触进行交流的一种方式，是与老人迅速建立心灵连接、情感连接的通道，是人类表达亲密情感和关爱最方便、直接的方式，同时是一种简单易行、安全有效的沟通方式和心灵呵护技术。

7. 动态沟通技术是通过互动进行交流的心灵呵护技术，是协助或陪伴老人通过肢体的动作或大脑思维的训练等方式，使老人感受到被陪伴的心灵呵护技术。陪伴者可以通过简单的舞蹈动作、肢体的活动和肢体或思维的小游戏等动态方式与老人互动，在互动中彼此接纳和认可，并在这种氛围里与老人彼此陪伴的心灵呵护技术。

8. "三不"技术是陪伴者通过持续默诵"不分析、不评判、不下定义"十个字进行自我或自他陪伴的心灵呵护技术，其用意在于帮助我们在完全放空和放松的状态下，不带任何成见、诉求和情绪，也不受他人影响，全然接纳自己、老人和外在世界的一切现状，达到宁静祥和生命状态的心灵呵护技术。

9. 零极限技术是通过反复念诵"对不起、请原谅、谢谢你、我爱你"这四句箴言进行自我或自他交流的心灵呵护技术。这个技术的底层逻辑是：我们看见的世界是我们自己定义的，所以我们对一切承担百分之百的责任。

10. 同频共振技术是陪伴者在宁静祥和的"三不"状态下通过询问、观察或觉察等方式发现老人在过往的学习、工作、生活中的兴趣爱好点，并由此与老人互动的心灵呵护技术。通过与老人在其兴趣爱好点上的互动，老人有可能会慢慢体验到被爱、被关注与被接纳。同频共振技术的核心是无条件地爱与接纳，并由此产生生命间的"同频"，引发生命间的"共振"。

五

应用老人心灵呵护十大技术陪伴老人可以遵循以下五个步骤，简称心灵呵护五步法。

1. 陪伴者觉察老人的状态。
2. 觉察陪伴者自己的状态。
3. 陪伴者调整自己成为宁静祥和的"三不"状态。
4. 陪伴者与老人建立连接。
5. 陪伴者与老人同频共振。

目 录

生命陪伴生命 ……………………………………… 001

儿呀，咱"起飞"！………………………… 陈秭江 002
老爹，您是我生命的点灯人 ……………… 杜 伟 007
那只锃亮的烧水壶 ………………………… 田幼玲 016
爸爸，我是您永远的丫头 ………………… 宋生兰 022
爱的双向奔赴 ……………………………… 陈 昕 028
陪伴 91 岁母亲祭祖之福 ………………… 李华凤 033
在无常中 …………………………………… 刘 青 037
爱与陪伴，在每一个当下 ………………… 柏翠娟 044
怀抱中的母亲·母亲的怀抱 ……………… 陆玉玲 051
从白色婚纱说起的往事 …………………… 张 芹 055
听·见·爱 ………………………………… 何 麟 061
婆婆也是妈 ………………………………… 贾秀蓉 066
还好，您是我爸爸 ………………………… 王志华 072

生命影响生命 ······ 077

呼吸微弱微弱微微弱 ······ 方树功 078
大娘的最后一滴泪 ······ 王 洋 082
听,"哀怨"在说话 ······ 听 雨 086
老大,我难受,给我揉揉 ······ 于锡强 094
娘啊,如果下辈子可以选择 ······ 张香芬 098
四季更替皆是景 万物成长住满情 ······ 苏 莉 104
您站在高岗上 ······ 王 洋 110
岁月之殇·之美 ······ 魏爱玉 118
善终,在出院的760多天后 ······ 田素斋 122
不朽的孔琴师 ······ 方树功 130

生命唤醒生命 ······ 133

原来弥陀念弥陀 ······ 方树功 135
爱,永不"乌龙" ······ 张盼盼 139
来自生命的"生命课" ······ 路 喆 148
当奶奶的故事再次响起 ······ 宋 君 154
给姥姥当"娘" ······ 王 洋 163
天天想往生的梅婆婆 ······ 方树功 167

陪伴生命喜悦成长 ······ 171

姥姥,我的每个周六永远属于您 ······ 苏 莉 174
对于母亲唯有爱与感恩 ······ 张军广 179

我打他了 …………………………………… 郭红梅 186
大垃圾箱里的爱 ……………………………… 张起梅 191
爱似烂漫梨花白 ……………………………… 卢 莉 196
不留遗憾的表达 ……………………………… 王曹静 200
母亲笑了,全家人都笑了 …………………… 张晓平 205
觉察中的看见 ………………………………… 何 麟 210
陪伴爸妈,人间值得 ………………………… 王相群 213

"看见"的力量 …………………………… 217

是的,我准备好了 …………………………… 耿海燕 219
梦见·看见 …………………………………… 王 喆 225
牵手漫步在爱的阳光下 …………… 孙俪俪 王 洋 229
爱,在烟花般生命的背后 …………………… 贾秀蓉 234
父亲的爱,一直都在 ………………………… 张香芬 240
时间能否停滞在这一刻? …………………… 施秀琴 245
用爱共振"难解之题" ……………………… 李桂彩 252
最恨·最爱 …………………………………… 张 圆 256
伴您回首萧瑟处,一蓑烟雨与君行 ………… 陈 昕 262
看见?看见! ………………………………… 禄凤英 270
父亲,他笑了 ………………………………… 张军广 277

后记 感恩生命 …………………………… 282

生命陪伴生命

面对死亡，每一位老人的态度不尽相同，原因可能来自信仰、对生命的认知、过往生命的习得等因素，尤其现代医学发达，有人预测人的预期生命可以达到120～140岁，如果一位老人没有到70岁就被检查出来有不可治愈的疾病，其内心深处会有特别大的落差，会情绪暴躁，甚至抑郁或产生自杀倾向。这样的老人内心深处无法面对自己的死亡，有深深的恐惧，恐惧的背后是一份孤独，孤独的背后是对爱与陪伴的渴望。这个时候，老人特别需要有一个人能陪伴着他，拉着他的手，或者只是静静地看着他。当他感觉有一个生命在陪伴他的时候，他就会逐渐产生面对死亡的勇气。这种互动陪伴方法就是生命陪伴生命。

如何做到生命陪伴生命呢？通过老人心灵呵护十大技术在老人心灵呵护过程中的应用，通过爱与陪伴，让老人感受到有一个生命和他在一起。

儿呀，咱"起飞"！

陈秭江

50多年前，一对善良的夫妻收留了一个9岁的回族孤儿，从此这个家里有了一个儿子，男孩有了爸爸、妈妈和三个姐姐。正是这份恩情，成就了这个男孩不是至亲、胜过至亲的人生经历。这个幸运的男孩就是我，那对善良的夫妻就是我的爸爸和妈妈。

中午接到妈妈的电话，说老爸的假牙做好了，问我几点能带老爸去安假牙。我看了一下表，计算了一下时间，随即说半小时后楼下等。我心里明白老爸是个急性子，他盼望着能有假牙吃烙饼已经很久了，此刻多等的每一分钟对他来说都是煎熬，我要以最快的速度让他如愿以偿。

比约定时间早到5分钟，我刚来到家门口，姐姐和姐夫就搀着我老爸从家里一步步地挪出来了。我爸他老人家92岁高龄，是参加抗美援朝打过3年仗的老英雄。近些年老爸的腿脚逐渐不好了，但坚决不坐轮椅，说坐轮椅难看，哪怕走路是颤颤巍巍的，也要堂堂正正地走着出门。由此可见，我们家这位老爷子每一个毛孔都透着一名共和国英雄的坚强气概。

"爸，我来了，您老人家慢点儿。"我忙迎上去笑着说。

"大江儿啊，你这么快就到了，公司的事都安排好了吗？"我老爸言语不多，虽然如此高龄，但思维非常清晰。

我竖起大拇指对着老爸说："老爸，您永远想得这么周到，您老人家放心吧，都安排好了。"

说着，一行人等上了车。那天一路真的很堵，但老爸却兴致很高，一路看风景，一路笑着聊和路边风景相关的故事。我一边开车，一边时不时通过后视镜祥和地看着老爸，整个身心跟着他故事的跌宕起伏而跌宕起伏着……

到地方了，车停得尽管不算太远，但我知道老爸走过去还是很吃力的。下车后，我说借轮椅，老爸坚决不同意，我说背着他，他更是不愿意。我拗不过老爸，只好依着他的意思，两边搀扶着，让他自己"走"到门诊入口。虽然好心疼，但我还是答应了他，他对我微微一笑，仿佛感受到了我的心疼与爱。

口腔门诊在二楼，那天电梯正好检修，我和老爸商量由我背他上楼，他起初坚决不同意，但看着楼梯确实打怵，再加之看到我对他的心疼，于是勉强同意了。

老爸终于同意让我背他了！

老爸终于同意让我背他了！

老爸终于同意让我背他了！

我太高兴了！我这辈子就想好好报答他老人家的养育之恩，没有我爸，就没有我的今天，只要他需要，我愿意为我爸做一切……

我蹲下来，让老爸搂着我的脖子，整个身体趴在我的背上，我用手倒背着托着老爸的屁股。那一刻，我突然落泪了：不仅感动于我爸允许我用这种方式爱他，更是因为我爸一米八的大个儿，原来一百七八十斤，现在最多120斤，屁股、腿和腰全是骨头。他趴在我背上，明显能感受到他的每一次心跳和呼吸，那是一个在共和国英雄的灵魂支撑下的身体，如今虽已老迈且消瘦，但依然有力而温暖……

陪伴咱爸妈

我迅速抹了把泪，和老爸开着玩笑，说："爸，您准备好了没有？咱可要准备起飞了，您别'晕机'哈。"

老爸哈哈地笑着对我说："大江儿啊，你还是挺有劲儿的，我老兵从来不'晕机'，咱'起飞'！"

此时感受着背上的老爸：这是一位与我没有丝毫血缘关系的父亲，但他带着全家爱与呵护了我 50 多年，没有他，怎会有今天的我？这是一名参加过无数次战役，经历了枪林弹雨的老兵，没有他们，怎会有太平之国；这是一个高贵的灵魂，他的一生都在为国、为家、为他人默默奉献，没有过一丝怨言，没提过一点条件，没占过一滴便宜……

此刻，我感觉我的脖子左边突然有点儿温热的湿，我感受到老爸胸口有点儿抽搐，我感受到老爸已经把头紧紧地贴在我的左肩颈处，那正是温热的感觉开始的地方，我知道我们爷俩已经灵犀相通了。

我父母早年双亡，作为一个孤儿，我何德何能在自己有生之年，能够陪伴并搀扶"老爸"，今天竟然能够有幸背他走一程……

我背着老爸，每走一步就在心中默念："爸爸，感恩您，我爱您！爸爸，感恩您，我爱您！爸爸，感恩您，我爱您……"

到了诊室，我直接把老爸放到牙椅边，并搀扶着老爸躺到牙椅上，我就守在他身边，随时准备着帮他擦嘴、擦脸、整理衣角（老爸最重视仪容仪表，他不允许自己有损老兵的形象）。

一个多小时后，假牙安装完毕，治疗也结束了。老爸喜笑颜开地走下了牙椅，为我们展示了他的一口"大白牙"。他高兴地说："没牙的日子终于过去，看看这口大白牙，终于又能吃烙饼了！"

"好好好，出门就请您吃烙饼，咱试试这口大白牙管不管用哈。"我边笑边说。

"对对对，我同意，咱们赶紧去吃烙饼！"老爸高兴地应和着。

我们都被老爸逗笑了，那一刻，我们分享着老爸的那份天真与知足的儿呀，咱"起飞"！

美好。

来到楼梯口我笑着对老爸说："来！爸，还是我背着您！"老爸这回根本没犹豫，直接示意我蹲下，主动趴到我的背上，笑着说："你背着我还挺得劲的哈，儿啊，咱们'起飞'！"

我笑着说："好的，爸！今天，咱们车也不要了，我就直接把您背到饭店吃烙饼，酒足饭饱后，我负责直接背您回家……"

老爸听了特高兴，竟然哼唱起了《毛主席的战士最听党的话》。我们约定晚饭后回家听老爸讲在二野、四野部队的故事，听他讲朝鲜战场的经历，我要陪伴着老爸一起回到那个属于他的光辉岁月……

那天老爸特高兴，哼了一路歌，我也陪哼了一路……

这就是我和我老爸的故事，爱与陪伴是可以穿越血缘、穿越民族、穿越时空界限的。感恩您，我亲爱的爸爸，没有您就没有我，我愿意此生用爱与陪伴守护您到生命的最后一刻……

【点评】

本案例是关于一对没有血缘关系的父子爱与陪伴的故事，本案例作者在应用生命陪伴生命的陪伴方法时，还应用了祥和注视、用心倾听、同频共振、零极限、同频呼吸、音乐沟通和动态沟通等心灵呵护技术。其中，动态沟通是一种通过互动进行交流的心灵呵护技术，是协助或陪伴老人通过肢体的动作或大脑思维的训练等方式，使老人感受到被陪伴的心灵呵护技术。陪伴者可以通过简单的舞蹈动作、肢体的活动和肢体或思维的小游戏等动态方式与老人互动，在互动中彼此接纳和认可，并在这种氛围里与老人彼此陪伴的心灵呵护技术。

动态沟通在应用的时候可以有非常多的创造性。比如，我们在日常陪伴中经常应用的手指操、各种小游戏等，在这个过程中，我们与老人经常会玩得不亦乐乎，但玩只是形式，更主要的是让老人感受到有一个生命通过这种形式和他在一起。同时,陪伴者还要随时觉察老人的状态,特别要注意老人的身体状况,及时调整活动的强度、速度和时间长短等,重症、临终老人慎用。

本案例在"背父亲"这个部分应用了动态沟通技术,通过背父亲时触发的自己手部的触觉、肩膀的感觉等与父亲进行陪伴。

老爹,您是我生命的点灯人

杜 伟

我那可爱的老爹

"爹呀!我和妹妹都想吃水煎包了!您给打呗?!"

"哎哟!你们俩馋虫!真是的!都老大不小的了,看把你俩给馋的……"老爹一脸美滋滋的表情,故意板着脸"责怪"道。

我则做了个鬼脸,对老爹傻笑着拽着爹的胳膊"央求":"爹呀,给打水煎包吃呗,馋了,真的馋了……"

我那老爹可受不了我的"央求",赶忙笑眯眯地回应:"说!馋虫妮子,想吃啥馅儿的?"

我扑哧一声笑出来,道:"韭菜馅儿的,俺娘就喜欢这个馅儿,俺俩也喜欢,嘻嘻嘻嘻……"

"这妮子!你俩也不会换个口味,你娘爱吃啥,你俩和你娘一样,唉……"说着,爹嘴上叹着气,脸上却满是笑意。

"爹呀,咱全家不都是和您的口味一样呀……"

"行行行!俺的馋虫妮子!爹这就去给你们买韭菜做馅儿,咱晚上吃水煎包哈!爹晚上给我的俩馋妮子打水煎包吃哈!"

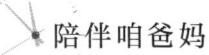

说着，我那可爱的老爹穿上外套，背着手，满意地出门了，嘴里还开心地哼起了《沂蒙山小调》……

自从我娘走了，爹的身心受到了沉重的打击，从此爹做事总是丢三落四，出门经常忘带钥匙，给开锁的师傅打电话都不用说地址，师傅就知道是我们家。为了让爹每天乐呵呵地有事做，有被需要的感觉，我们经常给爹"找事"，让他忙活起来。

老爹的水煎包打得可好吃了，娘走后，我们经常缠着爹给我们打。这时，老爹就会出门买食材（从娘走后老爹就很少出门），心情也会舒畅很多。

每当爹揭开里面滋滋啦啦作响的锅盖，我们看着那金黄色的胖嘟嘟的水煎包，简直让人口水直流。当终于可以开吃的时候，我们会抢着一边赞美着老爹的手艺，一边不停地左右开弓，吃得不亦乐乎，那也是老爹最开心、最有成就感的时候了。

2017年的一场大病带走了我亲爱的娘，当时我还没接触十方缘文化，在照顾娘方面留下了许多遗憾，此后，我决定一定要好好陪伴日渐衰老的爹。为了哄老爹开心，我们姐妹开始经常回家给他做好吃的，陪他聊天，讲笑话……

去年10月，老爹突然发烧，烧到39.7℃，我和小妹夫一家把老爹送进医院，经过检查，医生怀疑是肿瘤。等老人退烧后，我们又马不停蹄地来到济南西郊医院。检查完最后确诊：恶性肿瘤晚期！

这是我们最不愿意接受的结果，但又是不得不接受的。医生说已经没啥好法儿治了，建议我们回家保守治疗，言外之意，不言自明。既然已经是这样，我们也只好回家了。

姊妹们决定暂时不把病情告诉爹，希望他能开心地度过这段人生最后的时光。于是，照顾老爹的工作就由我和小妹承担下来（两个姐姐在外地，因为新冠疫情回不来）。

我每次回家，老爹只要听到门响总是会问："是谁呀？"

"您猜！"我变着声，捏着嗓子说。

"你呀，你这个皮猴！天天叫爹猜！这还用猜？！叫猜的肯定是我那皮猴闺女呀！你当爹真的老糊涂啦！哈哈哈……"

这时的老爹已经笑成了一朵花，可美了！

我就装着不高兴地走过去，说："爹呀，您永远都这么智慧！不过，我得告诉您一个坏消息。"

"啥？坏消息！我那皮猴闺女还有坏消息？！"

"是呀！您猜，是啥坏消息？"

"啥坏消息，大不了就是出门忘带钥匙了呗……"爹说完，就哈哈大笑，因为他就好忘带钥匙，在他的世界里没有比这更"坏"的消息了。

"哈哈哈哈……"

"我哪有那么随您呀！最坏的消息是：今天没零嘴儿吃！"

"什么！什么？咋这都忘了呢，你这皮猴闺女，咋能忘了这……"一丝嗔怪滑过爹的脸，像极了一个三岁的孩子。

老爹咂巴咂巴嘴，仿佛不相信地看着我，歪着头往我身后看，我笑着躲了两下，怕爹着急，就赶紧从身后拿出给爹买的小零食。

"哈哈，我就知道我的皮猴闺女不会忘的，整天忽悠你爹……"

说完，他像孩子一样，笑眯眯地一把抢过零食口袋……

"爹呀，您可真智慧！每次都骗不了您！"

"来来来，咱看看给您带什么好吃的了，这个是新疆天山雪橘，这个是大红枣夹核桃、酸奶山楂球、草莓干……"

老爹高兴地在袋子里翻腾着零嘴儿，咕哝一声，说："我就知道我那皮猴闺女最知道爹喜欢啥……"

"哈哈，我的老爹就是厉害！"

说着，我开心地给了老爹一个大大的拥抱，爷俩笑成了一团。

业余理发师的初体验

面对一个不能活动的老人，理发是一项大工程。

记得第一次给老爹理发，他满脸不屑，根本不相信我会理发（其实说起被我理过发的人，老爹是第二个人，第一个人是我先生，我拿他的头练了练手，嘿嘿嘿……）。

老爹最终还是同意让我试试。

一切准备工作就绪，老爹仰脸斜躺在医护床边，妹夫在一边托着爹的肩膀，小妹站在另一边举镜子护场。其实我心里也满忐忑的，想给爹推个光头，这样省事，可是军人出身的老爹对自己仪表要求很严，平时穿衣服都会把扣子一粒粒扣好，从不敞怀。我想了想，决定还是给他理平头。

知道老爹这个姿势时间长了会累，我不由得加快了手上的动作，老爹很配合，看着镜中的自己还不停地说着：" 没想到，你还会理发哩！真是艺多不压身，挺好的，挺好的……"

" 那是喽！您家皮猴闺女会的还多着呢，以后您会慢慢发现的，嘿嘿嘿……"

我一边和老爹聊着天，一边小心翼翼地推动着理发器，生怕头发屑落到老爹的脖子里不舒服。

理完发，就给老爹洗头，我轻轻地挠着爹的头皮，给老爹解解痒。看着老爹满意舒服的表情，我的心里美极了，连自己疼了多年的腰，仿佛都不怎么痛了。

洗完头，小妹举着镜子，说：" 老爹，看看您又年轻了好几岁呢！"

老爹看着镜中的自己，笑着夸我的手艺好。

只要老爹高兴，我心里就美滋滋的……

老爹任性的时候该咋办

老爹任性的时候也会让我束手无策。

记得有一天我感觉气氛不对,就先给老爹扮了个调皮脸,又笑嘻嘻地给他拿出一个又大又红的石榴,老爹看了我一眼,转过头,没理我。我看到床边有一条裤子,瞬间明白了:老爹一定又想下地了!

医生嘱咐我们,爹的左胯骨没长好不能随便动,而且一动会钻心地疼(之前爹左胯微骨裂)。我告诉老爹医生的话,老爹不听,看着他生气的样子,我也有些忍不住想吼他,这时有个声音在我耳边响起:"不分析、不评判、不下定义,就是爱与陪伴。"

我在心里反复默念:对不起、请原谅、谢谢你、我爱你……

念着念着,我的心慢慢地放松下来,我默默地告诉自己要有耐心,要带着觉察去感受老爹,照顾老爹。老爹都躺了好几个月了,一定很累、一定很烦、一定很想活动活动了。我遵从了老爹的意思,拿着纸尿裤来到老爹床前。老爹看见了,一下子把纸尿裤丢在了地下,那个样子完全像个任性的小孩子。

看着地上的纸尿裤,我灵机一动,想起了包里的书。我笑着从包里拿出了一本武侠小说递给老爹,说:"爹呀,您看这本小说是不是您上次让我买的,我终于给您买着了,您看看是不是这个?"

说着,我弯腰捡起了纸尿裤放在一边。

老爹接过书,脸色稍微好点儿了。

我接着把脸凑到老爹跟前,仰着脸卖惨地说:"爹呀,您看看为了买书,我跑了好几家书店,这脸都晒黑了一层,本来就不白,现在更黑了!您看看!您看看!您看看呀!为了我这张小黑脸,咱不生气了,行不?"

老爹看着我,目光瞬间柔和下来,笑眯眯地说道:"也就是你敢跟你爹耍贫嘴，这个皮猴闺女！"

"您就是咱家的晴雨表：您如果阴天，咱家就要准备伞，不知道您啥时候下雨；您要是晴了，咱一家人就都可以晒着太阳啦。我总结的对吧，爹！？哈哈哈哈……"

"就你这个丫头片子敢在你爹跟前耍贫嘴！"老爹笑骂我。

我又给他调皮地扮了个鬼脸，拿过来一个切好的石榴递给老爹，让他给我们姐妹分分。

老爹把最大的一块递给了我妹夫，说："你每天夜里都陪我，最辛苦，你吃这块最大的！"小妹夫谢过了爹，开心地接了过去。

看着老爹给每个人分石榴时脸上洋溢着的幸福，多希望这份幸福能长久下去呀。祝福老爹：

疾病灾祸去身遥，
儿孙满堂膝间绕，
寿面糕点恰恰好，
颜展容开乐陶陶。

来自云上的爱

由于新冠疫情管控，我已经半个月没有回宁阳老家看望爹了。有一天给小妹打电话问爹的身体情况，小妹说："爹今天精神不错，正看电视呢。"我听了很高兴。因为爹是癌症晚期，已经下不了床了，平时清醒的时间少，昏睡的时候多。没有新冠疫情时，我还能经常开车回家陪伴爹：给爹理发、刮胡子、陪他玩游戏、听他讲年轻时候的故事，等等。每当这时候，爹的眼睛里都会高兴地闪着光，我抚摸着他的手，也会有同频共振的感觉。

每次回家前，我总是先问他想吃什么零嘴儿，让他点餐，到家后，我总问："爹，您爱吃哪个？"

老爹抱着他点的那一堆零嘴儿，看看这个，摸摸那个，总是说："都爱吃，都好吃！"他一脸的笑容像个孩子。

这个时候，我总会轻轻地抱抱他、亲亲他、摸摸他，告诉他我爱他、我想他，他也会回应说爱我、想我。然后他会把他的零食塞进我嘴里，告诉我可好吃了，非要看我吃了才行。父母对子女的爱就是这样温暖且无私，顷刻间便能打动人心……

今天听小妹说老爹精神好，心情好，我就让小妹把电脑放在老爹的床上，我和十方缘的小伙伴第一次尝试着"云上"陪伴我的爹。

没想到，老爹发现屏幕上的我，眼睛一下子就亮了，猛地指着我，大喊出了我的名字。我太惊喜、太感动、太激动了——平日，我和老爹玩的时候，问他："我叫什么名字？在家排行第几？"他总是想了又想，还经常想不起来，或者直接说忘了。今天的爹竟然一下子就把我认出来，还能大喊我的名字，这给了我特别大的惊喜，我高兴到想哭……

随后，听着老爹絮絮叨叨地聊家常，我全神贯注地看着他，用心地倾听，不去打断。一会儿看着老爹兴致没那么高了，我想与他多聊一会儿，就及时地说："爹呀，咱玩个游戏吧？我们和您玩手指指五官的游戏，赢了可以吃石榴哟！"老爹一听到"可以吃石榴"，立马答应了。

我说："爹呀，咱是老规矩，赢了才能吃6粒石榴籽。"（爹非常喜欢吃石榴，但因为他的胃消化能力很弱，所以饮食需要特别注意，不敢让他多吃。）

老爹笑呵呵地点点头。

游戏开始了！"石头、剪刀、布，哦哦哦，我赢了！"

我喊老爹隔着屏幕指我，每次老爹指我，我都装着"哎哟哎哟"地叫，表示痛。

"隔着玻璃咋还能痛呢？"老爹自言自语地嘟囔说。

虽然老爹觉得不可能，但我还是感受到他手上的动作明显地放轻、放

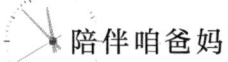

慢了很多。我深深地感受到了爹对我的疼爱，心里酸酸的、暖暖的、软软的……

换我指他时，老爹为了尽快吃上石榴籽，他总是说我指的不对，几个回合后，老爹赢了。他开心地数着手里的石榴籽，放在屏幕前让我看，还碎碎念地说着："你让我吃6粒，我就吃6粒哈！你看好哈。"

但是，他会在我看不见的时候偷偷多拿几粒，他以为我没看见，哈哈，我那可爱的老爹呀！每当看见爹"狡猾"的小心思，我也只是莞尔一笑。看着老爹吃得满足的样子，我也不禁捧起了手边的石榴，多么希望让老爹能吃个够呀！

游戏在笑声中结束了，看着老爹慈爱的笑容，我多么希望病魔能够远离我的爹，让他永远这么开心快乐下去……

这是我第一次"云上"陪伴老爹，老爹用他的笑声温暖着我、陪伴着我、感染着我，让我感受到了"做就好，爱就好，在就好"的美好，这样的陪伴也让爹感受到来自"云上"的浓浓的爱。

今年年初，我敬爱的爹在全家人的陪伴下永远地离开了我们，老人走得安详平静。爹用一生给我们树立了榜样：他自律、宽厚、孝顺。在爹的影响下，我们姊妹继承了爹的优秀品格，在生活中上孝公婆下爱子女，在工作中严谨自律，宽厚待人。现在每当想起与爹相互陪伴的情景，我总是被感动得泪流满面。

爹，您不仅给了我生命，而且还用您的生命教会了我如何去爱、如何去珍惜、如何去陪伴、如何去感恩……

爹呀，您是我生命的点灯人！我会借着您的光，照亮自己，温暖他人！爹呀，谢谢您！我爱您！永远感恩您！

【点评】

本案例是一篇陪伴父亲的故事，应用了祥和注视、用心倾听、抚触沟通、"三不"、零极限等心灵呵护技术，应用了生命陪伴生命的陪伴方法。其中，零极限技术是一种通过反复念诵"对不起、请原谅、谢谢你、我爱你"这四句箴言进行自我或自他交流的心灵呵护技术。零极限技术是源于夏威夷的古老心法，陪伴者在老人心灵呵护实践的过程中验证了它的效果。这个技术的底层逻辑是：我们看见的世界是我们自己定义的，所以我们对一切承担百分之百的责任。

在陪伴过程中，无论陪伴的环境如何、陪伴的老人整个身心状态如何、老人有怎样的表现、我们听到了什么、看到了什么、闻到了什么、引发了我们什么样的情绪体验，我们都不必知道它的原因从何而来、它是如何产生的，只需要持续觉察自己的身体、心理和情绪等所经历的过程。一旦觉察到了，我们的任务就是用反复对自己说"对不起、请原谅、谢谢你、我爱你"这四句箴言来进行清理归零，并经由此回到宁静祥和的状态。本案例在面对老爹"任性不听话"的时候，作者应用"零极限"技术反复默念"对不起、请原谅、谢谢你、我爱你"，让自己先平静下来，通过同频共振，老人有了平静下来的可能性。

那只锃亮的烧水壶

田幼玲

母亲去世以后,父亲每天早上都会独自待在厨房,对着一只已经被自己擦得锃亮的烧水壶发呆。起初,我并不知道个中的细节,只觉得是父亲在思念母亲,后来才知道,原来这只烧水壶对于父亲与母亲来说是如此的重要。

早年我家里条件不好,又在农村,父亲烧水用的是柴火,随着生活条件的提高,之后用上了煤火炉子、煤气炉子,再之后就用上了天然气炉子。虽然烧水的方式不一样,但只要是父亲在家,永远都是他一早起来笑盈盈地为母亲烧开了水,提着咕咕冒着热气的水壶,亲昵地召唤道:"幼玲她妈,快来喝茶喽……"

这个爱的仪式不知是从什么时候开始的,但一直持续到了母亲去世。父亲那带着爱的召唤曾经一度是我儿时温暖的起床号角。我起初并没有在意父亲的这一举动,直到母亲去世后,看着父亲每天早上手足无措地看着那只烧水壶,想烧却又觉得已经没人喝的时候,我才突然经由父亲对那只烧水壶的眷恋,看见父亲与母亲之间那份细腻而感人的爱。

母亲去世后,父亲便再也没有烧过水,但那只烧水壶却永远保持在那个锃亮的状态。每当父亲想念母亲的时候,他都会去擦拭那只壶,虽然他心里很清楚那只壶再也用不上了……

记得在为父母庆祝结婚50周年纪念日的时候，父亲对全家说，我和你妈这几十年也没有什么物质能够留给你们，唯一想和你们说的就是我跟你妈这几十年来从来没有吵过一句嘴。当时的我还年轻，虽然也已经结婚生子，但我还没有深刻地理解"没有吵过一句嘴"意味着什么，当时父亲这么一说，我就这么一听。后来当我经历过生命中的各种无常的变故之后，我才真实地感受到那句"没有吵过一句嘴"对于人生而言，意味着什么。

父母最终用相伴71年的生活经历告诉我们，婚姻不易，彼此珍惜。我一直非常敬重母亲，她虽然没有文化，但我们家庭关系的处理全靠母亲。父母年轻的时候虽然长期两地分居，但二人恩爱有加，比如说父亲有早睡的习惯，别管谁到家里玩，父亲照样该睡就睡，无论是谁，母亲都不允许去打扰父亲。母亲用她的宽容、接纳、理解和智慧包容着父亲的一切，呵护着父亲的一切，同时也爱着父亲的一切……

父亲工作了一辈子，虽然不缺对我们子女的照顾和管教，但对于做家务来说，他几乎一窍不通。在父亲退休之后，母亲就把洗碗的工作交给了父亲，其他人无论是谁要洗碗，母亲都坚决不许，然后私下跟我们说："孩子们，以后咱家洗碗的事情都交给你爸爸，他退休了，一定要让他有事做，要不然会闲出病来的。"

我们也都心领神会地配合着母亲带着满满的爱与智慧的决定。于是，我们看见了围着围裙笑呵呵的"干部老爸"退休后的"再就业"，从洗碗、洗筷子到收拾厨房，我们一家老小都会竖起大拇指夸他是"洗碗专家"。因为父亲能在这个过程中找到对家庭的付出感和成就感，所以，在他退休之后"洗碗"就成了他最大的"事业"。我们家的"洗碗专家"也一直乐此不疲地享受着这份为家庭付出的喜悦。

我的母亲虽然没有文化，但是她是非常有智慧的女性。记得在她80

岁的时候，我为母亲买了一部智能手机，当时我的哥哥们全部在用"老人机"。起初哥哥们全部反对，他们担心给母亲换了智能手机，她可能连电话都不会接。没想到几天之后，母亲竟然"自学成才"，她不仅会接打电话，而且还学会了拍照发朋友圈，还学会了看朋友圈动态、收发微信、收发短信，等等。

后来，因为母亲都在使用智能手机，并且经常发照片、发朋友圈、发微信，这倒逼着我们全家集体扔掉了使用多年的"老人机"，全部换上了智能手机，以便给母亲点赞和互动。在那几天里，母亲使用智能手机这一"奇迹"，竟然引领了我们家的"新潮流"。

父亲虽然有文化，还曾经担任过公职，但退休以后他变得非常依赖母亲，即便是像管理工资、接打电话这样的事情，他都不去做。当电话铃响起，他就会亲昵地喊："幼玲她妈，电话来了，听听是哪个娃儿打来的？有啥子急事没嘚？"

在母亲接电话的时候，父亲就伸着头，静静地听着，仿佛生怕错过了任何关于儿女的细节。当母亲放下电话的时候，父亲还佯装镇定地说："这些娃儿，有事没事打个电话，一聊老半天，妈长妈短的，也不问问我，这不也没有啥子事嘛！真是浪费电话费。"说完，父亲背着手，心满意足地出去溜达了……

更有意思的是，作为一个没有文化的人，母亲到后期竟然需要为父亲读信息。我经常看见母亲拿着手机，打开微信，一个字一个字地给父亲读，遇到自己不认识的字，母亲会问："幼玲她爸，这是啥子字吗？"

父亲立刻把头凑过去，问："哪个？哪个吗？！放大一点儿嘛。"

"这个！这个嘛！"

"到底哪个吗？你放大点儿嘛！"

"这不是嘛！这个这个嘛！"

"这个呀，这个读'卿'，'卿卿我心'的'卿'嘛，是爱人之间的昵称，用在你身上也挺合适的哈。"说着，父亲傻乎乎地看着母亲，笑呵呵地挠了挠头，像一个刚谈恋爱的小伙子。

母亲则轻轻地打了他一下，略有羞涩地笑着瞟了父亲一眼，说："正经点儿嘛，咱们在学文化嘛！"

说完，父亲赶紧满脸堆笑着应和道："要嘚要嘚，咱们学文化嘛，学文化！"

于是，他俩又开始像小学生一样头对着头、肩并着肩，共同拿着一部手机，一起认真"学文化"了。

当我从背后看见父母相互依偎着"学文化"的时候，我心底溢出了一句感慨：我是你的眼，你是我的手，我们拥有同一颗心……

也许夫妻长久和谐相处的终极版本就是像我的父母一样，似乎活成了一个人，分分钟不想离开、分分钟不能离开，分分钟也不曾离开……

母亲的去世父亲是知道的。在母亲还有生命迹象的时候，她要求回家，我们就把她接回了家。因为母亲患的是"骨髓增生异常综合征"，医生告知母亲的骨髓再也无法自行再生，而且这个病是没有办法治的，但回家后母亲竟奇迹般地生活了半年多。

父亲非常有智慧，他把能够陪伴母亲的每一天都当作母亲的最后一天，用心地爱与陪伴着母亲。母亲在临走前两天还在家和我打乒乓球，去世的当天觉得有点儿不舒服，说头天夜里出了些汗，得洗澡。于是，在我和嫂子的帮助下，母亲洗好澡换好衣服，就在当天晚上寿终正寝，享年86岁。

母亲走后，父亲便提不起精神，除了新冠疫情的事以外，他一概不关心。我们是少数民族，是允许土葬的，但因为新冠疫情，母亲一直被放在冰棺里不能入土为安，这成了89岁的老父亲最后一桩未了的心愿。

直到十几天后湖北的新冠疫情稍有缓解，我们才被允许在限定15个人的小型送别下安葬了母亲。那一天父亲仿佛如释重负，终于可以了无牵

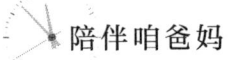

挂了。

在母亲去世的那一年的父亲节,朋友邀我去神农架玩3天,我给父亲打了个电话,在电话中,我莫名其妙地说出了我这60年都未曾对父亲说过的话。

那天我很郑重地对父亲说:"亲爱的爸爸,今天是父亲节,祝您节日快乐!以前女儿不懂事,让您生了不少气,爸爸对不起。谢谢您把我养大,爸爸我爱您!我现在去神农架玩3天,等回来以后就去看望您,您在家好好等着我哈。"

父亲停顿了好长时间,好像很感动,然后用略略有些颤抖的声音说:"要嘚要嘚,爸爸知道了,你去玩吧,爸爸等着你……"

说完,我们便挂上了电话,但我相信我们父女俩在电话两头的心都被彼此深深触动了。

当我3天后从神农架回来,刚下汽车的那一瞬间,突然接到了嫂子的电话,她说就在刚才,父亲在睡梦中走了,享年89岁……

在我们这代人的认知里,爱是最难说出口的,但在父亲去世之前,我竟然无意间说出了那句"我爱您",我感受到那句爱的表达对我而言至关重要。在两个多月的时间里,我们先后送走了母亲和父亲,但由于父母都是寿终正寝的,虽然我们仍不免有哀伤,但多少还是很安慰的。

至今,虽然父母都已经离开3年多了,但父母间的那份默契,以及父母与我们之间爱的流动一直都在。一天清晨,我来到厨房,抬眼偶然看见父亲的那只锃亮的烧水壶,顿时百感交集,仿佛又一次听见在几十年如一日的每一个清晨,父亲笑盈盈地为母亲烧好了开水,提着咕咕冒着热气的烧水壶,用亲昵而又熟悉的声音召唤道:"幼玲她妈,快来喝茶喽……"

【点评】

本案例是一篇家庭中爱与陪伴的故事,作者从父亲的一只烧水壶写起,写到父母的智慧、包容、承担与爱成就了"没有吵过一句嘴"的持续71年的爱与陪伴,父母用生命把"我是你的眼,你是我的手,我们拥有同一颗心"活成了常态。本案例作者在描述父母一起"学文化"过程中应用到用心倾听技术,通过父母之间彼此的"用心倾听",听到了彼此爱的表达。最后作者又写回到那只烧水壶,阅读也是一种"倾听",在这个过程中,你用心"倾听"到了什么呢?

本案例应用了祥和注视、用心倾听、动态沟通、零极限、同频共振等心灵呵护技术,以及生命陪伴生命的陪伴方法。其中,用心倾听是通过倾听进行交流的一种心灵呵护技术。所谓用心倾听是指自己在宁静祥和的"三不"状态下,通过倾听与陪伴对象建立连接。用心倾听不只是听懂对方的话语,更重要的是通过倾听,用心读懂对方,用心感受对方的喜怒哀乐,并与之同频共振的过程。

很多老人喜欢表达,通过倾听我们可以感觉到老人的内在声音,这是与老人交流最方便的技术,同时又是最难的技术。因为用心倾听需要陪伴者把自己全然放下,接纳老人目前的状态,让自己成为一个真诚的倾听者,不管老人说什么、说几遍,每一次倾听都是"第一次",通过老人诉说和被倾听的过程,让老人感受到被关注、被听见、被接纳、被认可、被爱着。在倾听老人的过程中我们可以通过点头、面部表情、语气词、身体动作等形式表达"我在听"。如果需要回应,可以重点表达对老人谈话内容的理解。

爸爸,我是您永远的丫头

宋生兰

爸爸走了,身体的病痛终于不再搅扰他了。

临走那天下午,爸爸躺在床上,闭着双眼,仿佛在等着什么。

我来到床边,为他擦去额头上细密的汗珠,当我的手触到他的皮肤时感到了湿冷,再去抚摸他的头,也是凉凉的。整理好被子,我还想再做点什么,于是,我取来棉棒浸湿,轻轻沾了沾他的嘴唇,之后,用我的左手握着他的右手,就那样,凝望着眼前的这个生命,感受着他的呼吸,陪他一起等待最后时刻的到来。

那一刻,时间仿佛停止了。

心静下来,再一次,我和先生郑重地与爸爸做"四道人生"(道歉、道谢、道爱、道别)。

我们轻轻地拉着爸爸的手,小声地对他说:"爸爸,对不起,请您原谅我们年轻时曾对您发过脾气、说过错话和做过不妥的事,感恩您一生为这个家所有的付出,感恩您对我们的爱与陪伴,感恩有您。我们都很爱您。您走后,我们一定会照顾好妈妈、养育好孩子,请您放心……"

此刻,除了静静的陪伴,我们能做的,也只有这些了。

我缓缓地抚触着爸爸的手,一股悲伤涌上心头。平日里话语不多的一家人，还没有来得及好好相处，就要永远地与他说再见了，我还有那么多的话都还没有跟他老人家说呢，以后也再没有可能陪在他身边，亲口跟他说了。

爸爸走的那天是个周六，我是忙完义工呵护日的活动，才赶去与爸爸见最后一面，幸好，见着了！公公与儿媳一场，近20年的相处，能与他有这样平静的道别，我要感谢十方缘。

2021年初走进十方缘的时候，我对临终关怀还十分陌生，一谈到死亡，总会有莫名的恐惧。成为老人心灵呵护组织的义工后，随着一次次走进养老院和社区，通过陪伴高龄老人，听着他们的生命故事，读着他们眼中的宁静与孤独，我的心也在一点点发生着变化。

那时爸爸已经卧床三年多了，每次回家看望他时，除了喂水、喂饭和剪指甲以外，我真的不知道还能为他做些什么。随着学习十方缘的爱与陪伴文化，我开始尝试着在家里运用心灵呵护技术——在给他喂饭的时候，我会注视着他的眼睛，一边和他聊天，一边喂他吃。很多时候爸爸就像读懂了我的心思一样，会一点儿不剩地吃完，这时我会大大地夸奖他，给他点赞，就像夸孩子一样，他听完虽然不作声，但眼神里会掠过喜悦，嘴角会挂着微笑。剪指甲是保姆阿姨最头痛的事，因为爸爸不配合，所以常常是剪到一半就被迫停止，所以阿姨常把这个"艰巨的任务"留给我。刚开始剪的时候，他会像小孩子一样，每剪一下都会龇着牙说"哎哟"，仿佛疼痛难耐。后来，我换了一种方式，我会在剪指甲之前微笑着凑到爸爸的耳边，小声地跟他说："爸，我要给您剪指甲了啊，我轻点儿，您也要乖乖的啊！"随后，我就搬把小凳子坐到爸爸床边，一边剪，一边不时地抬头看着他，爸爸再也不"哎哟"了。有时，我一抬头，还能看见他在默默地看着我，四目相对的一刹那，我看见爸爸眼神里流淌的满都是慈爱。

还有一件往事让我久久不能忘怀，那是我女儿上幼儿园大班的那个冬天，婆婆手烧伤住进了医院，我先生去了格尔木一时回不来。在婆婆住院的那一个多月里，我每天晚上6点一下班就得一路小跑到幼儿园里接孩子，再到医院给婆婆送饭，等到家的时候，天都黑了，有时还要熬夜加班，真是身心俱疲。那会儿爸爸还没退休，下班后他会把晚饭准备得差不多，只等我们一回来就下锅做饭。有一天，我的情绪特别不好，为一点点小事跟爸爸发了很大的脾气，他没说话，也没吃饭，就直接进卧室里抽烟去了……

看见他难过的样子，我知道自己错了，当时想道歉但就是张不开口，这个迟来的道歉，发生在我加入十方缘后的第二年。

在一个初春的下午，我坐在爸爸的床边陪着他。阳光从窗口照进来，晒着他的床，被子被晒得暖乎乎的。爸爸安详地望着窗外，听着楼下孩子们的嬉闹声，看得出来他的状态很好。这时，我心里有个声音在问自己：说不说呢？说不说呢？说不说呢？如果说了，会不会让他老人家难过或生气？但是不说，是不是以后就没有机会说了呢？……

犹豫再三，最终"三不"给了我力量，我持续默念着"不分析、不评判、不下定义"，当我感受到之前的犹豫、不安等情绪转为宁静祥和时，我做了个深呼吸，鼓起了勇气。

我缓缓地走到爸爸的病床边，坐在椅子上，轻轻地拉着爸爸的手，平静地向爸爸提起了那段往事："爸爸，您还记得几年前我对您发脾气的事吗？当时妈烧伤住院，那一个多月孩子爸爸也不在家，我又得上班，又得接送孩子，又得给妈送饭，每天在单位、家、医院、托儿所之间来回跑，我真的是身心疲惫，当时我累积的情绪一时没控制住，竟然为那么点小事就向您发了脾气，那都是我的错！"我做了个深呼吸，看着爸爸的眼睛，发现爸爸也在平静地看着我，当时我的情绪仍平稳，但眼泪早已滴落到爸爸白色的病床上。

我有些惭愧地低下头，接着说："爸爸，那天看您没吃饭，也没说话就进屋了，我当时就知道是自己错了，但一直抹不开面子，也没勇气向您老人家道歉，一直就拖到了现在。爸爸，对不起，我错了，我错了！请您原谅我！原谅我啊！爸爸，对不起，请您原谅我，谢谢您，我爱您！……"

说着说着，我的泪开始奔涌……

爸爸平静地听着，听完摆摆手，说："好了丫头，好了，好了，爸知道了……"

说完，他微微地点点头，便闭上眼睛休息了。

那一刻，望着爸爸，我满眼都是泪，那是感动的、感恩的、幸福的泪……

再后来，随着我们十方缘发起"把爱与陪伴带回家"的活动，我和义工老师们一起借由一些貌似有些"刻意"的陪伴，让我这个从来没有亲近过爸爸的人终于做到了抚摸他的额头、与他握手、为他讲故事、和他开玩笑等突破。

渐渐地，在陪伴爸爸的时候，我感到自己越来越能打开，开始和爸爸"用心"交流了。直到有一天，我试探着问他和妈妈是否愿意接受我们义工的线上陪伴时，他们没有拒绝，当时我真是又惊又喜。

正式陪伴的那天，我很忐忑。当陪伴开始的时候，我看见爸爸躺在熟悉的小卧室里，听到阿姨说"往这里看"，他马上睁大了眼睛，顺着阿姨手指的方向，好奇地望向手机屏幕。义工伙伴们很热情地跟他打招呼，爸爸的面容也开始舒展了。当主沟通老师提出要为他唱首老歌的时候，他轻声应着。当时义工老师们唱的是《洪湖水浪打浪》，在温暖的歌声里，爸爸始终认真地听着，还时不时地微笑着跟随着节奏点着头，甚至还能跟着哼唱两句。第一次线上陪伴爸爸进行得很顺利，结束时，大家一一为爸爸送上祝福，爸爸看起来很开心，精神也很好，眼神里充满了喜悦。

"太好了！爸爸，您太棒了，丫头给您点赞！"我在心里对他说。

随着在十方缘陪伴老人的次数不断增多，我的心仿佛裂开了一道缝儿，从这道缝儿里透着光。之后，那道缝儿一点点张开，光也越来越亮，直到有一天，像是崩裂了一般，那一刻，我知道，我的心重生了。

"爱出者爱返"，此言不虚！感谢十方缘把"爱与陪伴"的心法与技法教给了我们！感谢义工老师们一路的呵护和引领！感谢那么多智慧且慈爱的老人陪伴了我们！

我先生是家中的次子，公婆没有女儿，自从嫁到这个家里来，公公一直都称呼我为"丫头"。他走后，我们常去服务的养老院恰巧是他曾经住过的，每次去那里为老人们做服务时，我都会想起爸爸，想起他叫我"丫头"的样子。

此刻，我仿佛又一次听见了爸爸亲切地呼唤："丫头、丫头……"我微笑着做了个拥抱的动作，轻声说："爸爸，我是您永远的丫头！谢谢您！我爱您！"

【点评】

本案例乍一看题目，我们会以为是讲父女间的爱与陪伴的故事，但当我们深入其中，却发现是一对不是父女却胜似父女的儿媳陪伴公公的个案。本案例应用了用心倾听、祥和注视、抚触沟通、动态沟通、音乐沟通、零极限等心灵呵护技术，应用了生命陪伴生命的陪伴方法。其中，抚触沟通是通过肌肤接触进行交流的心灵呵护技术，是一种与老人迅速建立心灵连接、情感连接的方式，与语言交流等其他心灵呵护技术相比，抚触沟通更容易引起老人和陪伴者的情感共鸣，更快速地拉近彼此之间的距离。

抚触是人类表达亲密情感和关爱最方便、最直接的方式，绝大多数老人都喜欢抚触沟通。皮肤和神经系统有着千丝万缕的联系，分布在皮肤上的感觉神经末梢和感受器则是人脑前沿阵地上的"哨兵"，生命之间可以通过肌肤接触传递爱。肌肤相亲会对老人产生温和的刺激，达到舒缓老人的紧张情绪、减轻肉体痛苦、驱散心理压抑的效果，从而使老人获得良好的身心反应。

本案例在作者给父亲道歉的部分应用到抚触沟通技术，联合应用了零极限、"三不"、祥和注视、用心倾听等心灵呵护技术。

爱的双向奔赴

陈 昕

"你把你老爸当猴耍？！"老爸嗔怪着说道。

"那您开不开心嘛？"我笑着嚷嚷道。

"主要你开心就好，老爸支持你的工作，当然我也开心啦。"老爸笑着说。妈妈在一边乐呵着，也念叨着："开心，开心！"

家里一片乐陶陶。

这是2022年12月13日我带着爸妈参加完"积极老龄化 银龄在行动"直播后，我和老爸老妈的逗趣一幕。

当时新冠病毒感染率激增，有基础病的爸爸有点担心和焦虑。直播前，我还担心爸爸精神状态不太好，能否顺利进行。结果老爸老妈完美呈现，表达清晰，而且娓娓道来。在直播前，我还担心爸妈一个小时不知道该说啥，结果一个多小时的直播结束，感觉还意犹未尽呢。在主持人走心的引导下，爸妈讲述了他们的过往：求学、工作、婚姻、教育孩子、自己的原生家庭等，一些场景是我完全没有听过的，另一些场景过往我只看到了表象，今天却知道了原委。

在整个直播过程中，我就坐在旁边，祥和注视着、用心倾听着、好奇着、开心着、感动着、陪伴着、爱着……

原来妈妈选择爸爸的主要一点是"他是好人、工作认真、有钻研精神、为人低调、会关心照顾同事"，哈哈，"暖男一枚"！突然觉察到因为有这样的爸爸做榜样，我找的爱人也是"暖男"。感恩妈妈的睿智，感恩爸爸的榜样！

原来爸爸选择学农业，是因为可以管吃管住，不给家里增加负担。十几岁的爸爸真的经历了很多磨难啊，心疼爸爸。

我小时候过年时，总是感觉家里冷清，只有爸爸、妈妈和我们姊妹俩，我特别羡慕邻居家的人多热闹。原来爸妈为了搞科研，放弃回爷爷奶奶家团圆的机会，大年初一就钻进实验室，硬是攻克了当地一项严重危害水稻产量（减产50%左右）的病虫害课题，并因此获得全国第一届科技成果一等奖。原来"舍小家为大家"的故事就发生在如我们家一样的千万个中国家庭里，国家经济的腾飞，就是因为有了像爸爸妈妈这样的忘我付出的一代人啊！我感动并自豪着……

原来我的文学功底是爸妈用心培养的啊，订阅适合我们姊妹俩看的报纸杂志，他们选择好的文章让我们阅读，硬是在那时我最烦的家庭会议上要求我们分享读后感。我今天才知道当时的播种成就了我们今天的花开，唯有感恩爸妈！

原来我选择做义工也是基因所致啊！爸爸会悄无声息地帮助身边的同事，哪怕是帮助打一口热饭。妈妈帮助人那更是在骨子里，现在快80岁了，每周两次会去陪伴一位80多岁、双目失明的老歌友说说话、唱唱歌，帮着干点儿家务活儿。爱不仅是呵护好小家，爸妈用他们付出爱的言传身教让我们从小就耳濡目染了"爱满自溢"的意义。

原来爸爸对诗词的热爱渊源是他的姥姥种下的种子呀；原来诗词是爸爸在面对人生的一些困境时的陪伴和力量呀；原来爸妈在教育我们时是有分工的呀，慈母严父，爸妈称职地担当着相应的角色，直到现在……

在十方缘，我们常常在分享"爱是什么，陪伴是什么"，似乎在找我

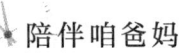

们行走世间弄丢了的真相。今天在我亲爱的爸妈用心分享时,我恍然发现:兜兜转转多半生,爱与陪伴的真谛就在父母身上,一直就在我家里……

对于孩子来说,亲子的互动比任何昂贵的礼物都重要。因为那是在向孩子传递"你是值得被爱的,你是值得被陪伴的,我愿意和你一起",这是对孩子莫大的肯定与确认。

现在,对于我们年迈的父母,也同样需要这样的被看见、被鼓励、被陪伴、被爱……

我们常常会听到父母说:"你忙你的,我们都好;没事,老毛病了,你不用操心;我好着呢,你也要注意身体、好好吃饭、别熬夜……"他们总是忽略自己,不想给孩子添麻烦。

我们也会有这样的看见:当我们带着他们一起游玩的时候,去哪儿、玩什么、怎么去并不重要,他们特别享受的是和我们在一起的温馨时光;当我们陪他们外出采购、散步时,碰见他们认识的人,他们会满脸放光、满眼自豪地介绍我们给他人认识;当我们有空坐在他们身边,聆听他们的故事时,他们就像生活的编剧,会如数家珍地讲述过往,记忆力超好,情感超充沛,表达超生动;那一刻,人间值得的感觉在爸妈心头荡漾……

爱,需要这样的表达……

当编导邀请我父母参加这场直播时,我特别荣幸、特别愿意,因为我知道我和爸妈都需要。

人老了,舞台越来越小了,自我价值感会越来越低。这样让银龄的父母们可以参与的直播,是他们人生的高光时刻;是被认可、被看见、被聆听的美好时刻;是价值感回升的幸福时刻;是老年生活的精彩时刻;是创造和爸妈之间更多了解和表达的机会;是想让他们更多地参与和了解我的生活与工作的机会;是让他们依然有对孩子的付出感、价值感的机会;更是我想和他们心灵共振的难忘时刻……

所幸，一向低调的父母接受了邀请，我欣喜万分。

与爸爸妈妈的相亲相爱，我曾经一直觉得是源于自己的改变，自己的努力，下播的那一刻，我突然意识到这是一场子女和父母之间双向的"爱的奔赴"：我拥抱爸爸妈妈，他们喜欢暖暖的抱抱，还要加句"我的傻女儿呀！"；我带他们参加云陪伴，他们拿出最好的状态和义工老师们"嗨"聊，要展现积极老年人的风采；我引导他们诵读经典，获取内在力量，即便嘴上叨念着"这是唯心"，但他们还是会照做；我带他们上直播，他们会认真准备，甚至提前摘抄经典语句，他们愿意敞开分享爱与陪伴在我家的故事。我一边用心倾听着父母的表达，一边祥和注视着父母，一边在心里默念："谢谢你，我爱你！"

就像直播结束时，有些疲惫的爸爸对我说："都是为了支持你啊！"我知道这是爸爸妈妈对我的爱；就像我带着他们上直播，也是想表达我对他们的爱一样。这何尝不是一种互相成就、互相陪伴的家庭成员之间的爱的写照呢？这份爱与陪伴需要永远在线，这样的"爱的双向奔赴"每个家庭都需要。

我突然想起了十方缘《爱的箴言》那首歌里面的一句歌词：我们相互地爱着，彼此陪伴着，温暖着……

【点评】

本案例是一篇写陪伴父母上直播后感受的故事，本案例应用了祥和注视、用心倾听、零极限、动态沟通等心灵呵护技术，应用了生命陪伴生命的陪伴方法。其中，作者在陪伴父母直播的过程中持续应用到祥和注视技术。祥和注视是通过眼神进行交流的心灵呵护技术。在祥和注视过程中，须要陪伴者放下期待，只是宁静祥和地注视着对面的生命，当下老人会感受到有一个生命在陪伴着他。

在祥和注视老人的时候，陪伴者可以尝试轻轻握着老人的手或者有其他的肢体接触，给老人更多的安全感。实时觉察老人对祥和注视是否接受，如果老人目光有躲闪或不自然，陪伴者可以调整和老人目光接触的时长，以老人舒适为根本。同时，祥和注视技术也可以联合应用其他技术，例如联合应用零极限等技术。祥和注视技术看起来简单，但其实不简单，关键是能否做到"三不"、临在和时时觉察。

陪伴91岁母亲祭祖之福

李华凤

我的母亲今年91岁。去年年三十中午吃了团年饭后,我弟弟带着舅妈来我母亲家邀我去给外公外婆上坟,我母亲说她也要去。我考虑山路远,而且雪还没有融化,母亲年龄又大,虽然没有基础病,但也不适合出远门。出于安全考虑,我和弟弟很犹豫,当我们跟她确认是否真的要去的时候,母亲坚定地说:"我要去!"

我和弟弟对视了一眼,我们默契地决定让母亲去。毕竟母亲都那么大年龄了,还允许她去祭祖,但是母亲身体还好,那就圆她的这个心愿吧。我们全家一起陪伴91岁的母亲祭祖,这本身已经是件很有福的事情了。

我们这一路走来还挺顺,停车的位置离外公外婆的墓地还要步行二里多山路,路两边还有积雪,尤其是离墓地一百米处地很湿,而且积雪很厚,路更难走,我走都有点儿困难,但看见母亲竟走得又快又稳、身姿矫健,我在赞叹之余,甚至有点自愧不如了。

一到墓地,母亲立刻跪在外公外婆的坟前给他们烧纸钱,我们见状,在母亲身后全都跪了下来。母亲一边烧纸,一边哭着说:"爹娘呀,我这么多年都没来给二老上坟,是女儿对不起你们!请你们原谅女儿!不是女儿

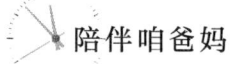

来不了,更不是不想来,实在是因为这路太远了,女儿是怕给孩子们添麻烦呀!爹娘呀,是我对不起你们呀!"

说着,泪流满面的母亲用树枝翻了翻烧着的黄表纸和纸钱,顿时火光冲天,燃烧着的小纸片带着光飞起来,顷刻间,火更旺了。

"爹娘呀,真没想到都这么大年纪了,我还有福能带着一家老小来看看二老,陪陪二老,谢谢二老对女儿的养育之恩,女儿想你们呀!"母亲说着,用右边的袖子抹了一把泪,左手熟练地用树枝挑了挑火,又加了一大串纸元宝。

"爹娘呀,恳请二老在天之灵保佑您的儿孙们身体健康、一切都好……"母亲边说边抹泪,还示意我们这些跪在她身后的孩子们都过来一起给外公外婆烧纸,跪拜磕头。

看见母亲在外公外婆坟前的那一跪一哭诉,我深切地感受到她对父母那份深深的思念与连接,孝顺的母亲其实是多么渴望能一直陪伴在自己父母身边呀,或者哪怕能够经常来坟上烧烧纸,祭奠一下也好呀……

当看见母亲说完想跟父母说的话之后的那一脸释然的表情,听见她如释重负的一声长叹,我觉得一路小心呵护和陪伴着母亲经过几个小时的车程,又踏过泥泞的山路,来到外公外婆的坟前,简直太值了!

同时,我对母亲也有了更深的"看见":我"看见"母亲内心深处对自己父母的那份深深的爱与思念;"看见"母亲宁愿自己十几年不上坟,也不愿意给儿女添麻烦的体恤之心;"看见"母亲承上启下的那份爱,那是母亲发自内心的对父母及儿女的爱!是一份家族传承的力量!是与生命一代又一代生生不息,繁衍和流动着的伟大源泉的连接……

借由这份看见,我竟有点恍惚了:不知是我在陪伴母亲,还是母亲在陪伴我,抑或是我们用这种方式在一同陪伴祖先、祭祀祖先、连接生命的源头……

在陪伴的过程中,母亲还夸赞我们非常孝顺,说那是她的福。母亲说:

"我好有福呀，对于你们，我的每一个孩子，我都很放心，我看见你们每一个孩子都很有出息，不仅把我照顾得很好，而且把你们自己和各自的小家也照顾得很好。我很放心，也很开心，你们都是我的好孩子……"

91岁母亲的夸赞和肯定，让我深深地感受到被爱、被看见、被滋养、被陪伴、被赋能！

这次陪母亲一起祭祖，让我深深感受到生命的伟大与祖先的力量，让我更深地体会到"敬畏"一词的厚重。敬畏就是那份无条件的尊重、接纳、允许和感恩。在陪伴母亲的过程中，我感受到来自母亲的爱的传承、生命的传承、力量的传承、智慧的传承，我深深地感受到这一切来自我们生命的源头……

在返回的路上，我挽着母亲的胳膊，边走边聊，当说起哥哥的离世时，母亲哽咽了。不过她很快就调整过来，说："虽然你哥得病走了，但我把他放在我心里了，他在我心里永远活着，他是我的好孩子。"听到这儿，我含泪拥抱了母亲，说："妈妈，您真棒！我爱您！哥哥也永远活在我们的心里。"

母亲经常说自己如何如何的有福，孩子们及亲朋好友对她如何如何的好，她如何如何的满意和放心，言谈间能感受到她对所有人都心怀感恩。母亲让我不要担心她，还叮咛我要改改我的火暴脾气，不要在意别人的说辞，做好自己分内的事，做个有福人……

母亲91岁了，身体很健康，我们家族中没有长寿基因，她也不吃营养品、保健品，除了耳朵有点儿背以外，几乎没有任何老态：母亲腰不弯、背不驼、走路稳健、头脑清晰、做事有条理、思路敏捷，究其原因，我想就是因为她老人家豁达、开朗、乐观、善良、勤劳的品质，更重要的是母亲永远对一切心存感恩。

亲爱的母亲，我们何其有福能在您91岁的时候还有机会陪伴您去祭祖，感恩您的陪伴！谢谢您，我爱您！祝我亲爱的母亲和全天下所有父母

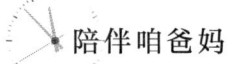 陪伴咱爸妈

身体健康、长命百岁!

【点评】

本案例是一篇陪伴母亲的故事,写的是全家人陪伴91岁母亲祭祖的过程,本案例作者在母亲祭祖环节祥和注视着母亲的所有过程,在那个当下,貌似祥和注视是单向的,但生命之间的流动不会因为注视的单向而受阻碍。所以,爱与陪伴的本质是生命之间爱的流动,是生命之间能量的同频共振,技术只是一种完成这个过程的介质而已。

本案例应用了生命陪伴生命的陪伴方法,心灵呵护技术方面应用到了用心倾听、祥和注视、零极限、抚触沟通等。说到祥和注视,很多人顾名思义会认为祥和注视应该是对视,是互相看。当陪伴者饱含着爱去祥和地注视老人时,陪伴双方通过这样的对视完成爱的相互传递,这是对的,但这只是对祥和注视技术的应用之一。当我们去陪伴重症、临终老人、植物人状态下或其他病情严重,很难与我们建立对视关系的老人的时候,我们该如何应用祥和注视呢?如果只是陪伴者单向注视着对方能有作用吗?这是一个好问题,这个问题背后的问题是:祥和注视技术的核心本质是什么?祥和注视技术的核心本质是陪伴者内在是否处在宁静祥和的"三不"状态,"注视"只是把陪伴者当下的宁静祥和传递给对方的方式而已。当我们理解了这一点,就会当下看见祥和注视技术真正的契机点,这个点完全不在外在,而在陪伴者当下是否能处在那份宁静祥和的"三不"状态中,所以四目相对只是技术在应用过程中的形式之一而已。

在无常中

刘 青

生命的来去总是无常,当我们真正看见无常的时候,那份深深的爱与感恩才能够真正地从心底升起。

癌症的确诊

2005年7月,因为我的爹爹(我先生的父亲)身体上突然长了很多疙瘩,奇痒无比,破溃后流脓水,我们带爹爹去医院检查,意外发现了在爹爹的肺和心脏中间长了一个拳头大的肿瘤。当时医生说不能手术,因为这个肿瘤是恶性的,体积很大,而且在心脏和肺之间,如果要切除的话,在手术过程中可能造成心脏或肺的破裂,出现大出血,甚至都下不了手术台。为了验证那位医生的话,我们又跑了当地的几家医院,得到了相同的结论,所以我们全家不得不决定采取保守治疗。

在爹爹保守治疗的将近5年期间,他的身体状态一直还是不错的。2009年6月之后,爹爹的症状开始加重,导致他生命的最后8个月处于一种生活不能自理的状态,无法自主进食,需要每天用勺子喂4~7次的流食,到生命末期只能用滴管滴喂。我就像喂孩子一样,侍奉着爹爹,哄着他一口口地吃，想尽一切办法尽量让爹爹多吃一口，多喝一口。当着爹爹的面，我永远是微笑地、乐观地鼓励着爹爹，但当我离开他房间的时候，我会躲在一个没有人的地方哭，看着日渐消瘦和衰竭的爹爹，我心痛无比……

我23岁嫁入向家（夫家姓向），在夫家生活了23年，娘家生养了我，夫家教育了我。虽然夫家条件不如我娘家富裕，但向家忠孝传家，代代母慈子孝，人人中正厚道，家家注重教育，门门人丁兴旺，才子辈出。在我们当地，只要提起向家的忠孝仁义，无不竖起大拇指。

我就是在这样的家庭环境中被熏陶、被影响、被引领着成长起来的。在这个过程中，我的爹爹是对我影响最大的人，他用他生命的诸多美好的品德和诲人不倦的教导，让我这个不大懂理的姑娘逐渐学会了做人，学会了孝道文化，学会了知恩、感恩、报恩。为此，我感恩夫家，更要感恩爹爹。

爹爹在去世前的那段时间，身体已经明显衰竭了，人也瘦成了皮包骨头。那年的农历腊月二十七，爹爹看起来状态已经很不好了，我们就请来了亲属和医生。中午时分，爹爹突然不明原因地心跳骤停，医生检查说已经没有生命迹象，让准备后事。当时，所有的家人都已经接受了这个事实。

那一刻，我突然意识到：爹爹要走了，我不能让他走，我先生还没回来，我不能让爹爹见不到儿子就走！

于是，我就像抱着孩子一样抱着爹爹，紧紧地搂着他、抱着他、喊着他，声泪俱下地对他说："爹呀爹呀，您的儿子都还没有回来呀，您不能走啊，爹呀爹呀，您一定要好起来呀！您儿子已经在路上了，他快到了，爹呀爹呀，您不能走啊，您就等等您的儿子吧，您快回来吧，咱们还得过年呢，爹呀爹呀……"

我就这样撕心裂肺地呼唤着爹爹，家人就在旁边安慰我、劝我。在我最开始呼唤爹爹的时候，爹爹的头低垂在我的肩膀上，我就一直拊着爹爹的后背呼唤着，不停地哭着呼唤着爹爹。过了好一会儿，我突然听见嗝的一声，爹爹仿佛突然有了反应。

我感受到爹爹低垂在我肩膀上的头猛然一抬，我不敢相信自己的感受，然后我就轻轻地放开他，结果爹爹真的睁开了眼睛。我完全不敢相信自己的眼睛，医生和全家人也都惊呆了，见状全家人也都赶紧跪下，给爹爹请安。

守护爹爹的最后 17 天

之后，爹爹的精神状态比以前好太多了，尽管所有的家人都很吃惊，都不敢相信，但爹爹真的活过来了。而且之前爹爹一直是需要用勺子喂流食，后期要用滴管滴喂的，在爹爹"回来"之后，他竟然开始自己吃饭，自己夹菜，与之前喂流食的状态完全不同。我一直牵着爹爹的手，我好怕我一松手，爹爹就会离开。虽然我也不敢相信自己的所经、所见、所感，但我知道这真的是事实。

饭是能吃了，但因为爹爹胃肠功能已经衰竭，导致大便很困难。爹爹恢复进食的那几天我都不知道用了多少支开塞露，爹爹的大便全靠我戴着手套抠出来。每次把大便抠出来，爹爹都会觉得很舒服，都会露出一丝微笑。即使仅仅为了这个笑容，我都觉得我所有的付出都是值得的。

大便已经不容易了，小便就更是困难。医生说已经不能插尿管了，所以爹爹的小便全靠我们通过一根洗衣机排水管一点点地鼓励着由他自己排。为了方便爹爹排尿，我每次都跪在地上，一边拿着管子接着尿，一边像哄孩子一样哄着爹爹加油排，就这样，一次小便往往得一个小时。

起初，爹爹觉得很不好意思，紧张得更解不出小便来了。第一次我给爹爹接小便时，爹爹一直把头扭向一边不看我，接了 20 分钟，竟然一滴都

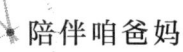
陪伴咱爸妈

没有解出来。当我意识到这里面可能的问题时,我对爹爹说:"爹爹呀,您不用不好意思,我从嫁入向家,就是您教导我做人,言传身教地让我学会了知恩、感恩、报恩。我年轻的时候您教导我,您现在需要我的照顾,请您给我一个报恩的机会吧。您也没有女儿,就把我当女儿,给我个报恩的机会吧……"

这时,爹爹好像听懂了似的,微微地点了点头,眼角流下了泪……

婆婆和先生开始也觉得我来做这个工作很尴尬,有些不妥,但当听到我这样说,也都很感动,就不再反对了。

在我给爹爹接尿的时候,婆婆会帮我端凳子,先生也会主动来替换我,我都拒绝了,我想用这种方式多多伺候爹爹,哪怕只是有机会多做一次,我都要报爹爹对我的教育之恩。

从爹爹那一次清醒之后,我就数着日子过,天天守护在爹爹的面前,寸步不离。每当我跟爹爹说话的时候,我经常看见他的眼睛里噙着泪水。

就这样,爹爹不仅等到了他儿子回家和他团聚,而且爹爹还其乐融融地和我们一大家子一起吃了过年的饺子。

后来的几天,爹爹的嘴角开始流口水了。我一直守护着爹爹,爹爹一流口水,我就给他擦,一边擦一边流,一边流一边擦。

再之后,我发现爹爹的嘴里不仅流口水,还开始流血水,开始还能擦,后来我发现有血块,我就用手给他挖。医生说已经不可能有好转的余地了,让我们在家里好好照顾他。

于是,我清理掉自己所有的思考,只要有血,我就先擦后挖,及时清理血块。就这样,爹爹又撑了几天,后来慢慢地我感受到爹爹已经变得不清醒了,再之后,就怎么喊也没反应了,医生说爹爹已经昏迷了。

我每一天都守在爹爹的身边,轻轻地握着他的手。那个时候没有学习过十方缘的文化和技术,我也不知道该怎样去做,只是每天守着他、陪着他、握着他的手,有时候会和他轻声说句话。

从昏迷开始,爹爹就不能再吃饭了,连发出声音的力气也渐渐没有了,医生来查看的时候说爹爹的所有脏器已经全部衰竭了,先生和我商量说要和爹爹说一下身后事,我说好。

于是,那天上午我先生和我跪在爹爹的面前,我先生和爹爹说:"爹呀!其实您5年前就已经得癌症了,当时这个肿瘤长在心脏和肺之间,医生说有拳头大小,是恶性的,体积又大,根本不能手术,一旦手术,可能下不了手术台。因为您得的是癌症,又没法做手术,所以我们就按医生的建议给您保守治疗,为的是让您完完整整地、好好地多活一天是一天。就这样,5年多过去了。"

这个时候,我感受到爹爹的手轻轻地动了一下,我赶紧拉着他的手,我先生都不可思议我为什么能够做到这一点。我就这样拉着爹爹的手,我先生继续和爹爹说:"爹爹呀,谢谢您为咱们全家能过上好日子在那些年吃的苦!正因为您吃的那些苦,受的那些罪,才把全家人带着过上了好日子。如果您的病通过手术能够治好,我们是愿意给您做手术的,可是医生说肿瘤太大,又在心脏和肺之间,医生根本不敢给您做这个手术,而且说这个手术也根本没必要做。我们之前一直瞒着您,为了能让您过好每一天,咱们全家一直瞒着,一直瞒到了今天。"

"爹呀!今天我觉得不能再瞒您了,作为儿子,我不能让您带着遗憾走,您得了5年的癌症。对不起,爹呀,我们一直瞒着您,我们就希望能够多伺候您一天是一天,我们都盼着能和您在一起的每一天。如果手术能够救您的命,咱们5年前就做了,可是医生说已经没有可能性了,当时医生说不做手术最多活8个月,但做手术可能根本下不了手术台。您现在已经活了5年多了,所以我们真的很感恩您能够一直陪伴着我们走过这5年。感恩您!以后,我们会好好照顾娘的,请爹放心。爹呀,我们都爱您,谢谢您……"我先生一边说,一边哭。

我接着先生的话说："爹爹呀！谢谢您对我的教育，在向家，我受到了仁义礼智信的传承和孝道的教育，我看见了向家上上下下所有晚辈对长辈的孝道，儿媳谨记！感恩爹爹对我的教育。谢谢您，我爱您……"

我们就那样跪在爹爹的面前，说完就静静地看着爹爹，含着泪看着他。这时，爹爹眼睛睁开了一下，好像听懂了什么，随后微微地点了点头，再之后，头轻轻一歪，眼角流下了一滴泪，爹爹就这样平静地走了。

这个时候，我和全家人都哭了，虽然仍然不想让他走，可是这一次，爹爹是真的走了，再也没有回来，而且爹爹走得很安详……

从上一次爹爹奇迹般地清醒到最后离开，整整17天。

【点评】

本案例是一篇陪伴公公的故事，作者从得知公公生病开始写起，到后来公公两次临终作者对公公的陪伴，作者在描写呼唤爹爹及为爹爹"排便、接尿、抠血块"等过程中，反复应用到动态沟通技术，与此同时还联合应用了用心倾听、祥和注视、抚触沟通、零极限、"三不"等心灵呵护技术，最终在宁静祥和中陪伴"爹爹"走完了他生命的最后一程。

本案例应用了用心倾听、祥和注视、动态沟通、抚触沟通、零极限、同频共振、"三不"等心灵呵护技术，应用了生命陪伴生命的陪伴方法。在动态沟通技术的应用方面，陪伴者需要观察老人的需求，根据老人的身体状况选择不同的动态沟通方式。如果老人对眼神交流、呼吸交流、语言交流、抚触沟通等都不喜欢，可以尝试发现老人当下有什么行为特点，根据老人行为特点进行互动。动态沟通在应用的时候可以有非常多的创造性，比如，肢体瘫痪的老人有时候对肢体康复特别感兴趣，肢体活动或肢体互动的游戏就有可能是他们的最爱。

无论选择什么样的方式应用动态沟通技术，都只是该技术的应用形式不同而已。动态沟通技术应用的关键是陪伴者对自己、对老人、对整个场域的状态保持觉察，去感受老人的状态，"不分析、不评判、不下定义"，当下与老人同在，同时，适时觉察和调整自己的状态。

爱与陪伴，在每一个当下

柏翠娟

今天是爸爸83岁的生日，早上我带着在家准备好的食材想给爸爸亲手做一碗牛肉面，却被妈妈抢先了，我暗暗为80岁的妈妈点赞。爸爸的生日会定在晚上，白天我就忙里偷闲报了广州十方缘的线上"把爱带回家"的陪伴服务，陪伴对象可以自由选择，我选择在这个特别的日子陪伴爸爸。

苦日子中的爱

下午，我泡上一壶爸爸喜欢的铁观音，打开轻音乐，一边陪爸爸喝着茶，一边和他聊天。我说："爸爸，您跟我讲讲我们小时候的故事吧！"

"那些陈芝麻烂谷子的事有啥好说的，都说过八百遍了。"爸爸微笑着若有所思。

"爸呀，我就喜欢听那些事，我越听越发现我竟然还有好多事情都还不知道呢。那时候，我们都小，好像很多事都没在意过，所以都不记得了。您就跟闺女说说呗！"我撒娇地摇动着爸爸的胳膊央求着。

从小爸爸就特疼我，最受不了我撒娇了，于是，爸爸赶紧说："好好好，爸给闺女说说，你说想听哪段？"

"哪段都行，爸说的哪段我都喜欢。"

"你就是个小甜嘴，哪段都行，那还真得想想呢。"说着，爸爸出神地望向窗外，西照的阳光通过敞开的窗户反射进房间，刚好照在爸爸的脸上，仿佛给他慈祥的面容镀上了一层金光。我陶醉地端详着爸爸的脸——那是一张黝黑的、布满皱纹的、宁静而智慧的脸。

正在这时，爸爸问我："小娟，你还记得咱们老家那 5 间小土房吗？"

"我当然记得咱老家的小土房，但有些事有点记不清了。"我说。

"嗯，那我就给你讲讲那一段，那是咱家最困难的一个阶段，也是咱们整个国家最困难的时期。那时，虽然咱们家你爷爷被划为黑五类，但那几间小屋里散发着的温馨的感觉永远都是我美好的回忆。当时，咱家 13 口人住在一起，你奶奶主持着家里所有的事儿，我和你爷爷、妈妈、二姑、二叔去生产队种地，早起还要去捡炭，咱家人付出的多，可挣的工分却比贫下中农少。为了多挣点工分，多捡点炭，我和你爷爷每天都早早起来，第一批到杆子山上开工。那个杆子山陡啊，一百多米高，根本没路，一不小心就有可能连人带炭摔到山底下去，特别危险。"

说着，爸爸呷了口茶，品了品茶气，意犹未尽地接着说："记得有一次下了点小雪，我估计杆子山应该实在不好往上爬，怕你爷爷出危险，我那天就一个人去捡炭。下了雪，杆子山上的石头一踩就往下滑动，没办法我就用钩子在前面开路，一点一点地往上爬。小火车翻炭的时候，炭都翻在上面，下面的早被人捡没了，为了多捡点炭，我只能爬到最上面，为了多挣点工分，爸也只能冒险了。"

说着，爸爸摇了摇头，眼睛通过窗户，望着远方，仿佛在回味着那个危险，又好像是在眺望当年那个强壮男人的背影。

好一会儿，爸爸接着说："忙活一早上，炭是捡满一整袋子，可往下运又是一个问题：本来就是上山容易下山难，再加上杆子山全是煤石堆积的，特别不稳固，下山就更是难上加难；当时物质匮乏，哪有钱买好袋子呀，都是把装水泥的袋子外面用点破雨布包上缝起来做装煤的袋子，这种袋子一是口不好扎紧，二是不够结实，但那个时候就这条件，大家也都差不多。当时，我扛着一满袋子炭从杆子山往下走，结果一不小心脚下一滑，连人带炭袋子都滚下了山。当时，我的脸破了、手也流血了、一袋子炭全丢了，还好我胳膊腿没摔伤……"

说到这儿，爸爸叹了口气，做了一个双手摊开耸肩的动作，接着说："当时我那个恨啊！怎么这么不小心呀！那可是满满的一袋子炭呀，那可是能换不少工分的呀！要知道，那时快要过年了，你爷爷奶奶和你们这些孩子们连买布做衣裳的钱都还没有呢！那时候咱家特困难，好多年爸都拿不出钱给你们扯上块布，做件新衣裳……"爸爸一边说着，一边摇头，一边又连着叹了好几口气。转头间，我看见爸爸眼里似乎还有点什么在发亮，是泪吗？我不确定，但爸爸的表情让我仿佛感受到当年的那份沮丧、遗憾与愧疚仍然在触动着爸爸的心。

"当我垂头丧气地回到家，还没走进咱家小院，你哥和你就看见了我，你们小燕子般地都向我扑来，高兴地拉着我、围着我喊着：'爸爸回来了！爸爸回来了！爸爸回来了！'那个时候，我心里所有的沮丧、遗憾与愧疚一下子都烟消云散了。累，怕什么！难，怕什么！苦，又怕什么！我可爱的孩子们，你们就是爸的希望……"说到这里，83岁的老父亲的声音突然变得轻快了，布满皱纹的脸上也渐渐地露出了微笑，眼睛里又一次闪着光……

这时，爸爸知足地呷了一口茶，示意我再续上热的。

"小娟呀，后来你们都长大了，上学的上学，工作的工作，咱家里条件也越来越好了，你爷爷也被平反了，虽然咱家小院里的笑声少了，但我的梦想却都实现了：你们几个都有了自己的事业、都有了温馨的小家，后来小字辈的孩子们也都有了,都在茁壮成长,我最开心的就是重孙子、重孙女们围在我的身边,蹦蹦跳跳地叫着'太爷爷''太爷爷'的时候,那份幸福与满足简直是打心眼里往外流,这辈子爸爸我还有啥可求的呢?一家人都平安健康,孩子们都孝顺如意,我和你妈身体还好,爸爸我呀就知足啦,知足喽!……"

说着,爸爸把目光看向了我,我感动地默默地将手伸向爸爸,用两只手握住他的手——这好像是我这辈子第一次主动握住爸爸的手——这双手好大、好硬、布满老茧、黝黑的皮肤上青筋暴露,因为多年劳作,爸爸的手早已经很难伸直了,但爸爸的手依旧有力、依旧温暖、依旧有爱……

下午的陪伴从始至终,我没说几句话,只是宁静祥和地注视着爸爸,看他的一颦一笑,用心地倾听着他的每一句话、每一个停顿、每一声叹息。在陪伴的过程中,我仿佛看见了一个勇敢而坚强的男人这一生走过的每一步;仿佛看见了一位智慧而担当的父亲为家、为儿女的每一份付出;仿佛看见了一个伟大而慈悲的生命向另一个生命无条件地分享着他的所有……

在随后的分享会上,我分享了爸爸的故事,领队老师听说那天是爸爸的生日,就提议服务结束后每人录一条祝福的语音送给爸爸。

被光照亮的爸爸的脸

在晚上的生日会上,爸爸亲自插上他的生日蜡烛,我们全家一人一根为爸爸点上蜡烛,唱生日歌。透过烛光,我看见爸爸脸上的皱纹更加明显,面色也大不如前,我的眼泪悄然而下,记忆突然把我拉回了几十年前的那个晚上,那也是一个光照亮爸爸的脸的晚上。

记得那年我8岁,那个年代生活特别艰苦,我家住在农村,豆油和面只有到端午节、中秋节和过年的时候才能发放一次,每人半斤豆油,二斤面。在那个年代能吃上一口油条，简直是太奢侈了，很多孩子长大之前甚至都没见过油条。"奢华"地吃油条的体验我们在那年过年的时候享受过一次，妈妈把面和好，爸爸把和好的面切成小剂子，用筷子一压，用手一抻，就放到飘满豆香味的油锅里，我和被我搂着的不懂事的妹妹目不转睛地盯着油锅，当看见白色的面剂子在油锅里顷刻间膨胀成为黄色时，妹妹高兴地一边指着锅里，一边喊着："姐姐快看，快看看，油条变胖了！变胖了！"妹妹边喊，边伸着小手就要到锅里捞，我赶紧拽住了她的小手，告诉她还没熟呢。

其实那时候，我的口水也在一个劲儿地往肚子里咽，我和妹妹都在眼巴巴地看着油条，心里不知有多馋呢。

不一会儿，金黄的油条炸好了，我们五个兄妹一人一根吃得好开心啊！当妹妹想要伸手再拿时，被我叫住了，我说："咱们一人一根就行，爷爷、奶奶、爸爸、妈妈都还没吃呢！"妹妹咂巴咂巴嘴，懂事地点点头，收回了小手。

我忙喊爸爸妈妈来吃，爸爸说他炸的时候就吃过了，让我们挑六根好的给爷爷奶奶送去，其他的让妈妈给我们分着趁热吃，还叮嘱我要照顾好妹妹……

就在妈妈给我们兄妹们分着吃油条的时候，我看见蹲在灶边正在封炉子的爸爸的脸，他年轻而英俊的面庞被炉膛里的火光照得发亮，那是我从未仔细端详过的脸，好有爱，好温暖——他明明没吃一口油条，但为了全家能多吃一口，他说了谎……

同样被光照亮的爸爸的脸，转眼间几十年已经过去，今天，借着烛光，我许下了一个愿：爸爸，您培养我渐渐地长大，我愿陪伴您慢慢地变老……

这时，我把手机放到爸爸的耳边，爸爸听见了十方缘小伙伴提前录好的生日祝福，爸爸笑了，说："哎哟，你们十方缘的孩子们真好！"

我故意噘着嘴说:"哎哟,爸爸呀,就十方缘的孩子们好,那您的孩子们不好吗?"

爸爸笑出声来,说:"好好好,当然好了,就我这个丫头最能挑理,你们都好哈。"

"这还差不多",我边笑边说,并顺势拥抱着爸爸,把脸贴在爸爸的脸上亲了一口,"爸爸更好,我爱您!我们都爱您!"

爸爸被这突如其来的拥抱和亲亲惊了一下,不过很快就明白发生了什么,于是也使劲儿地拍了拍我,说:"这丫头,爸爸也爱你,爱你们哈!"

这是我记忆中第一次和爸爸亲昵地接触,第一次说出了我想说,但多年来一直不敢说的"我爱您",这也是59年来我和爸爸送给彼此的最珍贵的礼物。

今年正月初八,爸爸走完了他84年生命的最后历程,我没有遗憾与悲恸,只有感恩与祝福。当我带着觉察与生命连接的时候,我发现生命就是这样在一代又一代人之间延续着;爱,就是这样在一辈又一辈人之间流动着;陪伴,就是这样在一天又一天地深深地温暖和影响着我们。而爱,在每一个当下……

【点评】

本案例是一个陪伴父亲的故事集合,作者从爸爸的83岁生日开始写起,通过下午"缠着"爸爸讲小时候家里的故事,和爸爸一起回顾曾经的那些"苦日子中的爱",晚上过生日点蜡烛时,祥和注视中因看见"被烛光照亮的爸爸的脸"回忆起50多年前爸爸曾经的那张"英俊的脸",之后,又为我们讲述了一场"奢华"的油条盛宴。

本案例应用了祥和注视、用心倾听、同频共振、抚触沟通、动态沟通、音乐沟通等心灵呵护技术及生命陪伴生命、生命影响生命的陪伴方法。其中,祥和注视是一种在陪伴过程中常用到的心灵呵护技术。人们常

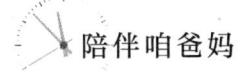

说眼睛是心灵的窗户,我们与老人交流最方便的方法就是通过目光去注视老人,让老人感觉到有一个生命在陪伴他。在应用祥和注视技术的过程中,陪伴者可以采取站位或坐位,以确保与老人视线方便接触,方便老人以舒适的体位就能看见陪伴者,同时陪伴者也要根据老人和房间的具体情况调整自己的姿势,让自己感受到舒适放松。有人觉得只要老人方便就好了,陪伴者的姿势可以将就,但我们线下陪伴老人一般是每次40分钟左右,一个不合适的姿势很容易导致肌肉拉伤,同时,陪伴者也不容易放松下来,所以陪伴者要时时觉察自己的状态,时时调整好自己的姿势。

本案例作者在面对面陪伴父亲喝茶的过程中应用到祥和注视技术,以目光注视的方式陪伴父亲,将自己内在的宁静祥和经由目光传递给父亲,并在这个过程中与父亲达到同频共振。

怀抱中的母亲·母亲的怀抱

陆玉玲

感恩新冠疫情让我们能够停下脚步,去陪伴平日奔忙中常常被我们忽略的亲人,去看见烟火人间里那份朴素的爱与温暖。

准备好午饭的食材,我就要带着母亲去做一天中最开心的事:下楼做核酸。这是新冠疫情最严重的阶段我们一天中唯一一次可以出门的机会。

因为每天都是11点一刻固定做核酸,我担心母亲在一楼等的时间长会感冒,于是我都是先下楼排队。那天,当电梯到九楼的时候,我发现自己没有带手机,于是就下了电梯。当看见两部电梯都在下行,担心母亲下楼看不见我会着急,我就赶紧爬楼梯上楼。一口气爬了9层楼,到家已经气喘吁吁了,但发现当时母亲已经下楼了,于是拿上手机,随即下楼。

在等电梯的时候,母亲的电话打了过来,我刚接通,就听见母亲用超大的声音冲我发脾气地吼着说:"你到底跑到哪里去了?!"

而且,她一遍又一遍地吼着……

电梯到了,我不好意思地把手机静音了,刚出电梯就听见耳背的母亲的吼声,周边有很多人都在排队等待做核酸,她仿佛全然没有看见,依然对着手机大声地吼着,生怕电话那边的我听不见。

我顺着声音走过去。

当母亲看见我的时候,她放下了手机,瞪着眼睛冲着我吼:"你到底跑到哪里去了?!"

如果是从前,她对我这样,我一定会把手机关掉,玩消失。

这次,我首先用"三不"("不分析、不评判、不下定义")技术安抚了自己当下的心,然后走到她身边,轻轻地拍了拍她的肩膀,又把脸贴到她的肩膀上,安慰地说:"刚才手机忘带了,回去取手机了。妈别急,咱别急哈。消消气哈!"

这时,我温柔地看着她,她的目光也柔和了不少,我顺手把母亲搂得紧紧的,什么也没说,只是用另一只手抚触着她的肩膀,轻轻地拍着。就这样,我们娘俩开始安静地排队做核酸了。

回到家,我发现母亲不像从前那样没完没了地重复这次的不愉快,而是安静得像什么也没发生过一样。看见母亲的改变,反思自己在"把爱与陪伴带回家"活动中逐步践行的过程,我越来越感受到任何改变的发生都不是偶然。

午休后,我反思了母亲今天为什么会有这样的改变,正当我百思不得其解时,母亲突然叫我到茶几前,用手指着几个发黑的流着汤汁的软柿子,对我喊叫着说:"这个你还吃吗?!"我当下的火一下子就上来了,搁在过去,我会一句话顶过去,说:"你都不吃,让我吃,你安的什么心?!"我把母亲的话用心聆听了一遍,发现母亲话外的意思应该是:柿子都坏了,咱就别吃了,扔掉吧!

我原本要发的火立刻消失了,于是拉着母亲的手在沙发上坐下。我祥和地注视着母亲,问:"妈,柿子坏了,您直接扔掉就可以了,不用问我。"

母亲躲避着我的眼神,没吭声。

我接着说:"妈,您其实认为这是我的家,您没有权利扔东西,对吗?"

母亲略有委屈地微微点点头。

我接着说:"妈,那为什么您的家是我的,而我的家不是您的呢?

妈,这里永远都是您的家,您在自己家里怎么做,在这里就可以怎么做,好吗?"

话音一落,就看见母亲的眼泪唰地掉了下来……

我把母亲拥入怀中,对她撒娇地说:"您是我妈,我需要您的保护哟。"

说完,就看母亲把柿子拿起来要往我嘴里塞,我刚配合着张开嘴,她立马收回去,直接噘的一声扔到垃圾筐里。看着这样可爱的母亲,我笑得前仰后合的,给她点赞,说:"我的好妈妈,您太可爱了,棒棒哒!"

母亲没说话,只是在我怀里扑哧一声笑了起来,开心得像个孩子。

母亲的"扑哧一笑"突然带给我一种久违的感觉,仿佛把我带入了四五十年前那略有些模糊的记忆中,在那个人们能吃饱饭就很好了的年代,作为孩子,是不可能有零食或糖吃的。记得那是冬日里的一天,刚下完一场大雪,母亲从外面回来,很神秘地把我拉出屋,对着我的耳朵说:"小玲子,快来,快看,妈给你带的这是啥?!"

只见母亲从怀里掏出一小包被牛皮纸包着的东西,一层又一层地打开,记得当时至少打开了三层,只见在还有体温的牛皮纸包里面有好几块小动物造型的东西。当时我不认识那是什么,就好奇地问:"妈,这是啥?"

母亲说:"这个叫饼干,动物饼干,可甜了!可好吃了!来,快尝尝……"

不由分说,母亲挑了个最大块的小猪造型的饼干塞到我嘴里,哇!好甜呀!真好吃!那是我从记事起第一次吃饼干,终于知道饼干的味道了,那个甜,那个香,无以形容,胜过我此生品尝过的任何味道。

母亲微笑地看着我陶醉的神情,估摸着我吃完了,又拿一块塞进我嘴里。当我突然意识到父母和哥哥都还没吃的时候,我马上从嘴里把没吃的饼干拿出来,塞进母亲嘴里,说:"妈,您也尝尝吧,您和爸爸,还有哥哥都还没有尝过呢。"

母亲被这突然降临的"甜蜜"怔了一下，随即便微笑着拥我入怀，那份甜蜜，仿佛胜过了好吃的动物饼干的甜，我扑哧一声在母亲怀里笑了，当抬起眼睛再看她的时候，她已经满脸是泪……

时光如梭，当年清秀俊俏的母亲已经老态龙钟了，但不变的是那份母女间的深情，不变的是那份温暖的拥抱，不变的是那份纯然的爱与陪伴……

怀抱中的母亲笑得像个孩子，回忆中母亲怀抱里的孩子笑得像个天使，而当下书写着的我已不禁泪目……

【点评】

本案例是一篇陪伴母亲的故事，作者开篇铺垫母亲耳背且貌似"脾气不好"，但当作者破例用"不分析、不评判、不下定义"的"三不"技术接纳母亲的"当众大吼"之后，母亲的转变令作者百思不得其解。在这个"悬念"尚未解开时，母亲的又一次"喊叫"再一次传来，作者被激怒了，但当下她做了一个"三不"的觉察，瞬间读懂了母亲真正想要表达的意思，于是在拥抱中母女相视而笑，达到了同频共振。

本案例应用了用心倾听、祥和注视、抚触沟通、零极限、"三不"等心灵呵护技术及生命陪伴生命的陪伴方法，并在行文的过程中诠释了技术应用的效果。其中，"三不"技术是我们在陪伴老人过程中经常应用的技术。当我们自己的内心难以平静，情绪状态不佳，感觉内心的能量不够，或者当我们看见老人，感觉有很多想法但不知从何说起，或者突然脑海一片空白，不知道如何做时，可以通过自己默默地重复念诵"三不"来调整自己的状态。"三不"的念诵或默诵是提示自己放下所有的分析、评判和下定义，全然接纳自己、老人和外在世界的一切现状，放下期待，在宁静祥和的"三不"状态下，陪伴老人，陪伴所有的生命，还可以用这种方法陪伴自己。

从白色婚纱说起的往事

张 芹

时光飞逝,转眼间女儿已经长大,也到了适婚的年龄。在为女儿订婚事宜张罗着的同时,我脑海中浮现出我结婚之前的很多场景,这不禁让我想起跟爸爸在一起的那些日子。

爸爸的承诺

我20岁那年,爸爸带我去青岛旅游,路上偶遇一家婚纱店。他指着橱窗里一件特漂亮的白色婚纱,对我说:"闺女呀,你看那件漂亮吗?"

我说:"真漂亮,我从来就没见过这样的白裙子!"

爸爸说:"这是西方人结婚时穿的,白色代表着纯洁与忠贞不渝。"

我似懂非懂地点点头,说:"那感觉好神圣呀!"

爸爸说:"是的,闺女呀,等你结婚的时候,爸要送你一件比这件还漂亮的婚纱!"

当时的我之前没见过婚纱,再加之那个年代思想还是比较保守的,爸爸这句话说得我实在有点难为情,但对于白色婚纱,以及白色婚纱所象征的纯洁的爱情和婚姻我还是很向往的。于是,漂亮的白色婚纱,便成了父亲给我的某种承诺，在一个情窦初开的少女心中种下了一颗美好的种子。

但，父亲的这个承诺最终也没有实现。

在我和先生定下了结婚日子之后，爸爸就生病一直住在医院里。虽然对于与父亲间婚纱的承诺我念念不忘，但在那种情况下，我也不可能再提此事。于是，我和先生一起随便挑了件婚纱，就这样在爸爸病重住院期间，草草结了婚。但我心心念念的还是爸爸曾经承诺的那件"比橱窗里的更漂亮的白色婚纱"。

在我婚礼的那天，本该去医院给父亲行礼，哪怕只给他鞠个躬，感恩他对我的养育之恩也是好的，但那时候没有这样做，不知道是因为忌讳，还是其他什么原因。总之，现在想起来真的好遗憾，而且这种遗憾随着我年龄的增长而越发清晰。

每当想起父亲，我脑海里总会出现这样的镜头：在众多亲友面前，我穿着父亲曾经承诺的那件"比橱窗里的更漂亮的白色婚纱"，伴随着庄严的《婚礼进行曲》的音乐，在那家医院的走廊里，缓缓地走向父亲，父亲则颤颤巍巍地扶着墙，站在病房门口，含着泪张开双臂，迎向我、拥抱我、祝福我，然后，让我挽着他的胳膊，缓缓地随着音乐，带我一起走向我的新郎，把我的手慎重地交到新郎手里，那份慎重里有太多的不舍、太多的期待、太多的爱……

一个父亲嫁女儿时的心情应该是五味杂陈的，而重病中的父亲在送唯一女儿出嫁时候的心情应该是更加复杂的吧。

这个场景在我脑海里已经不知道浮现过多少次，不知道是在梦里，还是自己的想象，我总是穿着漂亮的白色婚纱站在父亲的面前，让他看我穿着那件他承诺的婚纱有多美，让他看看自己的女儿做新娘的样子有多美……

我多想对父亲说："爸爸，我爱您，感恩您曾经给予了我那么多，我还没来得及报答您，您就走了。我还没有被您爱够，您怎么可以走呢？我非常想念跟您在一起的日子，非常想让您看见我穿上您给我买的漂亮的白色婚纱，做新娘的样子……"

病房里的蜜月

在那个我生命中的至暗时刻来临之前，我从来没想过我的好爸爸竟然会离开这个世界、离开他心爱的女儿……

那年，我28岁……

1996年1月，父亲46岁，因为急性脑血栓住进了医院，那时候我正准备结婚。父亲入院后，我就开始照顾他。从住院到春节，他的身体有些好转，所以我们就把结婚的日子定在了当年的二月初八，刚好那天是爸爸的生日，当时想着双喜临门，挺好的。

可就在正月初，父亲的病情突然加重，很快，病危通知书就被递到我的手里。

结婚之前，我竟不知道病危是什么意思，更不知道父亲的病危对于我、对于这个家、对于父亲自己意味着什么。面对冰冷的病危通知书和无助的我，我爱人一家忙着找熟人、找医生、找最好的方案、用最好的药物给我父亲治疗。而我偶尔会坐在父亲床边哭泣，经由"三不"技术的清理，我更多的时候是宁静祥和地看着护士每天不停地给父亲换吊瓶，看着那些白蛋白、脂肪乳一滴一滴地输入父亲的身体，我就这样静静地陪伴着昏迷着的病情危重的父亲。

三四天后，父亲脱离了危险期。面对即将来临的婚期，妈妈当时完全不同意我推迟婚期的决定，我也很犹豫，但是面对婆婆家的三十多桌客人，我最终还是选择了不延期，就算是冲喜吧。我相信一生信守承诺的父亲如果那个时候清醒，他也一定会支持我的决定的。

我们结婚之后的第三天，我跟爱人就回到了医院，回到了父亲身边。

我一直认为婚礼只是个仪式,蜜月可以以后再补,对父亲的陪伴不能等。不过还好,有一位只相识了136天就结婚的新郎一直支持着我,每天都陪伴在我身边,让我不再孤单和害怕……

因为那时候爸爸插着胃管,不能吃东西,所以我先生每天都会陪我去买鱼,买大骨头来熬汤,给爸爸增加营养,而且每天都是爱人亲自用大针管从鼻饲管给父亲"喂饭"。我不知道别人的蜜月是怎么过的,我的蜜月就是在家、医院和菜市场之间度过的,还好,有先生不离不弃地守护着。回忆起当时的情景,现在我才理解小护士们羡慕的眼神,还有隔壁病床阿姨的表扬……

父亲醒过来之后,我发现他出现了严重的后遗症:他的嘴歪了,话也说不清楚了,而且一侧身体已经不方便了。

无论后遗症有哪些,只要父亲能醒过来,对我而言都是一个巨大的喜讯。父亲醒来的那天,我发现他的眼睛一直在直直地看着天花板,好像在思考什么。我做了个深呼吸,平静地问:"爸爸,您的眼睛睁半天了,累了就闭一会儿眼,歇息一下哈。我看您若有所思,您在想什么呀?"

父亲停了一下,口吃着,用不太清晰的语言,一字一顿地说:"我——要——起——来。"

"您要起来干啥呀?"我问。

"你——要——结——婚——了,我——要——起——来——去——给——你——买——冰——箱、彩——电,还有婚……"

"爸,您放心吧,冰箱、彩电,婆婆家都已经准备好了。"为了让刚刚苏醒的父亲别太耗气,我赶紧打断了父亲的话。直到很多年之后,当我又一次回忆起这一幕的时候,我突然意识到在我打断父亲的话的前一秒钟,父亲想说但被我强行打断的那部分也许是"还有婚纱"……

当时,父亲的喉咙里动了动,好像很想再说些什么,但欲言又止,也许是因为太过虚弱,所以虽然父亲的喉咙动了几次,但最终也没有再说什么。

随着父亲身体的好转，他好像记起来了什么，他说前一段时间做梦，梦见自己躺在人力排车上，我推着他，周围全是干草。后来，就梦见周围全都是冬青，我坐在他的身边守护着他。我平静地听着父亲的描述，心里默念着：不分析、不评判、不下定义……

父亲说，他始终看见是我一直陪着他。虽然那段时间，我也没做什么，但对于父亲而言，只要我在，他就满足了……

就在父亲病危期间，他眼里心里惦记的都是他还未出嫁的女儿，也许就是因为这份牵挂、这份爱和这个心愿鼓励着他，才让他与死神擦肩而过。感恩老天爷的这份眷顾，让他又重新回到我身边。

后来从小护士们的议论中得知，父亲的病在清醒之前已经非常严重了，以至于护士们都诧异地相互问着："这个人怎么会还在？"

…………

就这样，父亲在母亲和全家的悉心照顾下，又过了 4 年。

我结婚不久就怀孕了，然后生孩子，所以回去看父亲的时间就特别少。直到 2000 年秋天的一个晚上，家里的电话打过来，母亲告诉我：父亲不行了……

父亲就这样突然地离开了我，没有只言片语，没有再给我在床边服侍的机会，没有给全家添半点麻烦，就像他的性格：永远都在为别人着想，永远都在无条件地爱着我们，永远都乐呵呵地毫无怨言，直至他生命的最后一息……

爸爸呀，我多想让您看见我穿上您买的白色婚纱做新娘的样子呀，这个梦从我 20 岁一直做到今天。如今，我的女儿也要结婚了，我承诺给她买一件最漂亮的白色婚纱，我要目不转睛地看着她在婚礼上的每一个样子，我相信她的美中带着我的美，而我的爱中，流淌着您的爱……

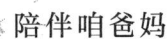陪伴咱爸妈

【点评】

本案例是一篇父女间陪伴的故事，作者因女儿要订婚、结婚而想到自己结婚前后发生的故事，从作者20岁时父亲偶然的一句"等你结婚的时候，爸要送你一件比这件还漂亮的婚纱"的承诺开始，全文一直贯穿着"婚纱"一词，但最终父亲也没有机会兑现他的承诺，而"多想让您看见我穿上那件白色婚纱"成为作者的一个遗憾、一个想念、一个梦。从父亲"婚纱"的承诺，到父亲病房里的"蜜月"，再到父亲突然的离开，再到作者"要目不转睛地看着她（作者的女儿）在婚礼上的每一个样子，我相信她的美中带着我的美，而我的爱中，流淌着您的爱……"的收尾，我们看见了生命的神奇和生命间生生不息的爱的流动。

本案例应用了用心倾听、祥和注视、"三不"等心灵呵护技术，应用了生命陪伴生命的陪伴方法。在陪伴老人时，我们需要处于宁静祥和的"三不"状态。但是，人非圣贤，有时候心境常常会被外在的事物干扰和破坏。比如，当老人的护理人员、邻居或亲属好心地告诉我们一些有关老人脾气很坏、性格乖张、行为怪诞的情况时，我们可能会因此而产生担忧甚至畏难的情绪，从而影响陪伴者在陪伴过程中对心灵呵护技术的应用。又比如，当走近老人时，发现老人的表现和状态让人非常难以接受，此时极容易产生诸如抱怨、退缩和逃避等各种消极负面的想法。每当此时，就有必要应用"三不"技术，让自己不被这些信息干扰，依然可以按照自己本来的状态陪伴好每一位老人。

作者在陪伴重病父亲的过程中多次遇到父亲病情突然变化的情况，在这些情况发生的当下，作者应用"三不"技术将自己"安住"在当下，进而得以宁静祥和地陪伴病重状态下的父亲。

听·见·爱

何　麟

父亲大约是在2014年开始重度失聪的。而我也只能用"大约"这个词，因为对他，我内心里一直是逃离的，与他有关的重大时间节点的事，我本就刻意逃避，所以好像总也记不清。

父亲是典型的技术男，个性强势、严肃、急躁，不大懂得圆滑周旋。做事如果没有符合他的要求，便会遭到他严厉的斥责，丝毫不顾及任何人的脸面。

而我从小就是个爱哭的孩子，因此，父亲总是训斥我："哭什么哭，没出息！""你怎么那么笨！""你怎么就是不记路！""你做事情怎么不动脑子！"……

考上异地的大学，是我逃离他的第一步。

工作后，我也固执地选择和父亲不在同一个城市。但在我生病住院的时候，在我人生有重大转折的时候，在我最需要帮助的时候，父亲永远都会在第一时间出现在我面前，他还会主动承担起生活中最实际且烦琐的买菜、做饭、收拾家务……

但他依旧是严厉的，说一不二的。

后来，在接他和我一起住的时光里，我们是充满了对峙的。那时候,父亲会经常说:"我可不稀罕你给我买的那些东西,你也别勉强我该穿什么,你最好能按我的意志办事。什么叫孝顺?你懂吗?!就是要'顺'的!"

由于父亲患重度失聪,我们之间面对面的交流已经很困难了。2016年我给父亲买了智能手机,微信可以实现语音转文字,我们的交流似乎多了些,也顺畅了些。但每每当我看见他手机不离手,瞬间就会被点燃,吼道:"爸爸!您现在跟这个世界唯一沟通的方式就是文字,只能靠眼睛了!您知不知道!没日没夜地盯着看手机,您还要不要您的眼睛了?!"

在我连珠炮式地发泄完的时候,我突然意识到他完全听不见,只能看见和感受到我狰狞的表情和愤怒的情绪。我叹了口气,只能耐着性子在微信里打文字,再加上三个重重的问号和叹号。

有时候他会揉揉眼睛,讪讪地说:"就是的,这还挺费眼睛的。"但更多的时候,他甩给我的话是:"不用你管!"那声音带着震怒,最终大家不欢而散。

再比方说,我打理好精神,给他送上一个大大的拥抱,结果被他一把推开,说:"去去去,别搞这些没用的!"

这样的父亲,我真的不知道怎样和他相处。我和他之间,总有一道冲不破的隔膜。

改变是从2021年底我走入十方缘开始的。

随着"每一个生命都是需要被呵护的,所以我们不分析、不评判、不下定义,就是爱与陪伴"的理念逐渐植入内心,有一天,我终于有勇气堵上了自己的耳朵,尝试两个小时听不见外界声音的体验。坦白地讲,即便我尽可能堵得更严实,还是可以听见的,只是外界的声音小了一些。于是,我尝试进一步地感受失聪的父亲的世界,我感受到了惶恐与不安,也感受到了那种深深的自卑与孤立无援,甚至在面对对面一张一合的嘴巴时的那种崩溃感……

慢慢地我发现我终于可以慢下脚步，坐到父亲身边，回到孩子的状态，抬眼凝望着他，倾听他讲故事：听他的高光时刻；听他是怎么与病魔做斗争的；听他是如何让自己身体越来越好的……

我感受到了父亲一路走来的轨迹：他幼年丧母，这培养和锻炼了他"万事不求人"、追求完美和雷厉风行的个性；于是他也希望孩子早些独立自主，他教导我跌倒了要自己爬起来；他在年轻时身体出现了状况，想到自己"上有老下有小"的责任和义务，他积极地寻求方法顽强自救；一辈子经历了大风大浪，他知道保持积极心态和健康的重要性……

我在那个当下突然意识到自己和父亲之间真正的连接，似乎从那一刻才刚刚开始……

于是，此后我与父亲的微信"话风"大变，我开始越来越多地衷心地赞美他："哇哦，爸爸您太牛了，这个核桃饼做得好香啊！您怎么做到的？！""天呐，爸爸这摄影抓拍技术，真的是一流啊！"还要加上很多类似"哈""哦""哇哦"这样的语气词，还有各种逗趣的表情包……

但微信交流还是费眼睛，于是我买了五子棋，基本做到每天半个小时和他对弈。我似乎更能近距离地看见他饱经沧桑的眼睛、布满皱纹的脸、略有僵硬的手和他呼吸时扇动的鼻翼……

有时候他布局好了，节节胜利，他的脸上就有憋不住的"坏笑"；有时候我堵了他，他没注意到，我就轻轻拍拍他的手背，指给他看，他开始"啊啊"起来，连连说："小东西，狡猾得很！"后来，当我猛然发现他居然趁我不备，已经胜利在即的时候，我开始悔棋，他宠溺地笑起来，说："可以可以，让你这个可爱的小东西。"如果他连赢了两局，中间休息的时候，他会高唱《红梅赞》。再比如上一局我赢了，下局我让他先走，他会执意不肯，说："输要输得起！"

那个当下，我突然发现老爸变成了个可爱的小老头，我微笑地看着老爸投入的表情，听着他抑扬顿挫的歌声，真想对他说"爸爸，我爱您"，

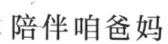

但话未出口,泪已滑落脸颊……

对之前排斥的拥抱,老爸也慢慢地接纳了。我笑嘻嘻地抱住他,静静地感受他的呼吸,父亲也会用力拍拍我的后背,说:"我女儿还挺能干的。"

我还会捏捏他的脸,用自己的脸颊碰碰他,于是,爷俩笑作一团……

老爸依然会有激烈的语言让人第一时间不好接受,但十方缘陪伴老人的五步法真的很管用,通过"三不"技术或零极限技术的应用,我的心慢慢地静下来,那时再用微信文字表达的时候,已经不是"你这人怎么这样!""这衣服真丑!",而是"爸爸,我听你的,你说东,我坚决不往东北去哈""OK,就这么愉快地决定了""这事简单,交给我吧""您别说,这颜色还真心不错,挺衬您的肤色""喳,小的遵命"。关键的是,这种语境的改变,并不会让自己觉得违心和委屈,而是发自真心地觉得父亲说的是有他的道理的。

当我再去用文字提示他少看一点手机,颈椎和眼睛会受不了时,他会回复说:"好的,遵命执行!"那一刻,我被父亲的可爱融化得心好暖;当我更乐于和他一起出去旅行,在爬山时我会高歌一曲(尽管他听不到),我还会把他介绍给同行人,大家纷纷为他点赞,我也会送上我的欣赏;当我因为时间关系,说好时间的剑门关的旅行不能兑现时,他会在网络上找到相应的视频,并且自豪地告诉我:"我已经去剑门关旅游过啦。"不得不为他的与时俱进所感动,同时我也深深地感受到:当我可以带着真正的爱、平静与祥和去陪伴父亲时,父亲会用他的智慧随机互动的。

还有,就是父亲每说一句话都要用文字交流,坦白讲,过去我是觉得疲累和不胜其烦的。而现在,我很享受以这样的方式进行交流:沉下心、慢下来、静静地、柔软地、口吐莲花地、松弛地交流。就像我们走进养老院陪伴老人一样,发现对方的闪光点,说积极正向的语言。慢慢地,我发现我可以把爱与陪伴带回家了,我的心也随之柔软、宁静、轻盈、喜悦和祥和了。

现在，他总是说："你忙你的。"我感受到他也在用心感知我，他知道我在做有意义的事情，他总是给我认可、鼓励和赞美。他总是让我放心，以前我总想用有杀伤力的语言去回击和征服他，现在只是"三不"地和他全然在一起。慢慢地，我发现在爱的滋养下，父亲变了：他微信回馈给我的文字带了那么多或温暖、或可爱的语气词和表情包，让人忍俊不禁；他会在短视频里找到更多适合自己的锻炼方法，并且坚持不懈；他的朋友圈文字也越来越积极、阳光和有力量了。通过陪伴，我们爷俩彼此都找到了生命当下的喜悦与幸福。

无声的陪伴、无形的成长、无条件的爱，成就了我们彼此听见爱、看见爱、成为爱！

【点评】

本案例是一篇父女间陪伴的故事，作者从"真的不知道怎样和他相处"，到通过学习了爱与陪伴文化后更多地看见、理解和接纳父亲，再到"我感受到他也在用心地感知我，知道我在做有意义的事情，他总是给我认可、鼓励和赞美"，这是爷俩生命共同的成长，更是爷俩彼此生命当下的喜悦和幸福的根源。

本案例应用了祥和注视、抚触沟通、动态沟通、同频共振、"三不"等心灵呵护技术，应用了生命陪伴生命的陪伴方法。有时候我们学了很多技术方法，但当我们遇到老人后还是不知如何陪伴，或者当我们遇到突发事件时不知道如何调整自己的情绪和老人的状态，在这些状况下可以应用"三不"技术，尝试反复对自己默念"不分析、不评判、不下定义"。当应用"三不"技术让自己达到内在的宁静祥和的状态，与老人建立起生命的连接时，可以根据具体情况和需要灵活地与其他技术联合应用。

婆婆也是妈

贾秀蓉

在凌晨 2 点的病房里，仪器的蓝屏上不停地闪动着波浪线，我先生趴在床边，手心里紧紧地攥着妈妈的手。病床上躺着的人，是我的婆婆。两年前的六月初的那个夜晚，中心医院病房里的那个画面，清晰得仿佛就在眼前。

70 多岁的婆婆，身体一向健康，这是她人生中第二次住院，距第一次住院已过去 20 多年了。这次是职工查体中检测出肺部有结节，经详检后专家建议要尽快切除。平时性格开朗大气的婆婆听说需要做手术，就紧张了。我陪她做检查时，她紧拉着我的胳膊，医生问询病情时，她的声音都是颤抖的……

我轻轻地走到婆婆身后，用身体倚着她的背，把手搭在她的肩上，婆婆抬起头看了看我，我笑了笑，用力搂了搂她的肩膀，让她感受到我身体的温度，说："妈，医生问啥说啥，咱不急哈，慢慢说……"

"医生问啥说啥，咱不急哈，慢慢说……"这句话一出口，我突然有种似曾相识的感觉……

那个当下，时光仿佛回到 20 多年前，我怀着 8 个多月身孕的时候。当时我挺着大肚子，婆婆领着我去妇幼保健站检查，听见产房里传来女人生产时痛苦的喊叫声，我很紧张，我是敏感体质，特别怕疼。

婆婆没说"别胆小、别娇气"之类的话，而是给我讲她生孩子的故事，讲她两个儿子的出生经历。我先生是老大，是在我公公上海的老家出生的。7月份的上海，天气很热，婆婆是北方人，水土不服加上免疫力低，婆婆在月子里患上了产后疟疾。婆婆说，她那个月子可真是难啊……

生老二时，她就有经验了。婆婆耐心地跟我说着她的故事，说一个女人经过十月怀胎生下宝宝成为妈妈的那一刻，有多美好。我听着听着就放松了，心里充满了对孩子的期待……

在这个时候，医生叫到了我的名字，在临进妇检室时，婆婆最后嘱咐我说："小蓉，医生问啥说啥，咱不急哈，慢慢说……"同样一句话，20多年后，竟在我们娘俩间有了这样一份温暖的关联。

这时，婆婆拍了拍我，我才回过神来，我拉着婆婆的手继续陪着她做检查。此刻，我能做的，就是和她在一起：没有劝解她放宽心、没有开导她别害怕、没有告诉她做完手术就好了，而是默默地拉着她的手，不曾松开……

住院来到病房，同病房的阿姨很健谈，两位病友聊了起来，暂时缓解了婆婆的紧张情绪。

做完手术已经是晚上了，在婆婆被推回病房的时候，她还处于昏迷状态，护士把设备调试好并提醒我们，麻醉期还有6个小时，每半个小时要动一动她，不要让她睡得太沉，及时观察呼吸的情况。

我和先生都并排坐在婆婆的身边。入夜后，病房和走廊里也越来越安静，吊瓶里的药液还在一滴滴落下。先生的眼睛突然湿润，看似自言自语，但又好像是在对婆婆说："妈，您为这个家付出的实在是太多了……"

先生是很羞于表达情感的人，那晚他和麻醉未清醒的婆婆述说了很多温暖的回忆。他说自己很内疚，平时忙于工作，回家多半也是跟父母诉苦，心里一直觉得自己还是孩子，感觉自己还没长大，但父母却已经步入

老年了……

我静静地听着先生的诉说，我知道，这些是他心里一直想对婆婆表达，却又说不出口的话。

最后，先生突然闭上眼停顿了许久，好像是在鼓励自己，突然，他睁开眼睛，满脸通红地说："妈妈，谢谢您，我爱您！"

先生仰起头，如释重负地揉了揉眼睛说："小蓉，你快先眯一会儿吧，不然你会挺不住的。"

确实有点睁不开眼了，平时不太熬夜的我，眼皮早已在打架了。我点点头，在陪护床上躺下，没想到头一沾枕头，便感觉自己浑身都放松了，感觉眼皮再也睁不开了……

一阵凉风吹过，我清醒了，看了看表已是凌晨2点，我拍了拍先生，示意他去睡一会儿。

"小蓉，你才眯了半小时，再睡会儿吧。"

我摆了摆手，说："睡不踏实，还是我来吧。"

从先生手中接过婆婆的手，抚触着这双勤劳的手，感受着岁月从指尖滑过的痕迹：婆婆当年可是学校里的高才生，上山下乡当过知青；支援油田建设来到油田；40岁又考进了职工大学；这一生，婆婆没有中断学习，她身上总有一股说不上来的劲儿，虽历经岁月，却仍然豁达、乐观、上进……

婆婆退休后，一心扑在我儿子身上，我和先生的单位离家远，孩子白天都是奶奶带着，直到上中学，午饭都是在奶奶家吃，孩子的童年也几乎都是奶奶陪伴的。孩子的老师曾说过："总觉得这孩子身上有一股劲儿……"我想，也许那就是跟奶奶在一起，潜移默化的传承吧。

如今孩子都上大学了，每次回来还是跟奶奶有说不完的趣事，聊不完的话题……

凌晨4点了，大概是麻醉药的劲儿过去了，婆婆还在迷糊的状态，但能感受到她嗓子的不适，想咳，但稍微一咳，她的眉毛就一皱一皱的，应该是伤口被牵拉着痛。看着她想咳不敢咳，想动不能动，好像浑身难受，但意识却还不清醒的状态，我有点儿紧张，不知怎么办才能让她舒服点儿。

这几年，我常去养老院做义工陪伴老人，与老人沟通时经常使用"抚触沟通"的方式，抚触沟通，能让彼此间的爱流动起来。

很多次去陪老人时，每每跟老人熟识后，我都喜欢拉着老人的手，或者用手轻抚老人的手臂，老人也特别喜欢，总是拉着我的手，有说不完的话。

想到这里，我尝试着把手指放在婆婆的脖子上，轻轻地抚触着她的咽喉部位的皮肤，并且默念：对不起、请原谅、谢谢你、我爱你。渐渐地听到她发出"呼呼"的喘气声，感觉婆婆的呼吸越来越平稳了，慢慢地婆婆好像睡着了。

此刻，我一直举着的手也有点儿酸了，心想着把胳膊抽回来休息一下。可我刚把手轻轻松开，还没等胳膊抽回来，感觉婆婆又开始要咳，我赶紧再次把手放在她的咽喉部轻轻地继续抚触，不一会儿的工夫，在"呼呼"的气息声中，婆婆又睡着了。

但只要我的手一离开，就感觉婆婆想咳，估计再加上刀口疼，婆婆的表情会变得特别痛苦，只要我一抚触着她的喉咙，她就又能平静地睡一会儿……

见状，我只好趴在她的床边，一直给她抚触着咽喉部位的皮肤。时间一分一秒过得好慢啊，胳膊有点儿累了，手也酸了，眼睛又睁不开了，这时，有个声音从心底升起："对不起、请原谅、谢谢你、我爱你。"这是我们陪伴老人时常用的零极限技术，每当在服务中，只要觉察到自己有情绪，就可以用这个方法提升自己的状态。

当这个熟悉的四句箴言开始回响在我心里时，我的后背热了，一股暖流从心底升起。陪伴老人用的十大技术及三大方法早已融进了我的血液，某个临在的当下就会从心流出。

我心里默默地对自己说："对不起，妈，这么多年让您受累了，请原谅我们对您的疏忽，谢谢您撑起了这个家，谢谢您为我们付出的一切，您一定要快快好起来，让我们好好地爱您、孝顺您、呵护您……"

住院的那几天，婆婆一想睡觉，就喊我："小蓉，给我揉揉脖子，我想睡一会儿。"

"好的妈，还是我揉的好吧。"我调皮地回应着……

这次住院，让我跟婆婆的身体有了更亲密的接触，我们的心也更近了。婆婆一口一个"俺小蓉、俺小蓉"地喊我，别人都以为我是她闺女呢……

婆婆也是妈，我虽是儿媳，但也会像孝敬自己的妈妈一样来孝敬她。

【点评】

本案例是一篇婆媳相互陪伴的故事，作者在案例前部分通过时隔20多年的一句"医生问啥说啥，咱不急哈，慢慢说……"，写了同一个屋檐下的两个没有任何血缘关系的女性持续20余年美好的爱的互动。从婆婆患病的确诊，到住院手术，再到术后，婆婆的每一个变化都在作者关注的目光里。中间穿插了先生与婆婆及作者与先生间的情感连接与互动，从婆婆麻醉清醒期抚触咽喉部位的皮肤与婆婆可以平静入睡间"奇妙"的关联，再到整个住院期间"小蓉，给我揉揉脖子，我想睡一会儿"被婆婆强关联上的特殊仪式感的爱的诉求，最后落脚到"婆婆也是妈"，升华了把爱与陪伴带回家的美好。

本案例应用了祥和注视、用心倾听、抚触沟通、零极限等心灵呵护技术，以及生命陪伴生命的陪伴方法。零极限技术的四句箴言分别是：对不起、请原谅、谢谢你、我爱你。其中对不起是跟内在具足圆满的自己说的。很多陪伴者在最初不清晰"对不起"的是什么，对不起的是我们内在本自具足的自己，对不起的不是那个呈现，也不仅是那个认知。我们的内在本自圆满，但因为我们生起某种认知阻碍了我们与内在的关联，造成了我们的各种"受苦"，所以我们需要通过清理这个认知障碍打通我们与内在圆满的连接，从而允许爱从内在升起，进而带着爱看见对面的生命，看见自己，看见自己的看见，看见看见的看见。

还好,您是我爸爸

王志华

"还好,您是我爸爸",这是我当下最想说的话。

早些年我可不是这样想的,那个时候我对爸爸可是千万个不认可,小小的自己甚至会偷偷想:如果能换个爸爸该多好。

但现在不一样了,这次离职回家,爸妈以为我找不到工作了,一向淡定的妈妈生出了几分焦虑,但是爸爸却豪气地说:"我儿子回来就好,我养着。"

为什么会有这样的变化呢?接下来分享三个小故事,大家看后就明白了。

第一个故事大概是在我大三的时候,十方缘公益组织为期两天的领队活动刚结束,我就接到了爸爸的电话,打工回家的爸爸说顺路要来我读大学的城市看我。很突然,但也恰恰要感谢这份突然,让我没那么多所谓的心理准备。

男孩子大多跟爸爸之间总有些说不清道不明的隔阂,我也不例外。从记事以来没有跟爸爸说过太多的话,更没有过拥抱。这次裹挟着公益活动的力量感,准备尝试着拥抱爸爸。

带着复杂的心情在出站口踢了好一会儿栏杆,铃声响了,抬头看见爸爸拎着包远远地走来。我深呼吸，鼓起勇气迎了上去。先接过爸爸的包，然后故作轻松地说："爸爸，抱抱。"在紧张中快速地抱了一下，然后分开。

本以为很尴尬的场景并没有发生，迎来的竟是一份感动——这个时候我发现爸爸眼睛好像更亮了，非常显眼，眼神里不是我预想的尴尬，而是意外，但更多的是惊喜。一向少言寡语的爸爸，并没有说什么。但在我心里此刻却经历着情感的剧烈波动，能够感受到我俩的距离被无限拉近了，好像走路的时候都会不自觉相互靠近，就这样上了公交车。

公交车上我俩是前后排，但是爸爸一直是侧身坐着跟我说话。已经忘了当时因为听到爸爸说什么后，我突然说："我知道这么多年您养我跟妹妹，肯定很辛苦。"爸爸听完后看着我，沉默了两秒。然后他侧过脸，有点不自然地打趣说："那是当然。"

负责任地说，当我说这句话的时候并没有过大脑，就好像是该说就顺口说了，但说完后，突然有种好似五雷轰顶的感觉。对呀，我跟妹妹就是被眼前的爸爸养育着的，即使有一万种可能，但真正发生的也仅是眼前的这个男人在尽他所能地为我们提供着我们所需要的一切，尽管这些给予并不是最好的，但都是眼前这个男人用汗水换来的，除此以外，根本不存在其他任何可能性。

这时候我突然发觉"换个爸爸"的想法竟然是那么幼稚，那么不负责任，那么对不起眼前的这个男人。

这次跟爸爸的相处非常开心，包括住酒店、吃饭，还有去哪儿玩，都是以前没有过的体验，我和爸爸之间的那层隔阂好似暂时消失了。为什么说"好似暂时消失了"呢？就像上文说的，当时是被公益活动带给我的力量裹挟着去试着拥抱，我的常态并非如此。于是，就有了下面的故事。

这次是我大四过年回家发生的事。我们一家人回老家过年，需要大扫除。开始前我还想着自己已经长大了，这次得多帮忙干些活儿，但谁承想没过多久竟跟爸爸吵了起来。

爸爸干活的时候特别喜欢指挥我，命令式的语气，态度还不好。那时，自以为长大的我很不喜欢被指挥，开始还能耐着性子回应着，但多次之后，耐心逐渐被消磨殆尽。再转身看妹妹那边就做一件事，还没挪过窝呢。这下感觉心理上极不平衡，等着下次再被爸爸命令的时候，不出所料的"纷争"就开始了。

这时我们爷俩就像两座火山一样都在蓄势中，随时可能喷发。我们一边扯着嗓子喊着，一边逐渐靠近着彼此，好像下一刻就会大打出手一样。

因为有一些成长方面的积累，虽然我和父亲在认真地吵架，但其实已经知道自己这样做是不对的，在双方不断地靠近彼此，自己不断地发泄的过程中，其实我已经不生气了。这时，我突然想到了影视剧的某段剧情，所以我故意再走近了一点儿，走到鼻子都快要碰在一起的程度，然后看着爸爸的眼睛，猛然拥抱起爸爸，说："谁错了？！"

然后我跟爸爸都不由得笑了出来。就在拥抱的那一瞬间，两座火山仿佛一下子熄灭了，两个人都不再执着谁对谁错了，带着微笑商量着下面要做的事情。

当下我突然灵光一闪：大四正值我找工作的阶段，想到如果有个人给我五六十万元，然后让我做事情，我会怎么做？答案是：我会屁颠屁颠地做好多事情，不怕苦、不怕累、不抱怨。转念想到我爸爸不就是这个人吗？况且除此之外还有生育、养育、教育和陪伴等情感的付出。想到这里，我爸再让我干啥，我就不由自主地变得屁颠屁颠的。

现在回想起这件事，还对自己"智慧"地一抱感到庆幸。

就在这一件件事发生的过程中，我跟爸爸间的隔阂消除了，我也在不知不觉中感觉到越来越幸福，越来越感受到爸爸言行背后处处充满的智慧与爱，我们的父子关系完全打通了，我们之间有了较深层的理解和看见。但令我更加深入地看见爸爸的是因为下面的故事。

我很喜欢自己的一个特性，那就是对善良与纯粹的追求，不管自己处在什么状况下，我总会有一份对善良与纯粹韧性的坚持，这份善良与纯粹就来自爸爸。

我虽然在外地工作，但是跟家人的交流还是比较频繁的。有一天妈妈向我告爸爸的状，主要是说当时装修房子剩的材料，本来准备拉回老家修缮火炉。但拉回家后，因为有邻居需要用到这些东西，爸爸不由分说给了他们，妈妈知道后跟爸爸小吵了一架。

为什么说通过这个事情让我看见了爸爸生命底层的善良与纯粹呢？因为那个当下感受到这是爸爸一直的模式：有人请他帮忙的时候，他总会毫不犹豫地伸出援手，但他需要帮助的时候，却很难开口求助，爸爸就是人们常说的"老好人"。

其实，爸爸这样做每次都会遭到家人、好友的劝诫甚至责骂，有时候连他自己也会觉得不对，所以这个时候的爸爸往往都会选择沉默，也很自责，可能当别人向自己求助的时候，就连他自己也不知道为啥会不受控制地同意那些人的要求。当我更深入地去觉察爸爸的这一点时，发现在他这些"毫不犹豫"的背后，是对善良与纯粹"无明"的坚持，这一点也许连他自己都不知道。

当我连接到爸爸的这份源头时，感受到他很多时候其实也很无奈，因为琐碎的生活不得不变得"坚强"，但却因此在"无明"中不断地承受着矛盾与痛苦。这无形中反倒给了我按照生命本来样子成长的条件。想到这儿，我不由得对爸爸生命本来的样子心生恭敬。

因为有了这样的"看见"，我对自己的生命好像按下了某种确认键。这之后，当我的生命再遇到选择的时候，我都会连接到爸爸的那份笃定的善良与纯粹的力量，同时又有对这一切的觉察，真好！相信在之后的日子里，我会越来越活出让父亲自豪的样子，活出自己本来的样子。

我最后不由得想说："还好您是我爸爸，我爱您！无限感恩您，我亲爱的爸爸！"

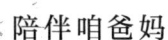

【点评】

本案例是一篇"95后"作者陪伴爸爸的故事，作者从两个男人原本以为会非常尴尬但结果非常幸福的第一次拥抱写起，到因为小事"两座火山一触即发"的战争在"走到鼻子都快要碰在一起的程度"的时候转化为拥抱的神奇，再到作者看见自己最喜欢的特质竟然源于父亲的喜悦，家庭中两代男人之间从"相杀"到相互理解，最后落脚到对父亲的崇敬、爱与感恩的过程。

本案例应用了祥和注视、用心倾听、动态沟通、抚触沟通、"三不"等心灵呵护技术，应用了生命陪伴生命的陪伴方法。我们在陪伴老人的过程中经常提到时时觉察，不仅要觉察老人、觉察自己、觉察和我们一起陪伴的伙伴，还要觉察场域，等等。那么什么叫觉察呢？觉察，顾名思义就是觉知和观察，觉察是个体为了满足机体需求和重建"自我调节"，以客观的视角每时每刻对内部和外部环境的觉知和观察，是指个体对自身、周围环境以及内心状态的认知和感知。那么如何觉察呢？首先我们要处在那份宁静祥和的"三不"状态里，放空放松，允许当下的一切流经你的生命，它包括感官觉察、情绪觉察、认知觉察、自我觉察、社会觉察等方面。

本案例作者在与父亲陪伴的几个片段里，在多种心灵呵护技术及生命陪伴生命的陪伴方法应用的过程中反复应用到了觉察，并经由这样的觉察完成对父亲的陪伴及对彼此生命的看见。

生命影响生命

我们每一个生命都是有能量的,都是有频率的。当你处于宁静祥和的"三不"状态时就是高频,当你悲伤难过的时候就是低频,高频和低频在一起就会发生同频共振现象,在这种状态下就有可能共同成为高频状态,这是老人心灵呵护的原理。

老人对死亡不愿意接受是正常的。我们自己没有死过,如果对老人说"死亡是要接受的",这是没有任何力量的。唯一的方法是陪伴者处于宁静祥和的"三不"状态,老人就有可能通过同频共振慢慢地静下来,从而为老人提供一种逐渐接纳死亡的可能性,这种陪伴方法被称为生命影响生命。

呼吸微弱微弱微微弱

方树功

10年前,我第一次见到李老头儿是在北京市大兴区的一家养老院。那年特别冷,春节前养老院院长告诉我,由于天气太冷,好多老人被孩子们接回家过年了,但是孤寡老人、五保户老人和重症、临终老人在养老院过节,院长问是不是可以组织义工在春节期间开一个联欢会陪伴这些老人。

义工们准备了不少节目,小年那天来到养老院。

屋外大雪纷飞,养老院的公共活动室内温暖如春,护理人员把老人们搀扶到活动室,有的老人身体不能自理,护理员就协助他们坐在轮椅上,并把他们推到活动现场。

我看见一个瘦瘦的小老头撅着屁股蹲在墙角,义工给他一个凳子,被他粗暴地拒绝了。

院长过来和我打招呼时,刚好看见这不愉快的一幕,于是给我解释道:"那个李老头儿,是个五保户。他的身体有多种疾病,非常严重,但自认为是养老院最健康的人。他从来不用凳子,天天除了睡觉,就是在养老院里走来走去,累了就撅着屁股蹲着,号称自己有道家传承,有绝世武功。其实就是年轻的时候在杂耍班子里混了几年,后来就回乡务农。唯一的功夫就是指甲特别长特别硬,可以当锥子用……"

这时，院长的手机响了，在接电话前，院长告诉我说："李老头儿比较孤僻，从不参加集体活动，不合群，请义工们不要跟他一般见识。"说完，便匆匆离开了。

只见李老头在墙角蹲了一会儿，就开始在活动现场转圈走动，义工请他安坐下来，但李老头儿坚决不同意，还和义工争执了起来。

我走过去，对李老头说："老爷子，您走动，大家看节目会受影响的！"

李老头儿瞪了我一眼，对我说："谁也别想管我！"

我静静地看着李老头儿，他也直视着我。

"有种的，跟我到外边说话！"李老头儿甩下一句话，就走出活动室，直奔养老院的院子。

北方冬天室外温度很低，需要穿羽绒服，室内有暖气，所以我们都会把羽绒服脱掉。

我看李老头儿没有穿羽绒服，就赶紧跑出去喊他说："老爷子，外边冷，咱们还是屋子里说话吧。"

李老头儿得意地对我说："他们都说我有非常严重的病，我可没有病！咱们养老院几百号人没一个比我健康，你看看他们有一个算一个，有谁可以每天连续走几个小时，累了就半蹲着歇会儿，冬天还可以不穿羽绒服！不是没有钱买，是我不需要！"

我仔细地端详着眼前的这位老人，他个子不到1.6米，很瘦，但说话声音气吞山河，中气十足，红润的脸上全是褶子，眼睛非常小，仿佛是两个小黑豆镶嵌在枯瘦的脸上，但目光如炬。

这时，他往墙边走了几步，然后用他的指甲对着墙壁杵了几下，墙面上立刻有了很深的沟痕，这时我才发现李老头儿大拇指的指甲又长又厚，像一个大号的锥子，厚实尖锐。

再之后，他就略带得意地像大虾米似的撅着屁股半蹲下来。

"小伙子，过来！半蹲着和我说话！"李老头儿对我平静中带着挑衅地

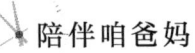

说道。

我出来比较急,也没有穿羽绒服,一阵北风吹来,冻得我直打哆嗦,非常想回房间。但看着李老头儿一脸不屑的表情,我的好胜心便涌上了头。

我也像李老头儿一样撅起屁股半蹲着,不一会儿就腰酸背痛,热汗冒了出来。

但我怎能败下阵来呢?于是,我一边继续强撑着保持撅着屁股半蹲的姿态,一边咬紧牙关,任凭呼呼的大北风肆意地穿透我的绒衣……

"来!大口吸气、大口吐气……"李老头儿慢悠悠地说道。

我跟着不停地呼气吸气,像个忙碌的气筒。

"把呼吸拉长拉匀,呼吸之间停顿一下……"李老头儿眨了一下他那黑豆一样的小眼睛,接着说,"呼吸微弱微弱微微弱……"

我随着李老头儿的指导呼吸慢慢变弱,微微弱,突然好像没有了气息。

"心里想什么呢?看看自己想的东西,狗屁都不是!看看自己的样子,狗屁都不是!看看周围的一切,狗屁都不是……"李老头儿调笑地看着我。

我脑袋一片空白,清楚地感受到身体特别温暖舒服,身体自动地像练过武功的人一样,标准地保持着站桩姿态……

好像呼气与吸气之间的间隔变得很长很长,生命仿佛在那里停顿了——没有感觉、没有思维、没有分析、没有评判、没有定义,甚至没有了概念,就是一种存在……

是的,没错!生命就是存在!生命只是一种存在而已……

不知过了多长时间,听到联欢会结束的歌声,我才缓缓地睁开眼睛,看见李老头儿还是撅着屁股看着我,看我睁开了眼睛,他便大喊一声,然后,把他那又长又硬的指甲向我戳过来。

我咧着嘴,睁着眼,笑着,迎向那又长又硬的直戳过来的锥子一样的指甲……

李老头儿的指甲在我眼前突然停了下来,冲着我骂了一句:"傻小子!

给我磕头认师父！一日为师终身为父！"

"你这些狗屁都不是！"我对着他的脸，笑骂道，"我还是你师父呢，咱们都狗屁不是！"

于是，我们四目相对，哈哈大笑……

那一刻，我觉得李老头儿就是自家的老爷子！

【点评】

生命是什么？也许每个人都有属于自己的答案。有人认为生命就是呼吸，在一呼一吸之间，生命无时无刻不在用属于它的语言向我们诠释着自己。当我们透过作者的笔触，跟随李老头儿穿越时空的引导，随着让自己的呼吸微弱微弱微微弱，感受到自己那份越来越寂静且澄明的心，当心不起波澜的时候，也许我们会有更多的体验与感受，这些体验与感受无所谓对错，亦无所谓有无，在不此不彼之间，也许你会看见存在、看见本来、看见实相、看见种种，不管你看见的是什么，那个当下，它都全然地属于你，而且只属于你……

本案例应用了祥和注视、用心倾听、同频呼吸、动态沟通、"三不"、同频共振等心灵呵护技术，应用了生命陪伴生命、生命影响生命的陪伴方法。在案例陪伴的过程中，让我们感受到爱与陪伴的力量，以及经由爱与陪伴老人的过程带给彼此生命成长的喜悦。

大娘的最后一滴泪

王 洋

2022年的夏天是新冠疫情不断变化，北京的很多小区轮番被封闭的一段日子。得知大娘临终状态已经一周了，可仍然没有离开，我的心也很挂念。在大娘的小区得以解封，恰好我们的小区还未被封闭的时间点，堂姐邀请我去陪伴大娘。

夏日的午后，在大娘家门外就可以闻见浓重的味道。我刚进门，正好堂姐从大娘的房间里出来，满脸愁容的她一见我便说："妹妹，怎么办呀？都一周了，走也走不了，活也活不好，太受罪了！我妈吃不下，喝不下，24小时都得有人拉着她的手，只要一松开，她就害怕、就烦躁、就大叫，这不，刚刚又吐了，碗又打碎了一个，看我妈这样受罪，我心疼呀……"

说着，堂姐便哭了起来，这份悲伤与心疼我感同身受。于是我迎上去，紧紧地拥抱着堂姐，允许她在我怀里尽情地哭，我在心里默念着："我爱你，我爱你，我爱你……"

哭了一会儿，堂姐渐渐地停了下来，一边抹泪，一边抽泣着说："妹妹，我妈刚刚吐完，碗也打碎了，汤洒了一地，现在房间里乱，我爸正在收拾，要不你稍等一会儿再进去吧。"

我拍拍堂姐的肩膀，摇摇头说："没关系的姐姐，咱们现在就进去吧，我特别惦记大娘，一直想来看看，好不容易盼到解封了。"

堂姐默默地点点头，拉着我的手，我们一前一后地进了大娘的房间。

一开门，房间里的各种味道便扑面而来，各种分泌物或呕吐物的味道、饭的味道、香油的味道等混在一起。因为房间没开大灯，我往前一走，还当啷一声踢到了刚刚摔碎的碗碴儿，这个声音让我一惊，也加剧了整个房间的那种恐惧、烦躁、不安的氛围。

大娘房间里所有的窗户都拉着厚厚的隔光帘，屋里很黑，据说大娘怕光，这两天更是如此，所以她的房间一天到晚拉着窗帘。

借着微弱的地灯，我看见地上满是东西，为了不再踢到东西，堂姐示意我是否需要开灯，我摆了摆手，示意是否可以拉开窗帘，大爷点点头。

于是，我轻轻走到房间西北角，拉开了一扇离大娘最远的窗帘。顷刻间，夏日的阳光照亮了整个房间，接着，我又打开了窗户，清新的空气瞬间流入了这个沉闷又压抑的房间，一种莫名的松弛让人豁然开朗。

堂姐和大爷把大娘的房间收拾停当，问我是否需要他们在房间里陪我，我微笑着摇摇头，说不用，于是他们便退出了房间。

我搬了个凳子，坐在大娘床边，轻声对大娘说："大娘，我来陪您一会儿。"我很清楚大娘是不可能有回应的，因为她失聪20多年，我知道我的每一句话大娘都是听不见的。

只见大娘面部紧绷，极其消瘦，瞪着眼睛，张着嘴呼吸，花白的头发略有凌乱。她平躺在床上，盖着她喜欢的那张花格格床单，喘息中还会间隔着鼾声，呼吸急促，无规律，鼾声时高时低。大娘对我的到来几乎没反应，我知道这是濒死状态的表现，所以也没有慌张。只是出门示意堂姐尽快喊家人回来，准备和老人做"四道人生"（道谢、道爱、道歉、道别），同时说明了注意事项。

随后，我又一次坐到了大娘的床边，打开手机轻声播放《静谧之美》

的音乐。我拉着大娘的手，大娘的手无力且湿凉。我一边抚触着大娘的手背，一边调整着自己的呼吸，让呼吸变得越来越慢，越来越平稳。很快，大娘的呼吸也从我刚进房间时的喘，慢慢地平稳下来。这个过程持续了十分钟左右。

当我感受到新一波不规律的呼吸袭来，并伴随着更不规律的鼾声时，我意识到大娘的时间不多了。刚好，这时亲人们也都陆续赶来。

于是，大家肃穆地排着队依次走到大娘身边，和大娘握着手做"四道人生"，并送上祝福。整个过程都在那首《静谧之美》的音乐陪伴下，没有恸哭、没有嘈杂、没有拥挤，在那份宁静的肃穆中，能够感受到某种淡淡的祥和。

仪式结束，我示意大家在周围落座，安静地陪伴。

大爷坐在床边的椅子上，轻轻地抚摸着大娘的头发，珍惜地凝视着这个陪伴他走过一生的妻子。我和姐姐跪在床边，静静地拉着大娘的右手。我一边缓缓地抚触着她的手背，一边调整着自己的状态和呼吸。大娘的表情越来越平静，呼吸也再一次逐渐平稳，中间仍有鼾声。

时间在亲人的陪伴中流逝，大娘的呼吸开始变得越来越慢、越来越微弱、越来越不规律，直至最终停止……

大娘走得宁静且安详，整个氛围肃穆且祥和。

大娘离开后，我们邀请医生做了检查，确认无误。

此时，我再一次走到大娘身边，轻轻地俯下身子对她说："大娘，您这辈子辛苦了，您放心地走吧，谢谢您！我爱您！祝福您……"

话音刚落，大娘的右眼角流下了最后一滴泪……

【点评】

重症、临终老人的围临终期更需要爱与陪伴。这个时候的老人因为必须直面即将到来的死亡，所以会存在不同程度的对死亡的恐惧，以及各种焦虑、烦躁、孤独、不安等情绪。本案例中的老人就是一个典型的案主，通过作者的描述，我们仿佛经历了陪伴这个案主临终的全过程。当然，每一位老人临终的经历都不尽相同，我们在陪伴的过程中要灵活地选择陪伴的方法和技术。

  本案例主要应用的是生命影响生命的陪伴方法，应用到同频呼吸、音乐沟通、同频共振、零极限、祥和注视、"三不"等心灵呵护技术。陪伴老人临终的核心不是我们怎样陪伴这样的老人，怎样为这样的老人做心灵呵护，核心是作为陪伴者，你能否始终处于那份宁静祥和的"三不"状态，你能否对自己的状态做当下的觉察，同时，适时做相应的调整。只有陪伴者始终处于那份宁静祥和的"三不"状态，被我们陪伴的老人才能够有与我们同频共振的可能性。这是老人心灵呵护及爱与陪伴的核心，更是在每一次陪伴老人的过程中我们始终都要觉察和保持的状态。

听，"哀怨"在说话

听　雨

去年夏天的一个傍晚，用过晚餐后，公公照例出去遛弯了，婆婆又要开讲她和她婆婆家现实版的连续剧"曾经的苦日子"之下一集。她那些年对她婆婆家的哀怨真是犹如滔滔江海呀，倒了好几年都没倒完……

如果是过去，我一定是赶紧到厨房找点儿活儿干去了，而现在，我已经是十方缘的老义工了，本来我在边看电视边翻零食，听见她已经打开了话匣子，我便赶紧停下手上的动作，搬了个小马扎坐到婆婆对面，摆出"我在听"的架势，认真地仰头望着她……

婆婆的专场

婆婆讲的内容有新有旧。当讲起她嫁得远时，她说："当时，我身边没有娘家人、没有朋友，你爸爸又在外地工作，我只有巴结着我婆婆，希望能得到她的呵护。但当时婆婆有好几个孩子，最小的小叔还是个聋哑人，我又是大儿媳，虽然也带着三个孩子，可依然被克扣了口粮，辛苦挣来的工分全部交给了我婆婆，我带着三个孩子想填饱肚子都难。"

我仰着头，关切地看着她，说："妈，那个时候就你一人为奶奶分担，太不容易了。"

婆婆眼眶开始发红，继续讲述着："后来，好不容易盼到了你爸接我们到油田一起生活，本以为这样三个孩子就能吃上一顿饱饭了，可你爸把每个月挣的钱全部寄回了老家，去养活他老家里的那一大家子人，一分钱都没给咱们家里留下！"

……

这时，我婆婆做了一个咬紧牙关的动作，接着说："我去求包工队长说，我什么活儿都能干，只要工分高，我不怕苦，不怕累。我就这样拼死拼活地干活儿，才勉强养活了咱一家五口，军儿呀，你知道吗？那日子过得苦呀……"

婆婆眼里噙着泪，我默默地挪动马扎坐到婆婆身侧，轻轻地把手放在了她的膝盖上，"嗯"我回应着。

婆婆深深地叹了口气，接着说："你知道那时候干的都是什么活儿吗？说出来你都不相信，挖电缆沟、埋电缆、装车、卸车、掏大粪、栽稻子、磨豆腐……这些脏活累活就没有你妈没干过的。只要队长一通知，我从家里掰上半块馍，装壶水就出门，歇工时就蹲在路边歇会儿，阴天下雨下雪就在东风车的后槽子里面就着凉水吃上一口。咱家最困难的时候我连口咸菜都没有，后来条件好些了，顶多抹上点儿油泼辣子就着馍吃……这样的日子，一过就是十几年，无论春夏秋冬、风霜雨雪……"

婆婆的泪无声地流着，我则无声地挪开了马扎，坐到了婆婆身边，用一只手轻抚着她的后背，帮她顺着气，另一只手轻轻地拉着她的手，缓缓地抚触着，目光关切地看着她。

婆婆倔强地挺直脊背，好一阵子不说话。我感受着婆婆的倔强不屈和因当下的回忆而生起的委屈不甘，感受着她的呼吸。我一边抚触着她，一边心里默念着"对不起、请原谅、谢谢你、我爱你"，调整着自己的状态，安定着整个场域……

过了一会儿,婆婆叹了口气,说:"你爸在老家是老大,你爷爷是老红军,又参加过抗美援朝,全身是伤,去世得早,你奶奶也苦,要顾着一家老小在老家能活下去,也特别不容易。你奶奶不让我做主,我理解;你爸爸把工资全交给你奶奶,我也理解;毕竟两大家子人都得活下去,都难啊。那段日子我经常发低烧,但我只能硬忍着头晕去上工,从来不敢耽误一天,歇一天就少一天的钱,我的仨儿子还等着吃饭呢……"

我非常能体会婆婆的心情,她本不必这么拼命地工作:爱人明明是有工资的,小叔子们也在慢慢地长大,如果他们共同努力,明明可以让小家过得很好,但因为她和我爸俩人都要强,一个身为长子要担当家族的责任,舍小家为大家,另一个不示弱、不叫苦、咬牙也要成全丈夫的体面……

这时,婆婆抹着泪,接着说:"那时候,我凌晨3点就得起来干活儿,咱家仨小子,没人照看,当时也没有幼儿园,就只能大的照看小的。我上工不在家,有好心的邻居要是知道孩子一天没吃上饭,就给口窝头,塞块咸菜。"

婆婆顿了顿,叹了口气,接着说:"这仨小子还淘,几岁的孩子一玩就丢了钥匙,3个孩子天黑了也进不了家,就团在家门口。有一年冬天下过大雪,厂里进了特别多的货,卸完车已经很晚了,我到家天已经黑透了,我就看见仨孩子背靠背齐刷刷地蹲在咱家门口,冻得都在那儿哆嗦,我一看就哭了,我那个心疼呀,啥也不说了,打开屋门,抱着孩子就大哭了一场……"

一生要强的婆婆在说到孩子的时候,"扑簌簌"掉下两眼泪,这是我印象中婆婆唯一一次在说到自己的事的时候哭。在那个艰苦的年代里,困难没有让这个坚强的女人说过一个"不"字,但当看见自己的孩子受罪的时候,她却流泪了……

于是,我对婆婆又生起了一份由衷的崇敬之情。

如今身上的老伤已经让婆婆无法行走了，想到这里，婆婆说："当年自己心里委屈极了，但就是一声不敢吭，自己家里的事传出去对你爸不好。实在委屈了，憋在心里难受了，我就在家里跟你爸爸唠叨两句，结果你爸爸当时根本不理解，还和我拌嘴。你爸人老实不爱说话，别人说他，我可不乐意，要是被我看到谁欺负他，我敢冲上去骂得他不敢抬头。别看我在人前能干不服输，可我就是舍不得伤你爸，更不敢跟他吵，生怕让外人瞧咱家的笑话……"

说着，婆婆摇了摇头接着说："结婚前我哪受过这样的委屈呀，但就是为了让你爸在人前得体面，我硬生生地把自己憋屈着……军儿啊，家丑不可外扬，外人除了笑话咱，一点儿忙都帮不上的，你以后也要注意啊……"

我坚定地点点头，说："我记住了妈，以前我不懂，心里不舒服会和朋友叨叨两句，现在想想是您说的这个理儿。"说到这里，我搂住了婆婆的肩膀，郑重地说："妈，您受委屈了，这么多年辛苦了。"

婆婆得到了我的回应，眼里瞬间又闪过泪光，刚张嘴想要继续说些什么的时候，公公回来了。

面对公公的突然参与，怎么办

公公原准备坐在婆婆旁边看电视，见婆婆满脸是泪，他知道婆婆又在"抖搂陈芝麻烂谷子"的往事，眉头皱了起来，脸色也变得难看了。

婆婆拉着我的手，轻轻地拍着我的手背，说："军儿啊，这些事儿我从来没有对你嫂子们说过，最多老了老了和你爸唠叨唠叨，也就是你愿意听我叨叨。"

我觉察到公公表情的变化，心想谁愿意自己年轻时做得欠妥的事儿被抖搂给儿媳妇听呢，我知道这时的家里多了一位老人，我必须重新调整场域的状态。

我依旧平和地冲着婆婆点头微笑,顺势也握握她的手,心里却在飞快地调频,之前我一直在用零极限和"三不"技术让自己始终保持着那份内在的宁静祥和,因为只有这样我才能够始终保持内在的清明,并能很快地觉察到婆婆倾诉背后的需要。婆婆倾诉的整个过程我都在这么做,她倾诉得很畅快。

但此刻公公的加入,我需要调频兼顾两位老人的需要。

于是,我不动声色地搂着婆婆,说:"妈,我爸那些年确实是让您受委屈了,这也正是因为您二老都孝顺呀,如果不是那些年您二老的付出,哪有咱家和老家里这红火火的五大家子呀,人家说娶对一个好女人旺三代,这都是您的功劳。为了孝顺奶奶,让您受了这么多年的委屈,言传不如身教,您的付出您这三个儿子可都是看在眼里,记在心上的。儿子们一直都在您身边听您的话,还连带着儿媳和孙子们都孝顺您,您看这是不是也是受您二老孝顺的影响啊?"

听到这话,坐在婆婆身边的公公深深地长舒一口气,紧皱的眉头稍有舒展。这时,他拿起遥控器,开始切换频道看新闻了。

"这些年呀,我看见我爸一直在补偿您,对您呵护得也是无微不至的,孩子们也都学着爸爸的样子对他们的媳妇好,这都是您二老这么多年付出的回流啊!您说是不是?"

婆婆一愣,若有所思地说了一句:"嗯,也是……"

婆婆的表情渐渐地不再哀怨了,公公的脸上也露出一丝会心的微笑。我搂着婆婆,微笑着在她脸上亲了好几口,婆婆顿时破涕为笑,一边躲,一边红着脸说:"军儿呀,你是妈的好孩子。"

说来也奇怪,婆婆从那以后就再也没有提过那段"哀怨"的往事,仿佛是通过那次诉说,她突然领悟到了那段"哀怨"的生命经历背后的价值和意义,那是属于婆婆和公公生命的价值和意义。

嫁到婆家也有快三十年了,公婆从来没有要求我们要怎么样,我们三兄弟都会经常回家看望和陪伴二老。想起十方缘经常说的生命影响生命，这不正是他们忠孝传家的写照吗？

用心倾听居然可以"治病"

转眼一年过去了，前些天又发生了一件事，让我更加深刻地感受到爱与陪伴的魔力，它居然可以"治病"，你信吗？

又到了周六下午回家看公婆的日子，公公一开门就抱怨着说："你妈不舒服，正在床上躺着呢，就是不肯去医院。"

这时，婆婆听到了我们的动静，就从里屋慢慢地挪出来，边走边说："军儿呀，妈没事，就是头晕胸闷，躺一天就好了，你看我这不好好地自己走出来了，还能坐在这儿呢，你们放心吧，妈没事。"

我想她平常血压有些高，一直在吃着降压药，就问她是不是血压上来了，量一下，果然高压175毫米汞柱，既然婆婆坚持不去医院，我们就暂时决定尊重婆婆的想法，再观察一晚，如果第二天还是这样，就去医院。

然后我走向厨房，想把提前准备好的食材加工一下，公公则把我先生拽着一起研究洗手间水池下水管安装的问题去了。一听到我公公提这个下水管的事儿，婆婆来话了："这老家伙也不和我商量一下就买回来要换，他要是和我商量，我绝对不让换！你看他一把年纪了，一进门满头是汗，也不歇歇就进去干（换下水管），又是弯腰，又是跪的，弄了半天，你看，弄不上了吧！"

接下来就是一大通的埋怨，陈芝麻烂谷子的事儿又倒出来一大筐："他从来不跟我商量，都是他想咋样就咋样，啥事都是这样！从结婚那时候开始……"

就这样，婆婆从另外一个侧面把自己受的憋屈又释放了一个遍，我在厨房刚架上火炖上菜，看见这架势，就赶紧出来，也不敢再进厨房了（这

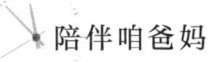

时候没有听众怎么行？），老老实实地坐在婆婆身边看着她，听着她，陪着她……

当闻到煳味，我才突然想起来厨房还炖着菜，于是赶紧跑去关了火，又赶紧跑回来继续听，生怕打断了婆婆的思路，就把话憋了回去。

就这样，从下水管修好，到晚餐上桌，再到他们吃完晚饭，历时2个小时15分，我都保持着倾听的姿势，专注地看着她，不时地回应着她，愣是没敢动筷子（不能让婆婆以为我心不在焉），全家人也配合着一声不吭。婆婆说够了，长舒了一口气，笑了。

我赶紧递上水，说："妈，您喝点水。"

"我其实就是心疼你爸，他不知道自己多大年纪了？万一闪着腰怎么办？"婆婆竟略有娇羞地抱怨着……

我也笑了，哦，原来是在生公公的气，这是生闷气呢！幸好我们回来了，不但及时维修好了管道，还及时泄了她的"气"。

"妈，您胸还闷吗？感受一下。"我突然想起来。

婆婆笑着顿了顿，她抚了抚前胸，说："咦，怎么不闷了呢？！"

"那头呢，还晕吗？"

可爱的婆婆赶紧晃了晃脑袋，说："哎哟，怎么好像也不晕了呀！"

全家都松了一口气，婆婆好像也意识到了什么，说："我这就是闷的，这回说痛快了，身子一下就舒服了。"

哈哈，我赶紧吃饭，同时叫爱人给婆婆又量了一下血压，血压依旧，但老人家没有不舒服，整个人感觉顺畅了。

第二天一早我打电话过去，公公说婆婆的血压下来了，电话那头还听见了婆婆的笑声。

通过这几件事，我深刻地感受到每一种情绪都会说话，它需要我们用心去倾听和感受，用爱去连接和陪伴，用生命去影响和唤醒……

【点评】

本案例是一篇陪伴婆婆的故事，详尽地记录了整个陪伴过程中的倾诉、倾听、觉察、个人状态的变化与调整、场域能量的变化与调整及复盘总结的陪伴全过程。本案例除了是心灵呵护技术及陪伴方法的学习范例，同时也让我们感受到宁静祥和的"三不"状态在陪伴者陪伴生命过程中的作用，更是引导我们通过不断的学习和练习觉察自己当下生命状态的范本个案。

本案例应用了用心倾听、祥和注视、零极限、同频呼吸、抚触沟通、同频共振等心灵呵护技术，以及生命陪伴生命、生命影响生命的陪伴方法，其中，用心倾听技术的应用是本案例的亮点。对于用心倾听技术的应用，核心是用心，那么如何觉察自己是否用心呢？一般情况下，我们可以通过如下几个方面对自己的状态进行觉察，感受自己是否"用心"，从而评估自己的"用心"。第一方面是觉察自己内心有无杂念、是否专注，身心是否完全融入倾听老人诉说的情境之中。第二方面是觉察自己与老人是否建立起连接，老人的情感表达是否引发了你的共情，甚至共鸣，对于老人的际遇你是否做到了感同身受。第三方面是觉察自己内心的感受，在与老人的交流中，不必刻意而为，也无须勉强应付，允许一切自然地发生即可。

老大，我难受，给我揉揉

于锡强

"老大，我难受，给我揉揉。"这是父亲对我说的最后一句话。

那是2009年的春天，父亲突然病了，尿毒症。每天靠四次透析维持生命，那个期间每个月都要住院一次，在父亲生病的七年里他被下过多次病危通知，但每次病危都能神奇般地恢复，再后来又得了房颤，身体变得越来越不好了。

时间到了2016年1月1日，那天刚好是我给父亲陪床。一大早，我来到了病房。清晨的阳光透过病房的窗户照在父亲的脸上，当猛然看见父亲的脸的时候，我感觉他的状态已经不大好了——父亲面色蜡黄，眼睛越发浑浊了。

以前父亲也出现过这种情况，通过在医院里的治疗和抢救，每次都能奇迹般地恢复，我相信这次他也一定能闯过去，于是我也没有太在意。

吃饭的时候，父亲一点儿也吃不进去。最后他勉强着才吃了几口，之后很快又睡着了。

我守在父亲的身边，静静地看着他安详地睡着。

我双手握着父亲的手——这是一双曾经可以轻而易举地将我举过头顶转圈的大手，如今已经弯曲变形，苍白枯瘦，没有弹性的手背处一大块因静脉注射留下的紫斑清晰可见。

父亲的手无力且冰凉,我用一只手轻轻地给父亲暖着,用另一只手缓慢地轻抚着他的手和手臂,不由自主地哼起了小时候父亲在哄我入睡时常哼起的那首不知名的小调。哼着哼着,我突然感觉仿佛回到了我小时候——在父亲怀里的那种温柔、那种安详、那种宁静、那种舒适、那种放松,仿佛时间就定格在那个片刻,在父亲的小调声中,我慢慢地睡着了……

晚上该做透析了,以往都是父亲自己做。这一次,父亲明显已经没有力气了,于是,我拿出透析袋儿,加温半个小时之后温度达标,然后挂上,开始给父亲透析。

往常做完透析父亲就睡觉了,可是那天父亲怎么也不肯睡。

父亲微闭着双眼说:"老大,我的手不舒服,给我揉揉。"

我深情地抚触着父亲的手,那双手已经越发干瘪,青筋裸露,骨瘦如柴,湿冷冰凉到仿佛马上就要结冰。抚触着这双已经冰冷,但曾经拉过我的小手、温暖过我的大手,我连接到那份源自生命的线索……

我一边给父亲抚触着双手,一边在心里默念:"爸爸,谢谢您,我爱您……"

"老大,我的脸不舒服,给我揉揉。"我的思路被父亲的这句话拉了回来。

我一边抚触着父亲的脸,一边端详着这张世界上我曾经最熟悉的脸,从曾经年轻俊朗到现在写满沧桑、痛苦不堪又蜡黄无比的脸。

我凝视着这张脸,父亲仿佛有所感应,他睁开了眼睛望向我。当我与父亲目光交会时,我突然读懂了这双眼睛里的那份最温存的表达——那是一份不舍、一份眷恋、一份期待……

父亲的眼角不断地流下了泪,那泪水夹杂着痛苦与不安,夹杂着眷恋与不舍,但更多的是夹杂着深深的爱——疾病的折磨使父亲不堪重负,想要解脱，但对家人深深的爱又让他不忍离去，在这张曾经的俊朗早已不在的脸上，我流着泪，读懂了爱……

"老大，我的腰不舒服，给我揉揉。"父亲轻声地说。

于是，我缓缓地揭开被子为父亲揉腰。父亲已经全身瘫软了，这个男人的腰杆曾经在我母亲出车祸成为植物人后独立支撑起我们全家，我曾经在这个男人的背上那么开心地笑过、叫过、挥动过我的小手……

"老大，我的腿不舒服，给我揉揉。"

我抚摸着父亲的腿，那腿粗糙且无力，很难想象在我生病时曾经是这双腿蹬着大金鹿牌二八自行车载着我一次次去医院。我一边给父亲揉着腿，一边流着无声的泪……

"老大，我的脖子难受，给我揉揉。"

我又开始给父亲揉脖子。

每次给他揉某个部位的时候，我都会在心中平静地默念："爸爸，谢谢您，我爱您。"每次揉完，他都会觉得舒服一点儿。

就这样，整整揉了一个晚上……

通过轻柔的抚触，我感受到父亲越来越安详，紧皱的眉头每次都能得到舒缓，随后都能多少睡一会儿。但因为癌痛，他就这样间断地喊我，说这里不舒服，那里难受，我就给他这里揉揉，那里揉揉。

慢慢地，我发现他的声音渐渐地越来越小，气息也越来越微弱，喊的频率也越来越低了……

当清晨第一缕阳光又一次透过病房窗口照射到他的脸上的时候，父亲已经几乎失去了意识，被送进了重症加强护理病房（ICU）。

此刻，我突然意识到这次也许真的留不住父亲了，无数次的奇迹也许不会再出现，父亲的时间也许真的不多了……

果然，第二天，父亲便永远地离开了我们……

"老大，我难受，给我揉揉。"这是父亲对我说的最后一句话，是遗言吗？难道这就是父亲给儿子留下的嘱托吗？

不！那只是父亲的不舍，是希望儿子陪在他身边，陪着他走完生命最后的几个小时，一直陪着、陪着、陪着，直到不得不离开……

当我看见父亲被从ICU里推出来的时候，我仿佛听见了父亲这一生经常挂在嘴边的那句话："做人，要努力工作；为人，要勤俭节约；有好东西，要多与别人分享。"

爸爸，我会永远记住这句话，我相信这是您的遗言，也是您这一生的写照，更是我这一生努力的方向。我愿意继承您的遗志，照着您的话去做、去活、去爱，为了他人、为了国家、为了社会奉献我这一生……

【点评】

本案例是一个陪伴临终的故事，作者应用了祥和注视、用心倾听、抚触沟通、同频共振、零极限和"三不"等心灵呵护技术，应用了生命陪伴生命、生命影响生命的陪伴方法，并通过这样的陪伴引发了作者对生命的思考与看见。父亲临终前反复说的那句"老大，我难受，给我揉揉"，其背后表达的是父亲对死亡的恐惧、对儿子的眷恋以及希望儿子陪着他一直走到最后的心愿。

本案例中抚触沟通技术的应用是亮点，经由技术引领感受生命陪伴生命、生命影响生命、生命唤醒生命的力量、价值和意义。抚触是一种简单易行、安全有效的沟通方式，可以拉近双方的心理距离，具有重要的社会、心理和医学价值。同时，抚触可以起到调节情绪的作用。在应用抚触沟通陪伴老人时，必须避免接触老人身体的敏感部位，如大腿及以上、胸部及以下的部位是严禁碰触的。抚触部位的选择，需要根据老人具体情况灵活处理。一般情况下，老人的手背、手掌、手臂、肩背、耳垂、脸颊、额头、小腿、脚趾等部位，都是可以抚触的部位。具体部位的选择，需要根据当时老人的状态、情况、体位和与老人的距离等来综合判断。

娘啊，如果下辈子可以选择

张香芬

娘离开我们已经 10 年啦。在她离开的这 3000 多天里，我无时无刻不在想念她，想念和她在一起的日子和那些沉淀在生命里的故事——苦的、甜的、酸的、辣的，五味杂陈中感受到的都是幸福与美好，因为那些日子里有娘！

我出生前，我已经有了 1 个哥哥和 5 个姐姐，爷爷、奶奶、爹甚至是娘都盼着我是一个男孩，可生下来才知道又是个女孩。当别人都劝他们把我送人甚至扔了的时候，娘却紧紧地把我抱在怀里，说："日子再苦再难，这辈子她就是俺的闺女，俺要让她和俺全家在一起！"

于是，因为有娘，在这个世界上，我有了一个贫穷，却温暖的家。

家虽穷，但因为有娘，我们并不觉得日子过得有多难：吃的，娘会把那些别人认为很难吃的红薯干做成美味给我们充饥；穿的，娘会把姐姐们穿剩下的衣服一次次给我们改小，衣服虽旧，但很干净，穿在身上很温暖。这看起来貌似是那个年代普通家庭的写照，但并不是所有孩子的家里都有这样的娘，我们村里那个三扁头，她的娘就不会这样做。每次她家走亲戚，她娘都要来我家借衣服穿，而且还总是"忘了还"。当别人都不再借给她娘的时候，娘却一如既往地借。

有一次，扁头的娘又来借衣服，我刚好拥有了一件用姐姐的旧衣服改小的"新"衣服，娘二话没说就让她把衣服拿走了。我很难过，那可是我一次都没来得及穿的"新"衣服啊。我随后跟着把"自己的"衣服要了回来，藏在家里后就上学去了。可万万没有想到，扁头娘竟然又追了回来，当娘知道是我把衣服又要回来的时候，她竟跑到两公里外的小学把我带回家。温和，但不容拒绝地让我把衣服拿出来。

然后就见扁头娘高高兴兴地把我的"新"衣服拿走了。

而我，却被娘关在屋里，狠狠地揍了一顿。娘边揍我，边哭着说："芬妮呀，你要知道开口容易，闭口难，穷人就是要互相帮衬着的，这个理儿，难道娘就是教不会你吗？！"

那年我七岁，娘这一顿揍把一颗种子强势地种进了我的心里。那颗种子叫善良！

小时候，我一直觉得娘是不用睡觉的。因为我总是在她纺车的嗡嗡声中睡去，在她拉风箱的呱嗒声中醒来。我眼巴巴地看着娘熬夜做出来的鞋子穿在我们村那个没了娘的"傻二小"脚上，我多想抗议，却又不敢说。只是抬着自己的脚对娘说："娘啊，看看，我的鞋子烂啦！"

每当这个时候，娘总是疼爱地拍拍我的头，微笑着说："好好好，娘的芬妮，下次娘给你也做新的哈。"

娘的善良、智慧和宽容让我的童年满是幸福、甜蜜和温暖的回忆。随着我慢慢地长大，娘也在慢慢地变老。尤其是父亲的离世让娘增添了很多白发。当时弟弟还年幼，姐姐们均已出嫁，家里只剩我们仨相依为命，彼此依靠。那些年里，娘用实际行动让我懂得了什么是坚强和勇敢，让我明白了什么是不卑不亢……

在我终于可以为娘分担责任的时候，娘却积劳成疾了……

我1991年参加工作，两年后终于拥有了自己的一间简易房，我把娘接来和我一起生活，直到2012年，在将近20年的时间里，我们彼此陪伴，

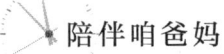

日子过得艰难却快乐!

娘喜欢听豫剧,我就买了收录机和磁带,我和娘虽然都五音不全,但也都跟着磁带学得不亦乐乎。下班后,我总会搂着娘的胳膊给她唱,有时调跑得都找不着北了,娘却听得很认真,还会使劲儿地夸我;当我耍赖地摇着娘的胳膊让她给我唱歌时,八十多岁的娘会羞涩地给我唱,听着她由于没牙漏风失去了原味的歌曲,我的心却收到了满满的幸福。

每个人的一生绝非一帆风顺,每当我在工作中被不公平地对待或者生活中遇到坎儿难过时,娘总会搂着我,一下下地抚触着我的背告诉我:"娘的芬妮呀,啥事都会过去的……"而我,就在娘的爱与陪伴下,走过了我人生中一个又一个的春夏秋冬。

在近20年的时间里,娘一直觉得是我给了她好的生活环境,而娘的言传身教与陪伴,却给了我超越一切的勇气和力量。我的生命中不管遇到多大的困难,只要在娘温暖的怀抱里待一会儿,我就会重新充满斗志,勇往直前!

与娘相依相伴的日子平静、恬淡且美好。在我以为这样的日子可以无限期地继续时,病魔却猝不及防地降临了。

2010年的秋天,在五姐家暂住的娘感到身体不适,为了不给忙碌的姐姐添麻烦,娘选择了隐瞒。当姐姐发现娘的状况不对后给我打电话,我赶回家把娘送到医院时,医生给出的诊断为"脑梗",由于错过了6小时的最佳治疗期,娘偏瘫了——右半边身体失去了知觉。

一向坚强独立的娘无法接受这个事实,她开始不吃药,拒绝治疗,并以绝食的方式与命运抗争。

娘哭着说:"娘知道你们都孝顺,但不要再给我看病了,这样活着还不如让我死了算了。"

我抱着娘哭着说:"我不!我绝不同意!娘呀,您不活了,我咋办?!您要是死了,我不就成了没娘的孩子了嘛!娘呀,您可不能不要我呀!您可不能撇下我呀，娘……"

我哭成了泪人，这一哭，也把娘给哭醒了……

从此，娘开始积极配合治疗。我们在医生的指导下，每天帮娘按摩。娘个子高，虽然不太胖，但移动她还是需要两个人。娘说："我得好起来，要不就太拖累你们了！"

于是，娘开始主动锻炼，用能动的左手拉着右手活动，每天让我们搀扶着她活动腿脚。出院后，娘让我们在老家院子里的树上绑上棉绳，她拉着绳子摇摇晃晃地、一步一挪地练习走路，我们张着两手在旁边，亦步亦趋地跟着。

娘每走一步，我们都既惊喜，又心疼。娘迈出的每一步，看似是走在地面上，其实是走在我的心里……

一年后，天地仿佛也被娘的这种坚强和坚持感动，87岁的娘终于又一次站了起来，娘终于又可以走路了。

那天，娘又哭了，我抱着娘，笑着泪流满面……

我们的生活又恢复到一年前的那种平静、恬淡且美好了……

但生活总是充满了无常。

2012年的冬天，娘脑出血了，是脑干出血。考虑到娘的年龄大，医生建议保守治疗。我们也不愿意让娘受更多的苦，就接受了医生的治疗方案。

我们姊妹8个轮流守护在娘的身边。经过1个多月的住院治疗，娘又闯过了生死关，可这次的脑出血破坏了娘小脑的平衡系统，娘彻底站不起来了。但这次娘很平静，也很乐观。也许是上天眷顾，娘不论是之前的脑梗，还是后来的脑出血都没有影响到娘的大脑思考和语言系统。

我给娘买了轮椅，每天都会把娘收拾得干净利落，就连头发都要梳得一丝不乱。早上我会推着她去看日出，下午我们一起看夕阳。

夕阳下，我最喜欢拿个马扎坐在娘的膝旁，一边给她捏腿，一边听

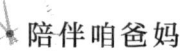

她讲故事。有时我会给她唱我们的家乡戏,娘也会给我唱歌,娘就会唱一首歌……

她每次唱完,我都会给她鼓掌并亲吻她的脸颊或额头。我唱完也要她给我鼓掌和亲吻,每次娘都笑得像个孩子。有时,我们也会头靠着头静静地,什么也不说,什么也不做……

日子虽平淡,却充满了幸福。

随着时光的流逝,娘身体的各个器官都在衰退,特别是心脏功能的衰退最严重。

2014年2月10日晚上7点,娘走到了最后时光。

在娘即将走下这趟生命列车时,我握着她的手,伏在娘耳边对她说:"娘呀,我对不起您,女儿这辈子没能更好地照顾您,请您原谅我!谢谢您用您的生命给予我的爱,娘呀,如果下辈子可以选择,咱们还要在一起,但是我要做娘,您来做我的孩子,我会像您今生爱我一样来爱您!娘,谢谢您,我爱您!这辈子感恩有您……"

娘此时已经不能说话了,她看着我们,目光从姐姐和弟弟的脸上滑过,定定地看着我,充满了不舍和爱,眼泪从她的眼角缓缓滑落……

娘是在我的怀抱中安静地走的,我亲手为娘穿好衣服、洗净脸、梳好头、整理了领口袖口,为她戴上她最喜欢的戒指和耳环,把她打扮得整整齐齐的,送她走上另一段路。

在娘生命的最后四天里,我们陪伴在她的身边,虽然她的身体变得冰凉,但每天早上我都会给她一个吻,告诉她:"娘啊,新的一天开始了,感恩您又给我们机会能多陪伴您一天,我们爱您……"

时间在思念中平静地滑过,转眼间已经离开娘3000多天了,娘啊,我相信您一定记得那些我们在一起的日子和那些沉淀在我们彼此生命里的故事。娘啊,如果下辈子可以选择,我一定做您的娘……

【点评】

本案例是母女间相互陪伴的故事，作者从"这辈子她就是俺的闺女"的坚定，到"三扁头娘"来借的"新衣"，再到"傻小二"脚上的新鞋，从脑梗后坚强地通过锻炼重新学会了走路，到脑干出血后的那份接纳与平静，再到娘临行前落在我脸上的最后一缕目光，再到"娘啊，如果下辈子可以选择，我一定做您的娘"的深深呐喊，在眷恋与连接中作者通过文字带领我们感同身受地经历了这对母女间几十年的生命陪伴。

本案例应用了祥和注视、用心倾听、同频共振、抚触沟通、动态沟通、音乐沟通等心灵呵护技术及生命陪伴生命、生命影响生命的陪伴方法。其中，动态沟通是我们日常陪伴老人经常应用的心灵呵护技术。在我们应用动态沟通技术的过程中应遵循的原则有三：第一简单至上。在选择动态沟通方式时以简单、易学为宜。第二随顺老人，随缘而行。在引导老人活动时，从老人状态出发，灵活把握。第三保持觉知，适时调整自己的状态，根据老人的情况，必要时随时调整或停止动态沟通技术的应用。

四季更替皆是景　万物成长住满情

苏　莉

又是一年春来到，又是一个吃香椿和槐花的季节。从记事起我家门口就有一棵香椿树和一棵大槐树，不知道它们多少岁了。听父亲说，他的祖母在世时，每年都会采摘槐豆，九蒸九晒，暑天熬成茶水，不仅给家人消暑败火，还摆在门前的石桌上免费供过往的行人和乡邻饮用。父亲说，他的祖母是大家闺秀，略懂医术，乐善好施。他从小就是祖母的小尾巴，喜欢听祖母讲故事，经常跟着祖母去三里五村接生，乡邻们有个头疼脑热，祖母还会用针灸给人治病。父亲一直热衷中医、投身公益，想来是受他祖母的熏陶。我现在是十方缘的三星义工，儿子在学校是团支书，也多次组织志愿活动，虽然与曾祖母未曾谋面，但我们却穿越时空在爱中相伴。

我的奶奶不会医术，但他有菩萨心肠，即使在揭不开锅的年代，乞丐们也会在我家享受奶奶的"款待"。奶奶会在春天采摘最新鲜的香椿芽，再从鸡窝里掏出几个鸡蛋，一盘香喷喷的香椿炒鸡蛋就出锅了。用奶奶做的烙馍卷着吃，我一次能吃上好几张，现在想想都直流口水。奶奶去世前摔骨折，就是因为听说我们要回家，忙着和面为我们做烙馍，不慎摔倒导致骨折卧床多日，在过完她生命中最后一个元宵节后，奶奶在睡梦中安详离世。后来，只要我回家，不管母亲多忙，她都会烙上一沓打烙馍，吃不完还让我们带回来。再后来，大街上有很多卖烙馍卷菜的，可是吃起来总觉得少了点什么。现在我开始学着做烙馍了，儿子说跟姥姥做的一样好吃，我看着墙上的奶奶的照片，会心地笑了。

儿时没有太多的玩具，爷爷就在两棵树之间绑了一个秋千，我们轮流坐上去，吵着让爷爷推，爷爷就这样依次为我们插上了飞翔的翅膀。

黎明即起，洒扫庭院，这是爷爷一直坚持的习惯，即使是落叶纷飞的秋天，我家的院子也是干净整洁的，就连空气都是清新的。在成片的田地中，你总能一下子就找到爷爷的耕地，他种的田就像用尺子画出的一幅画，笔直笔直的。每次吃完饭，爷爷的碗就像新碗一样干净。家里的镰刀、锄头也被爷爷擦拭得锃亮。爷爷晚年开了一个糖果烟酒店，不为挣钱，就是为了方便乡邻，商品被他码放得整整齐齐的，糕点也包装得有棱有角的，格外好看。他平时一颗糖都舍不得吃，但是只要见到我们这些孩子，他都成把成把地分给我们吃。爷爷家是我们儿时甜蜜的天堂，爷爷也是在那里寿终正寝的。

长大后，我也学着爷爷用心去爱人，专心打扫家里的每一个角落，擦拭每一件物品。几年前当我卖掉住了十几年的旧房时，几个买主争抢差点打了起来，因为他们觉得我家的房子像新的一样。感谢爷爷的言传身教让我认识到每一个生命都是需要被呵护的，让我学会了敬天爱人、惜福惜物、用心做事……

五月石榴红似火，我的记忆里只觉得姥姥姥爷家的石榴特别甜。二老都有很多弟弟妹妹，他们是各自家的长子长女，他们又生育了六个子女，在缺吃少穿的年代里，他们孝老爱亲、勤俭持家、任劳任怨，两个大家庭几十口人就像石榴籽一样团结友爱、和谐甜美。姥爷一生吃素，年轻的时候，他挑着担子步行几百里卖鸡蛋，一个来回得好几天。在这个过程中，他自己舍不得买饭，只啃自带的干粮充饥，每次回家都会给老人和孩子带些烧饼夹牛肉来解馋。姥爷的心里永远都装着别人，而且不笑不说话，永远都说别人的好。姥爷年轻时得过一场大病,生命垂危,但因家里实在拿不出手术费,只能选择保守治疗。即使是在死神面前,姥爷依然保持着他纯朴的本色,只要他身体能动,他就坚持每天在病房里打扫卫生,力所能及地为病友们端茶倒水,照顾起居。有位高干看中了他的人品,帮他交了手术费,这才挽回了姥爷的生命。

直到晚年,姥爷依然对那位高干念念不忘。他说:"我得感恩当年那位高干救了我一命,这才有了咱这个家。世上还是好人多,咱也要多做善事,能帮人一把就帮一把。做人要知恩、感恩、报恩。"姥爷一生吃素,积德行善,最后驾鹤西去。每年上香的时候,我都会想起姥爷,想起他老人家的音容笑貌和慈言善行。

姥姥聪慧贤淑,无欲无求,一生不会花钱,但她会把她的爱融入一餐一饭、一点一滴中带给每一个人。姥爷吃素,她每顿都会为姥爷开小灶,舅舅喜欢吃饺子,她再累都会隔三岔五地亲自和面擀皮包饺子。有一年父亲生病在广州住院,无意中在电话里说胃口不好,就想吃碗手擀面。姥姥听说后,连夜擀了许多面条,晾干后坐了几十个小时的火车送到广州让父亲吃。后来,父亲的病很快就好了,我想姥姥的手擀面应该也是一剂良药吧。

2002年姥姥偏瘫后,我每周都会带上姥姥爱吃的去看望她,帮她洗澡、剪指甲,用润肤油给她做全身按摩,给她挠痒痒,抱她亲她,躺在她身边听她讲过去的人和事。可是2015年7月,姥姥突然不吃不喝,大哭大闹,全家人束手无策,我也是辗转难眠。在手机上百度陪伴老人的方法,"十方缘老人心灵呵护十大技术"映入眼帘,我就像抓到了救命稻草,如饥似渴地学习,陪伴姥姥的时候,我牢记"不分析、不评判、不下定义";面对姥姥的哭闹,我不再焦虑,而是尊重、允许、接纳姥姥生命中的一切发生;我会小声地在姥姥耳边反复说:"对不起、请原谅、谢谢您、我爱您。"神奇的是,这样说上一会儿,姥姥就会渐渐地平静下来,我的心也没有了曾经的焦躁，而是在一种宁静祥和中与姥姥同频共振。我很享受这种感觉，仿佛我和姥姥是一个人，我们就这样平静地连接着……

我还会经常给姥姥唱歌，《洪湖水浪打浪》《东方红》《毛主席的兵最听党的话》《世上只有妈妈好》等姥姥喜欢的"经典曲目"，她不仅喜欢听，而且喜欢唱，唱上两首歌能高兴一整天。在所有歌曲中，姥姥最喜欢的是一首不知名的小调，那是她在我小时候哄我睡觉的摇篮曲。姥姥最喜欢在临睡前听我唱那首催眠曲了，我一唱姥姥就能睡着，而且屡试不爽。妈妈甚至打趣说让我用手机录下来，定为专门哄姥姥睡觉的神曲："叶儿轻轻摇，花儿低头笑，猫儿伸懒腰，花狗趴窝了，宝贝揉揉眼，马上睡觉觉。"我就这样轻轻地唱着，很快就能感受到姥姥的平静，听见姥姥规律的微鼾声，姥姥就这样安详地睡着了，嘴角还挂着美美的微笑。

在全家人的陪伴下，姥姥幸福地度过了她生命中最后两个月，2015年9月1日，姥姥在我们的怀抱中安然离世。感恩十方缘爱与陪伴的理念，感恩相亲相爱的一家人，感恩姥姥让我真正懂得了什么是爱，什么是陪伴。

中秋前后正是我家院子里的桂花盛放的时节，整个村子都因此而染上了淡淡的、沁人心脾的甜蜜。这棵桂花树是我的父母亲手栽下的，父母一生的写照也像这棵桂花树一样：温良恭俭，无私奉献，灵魂芬芳。我的父母是"万事通"，是"调解员"，还是"救助站"，亲朋好友遇事都会找他们。父亲是孝老的楷模：每到逢年过节，父亲总会把姥姥姥爷接到我家来团圆；60多岁的父亲每次都亲自背着偏瘫的姥姥上楼；得空就带着姥爷四处旅行。母亲孝顺公婆更是有口皆碑，她和奶奶亲如母女，从没有红过脸。直到现在，四位老人的照片都放在我家最显眼的位置，妈妈买了好吃的都会放在他们面前笑着说："爸，妈，今天刚买的，你们一起来吃吧！"妈妈说，当她遇到困难时也会跟爷爷奶奶倾诉，跟他们商量，好像他们就在眼前，从来没有离开过。

我的父母是一对青梅竹马的伙伴、相互欣赏的夫妻、相濡以沫的伴侣。父亲患癌的那个阶段,母亲日夜守护,煎药熬汤,20多年陪伴着父亲与病魔赛跑;母亲骨折时,父亲为她按摩针灸,买唱戏机鼓励她重拾旧梦,后来,母亲成了桥头公园的"名角"。父亲说:"咱天天在桥头对着家属区唱,那叫扰民,咱还不如去偏远的养老院为老人们唱,那才是欢喜。"后来,父母发起组建了"许昌爱心艺术团",开始了自掏腰包搭台演戏的退休时光。

目前,他们已为几十个偏僻乡村养老院送戏、送温暖累计几百场。作为民间自发组织的规模最小的"艺术团",他们的戏竟然还唱上了中央电视台《梨园春》栏目。由此,父母的"戏"不胫而走,他们的"傻子"精神和伉俪深情也开始传遍中原大地。

三年前父母同时病倒,我把他们接过来照顾,在省会的三甲医院吃药打针都不见效,我开始给他们按摩、针灸,用轻柔的手法温柔地抚触他们的身体。当我的双手从他们的皮肤上滑过,当爱通过皮肤传递的那一刻,我突然感觉仿佛回到了儿时,体弱多病的我依偎在父母怀里,被父母这样祥和地注视着,温柔地抚触着,温暖地抱持着,无条件地呵护着……

文至于此,仿佛又嗅到了空气中那似有似无的桂花香,淡雅、温暖,却又生生不息,我相信这就是生命的味道。感恩祖辈用善良、孝道与爱为我们后人撑起的这片晴空,让我们有机会穿越时空,被他们生命的力量陪伴着、感动着、滋养着。我的生命源于他们,也必将归于他们,我也会像我的祖辈一样,把这份善良、孝道与爱传承下去、传递下去、传播下去……

四季更替皆是景,万物成长住满情。是爱的引领让我们跟随家族一路走来,更是爱的传承让我们在这条路上不断前行……

【点评】

　　本案例是家族中的一个陪伴故事，故事的主人公不是一个人，而是作者双方家族的长辈群体，如果说广义层面的爱与陪伴是横向的、人与人之间的、在同一时空点上的，那么这篇文章中的爱与陪伴就是纵向的、家族式的、代际间的，甚至是穿越时空的。

　　本案例应用了祥和注视、用心倾听、零极限、音乐沟通、抚触沟通、同频共振、"三不"等心灵呵护技术，应用了生命陪伴生命、生命影响生命的陪伴方法。其中，应用音乐沟通技术需注意，在日常的陪伴过程中，如果老人只接纳某一类型的音乐，我们可以为老人提供类似的音乐。根据同频共振原理，音乐也会慢慢陪伴老人体验到相应的生命频率。

您站在高岗上

王 洋

题记：每个人的生命里也许都会有一个或一些我们终生仰望的榜样，这些人在我们的生命里存在的时间可能有长有短，但在我们心中，他们永远站在高岗上陪伴着我们、守护着我们、引领着我们。

父亲去世整整22年了，每个重阳节的清晨，我都会找一处高岗爬上去极目四望，那一刻，我在找寻和连接着父亲的力量。

作为新中国培养出的第一批支援三线建设的科技人员，我的父亲有着那个时代从劳苦大众中成长起来的所有优秀人才所共有的特质——永远对党、对国家给予他的培养心怀感恩，并且通过数十年如一日的艰苦奋斗，用青春、汗水、热血，甚至生命报效祖国。

我的父亲是个孤儿，如果在旧社会，他很可能被饿死在街头，但在党的领导和新中国的支持下，他有了上学的机会。之后，他由于在液压机床领域不断地学习、研究、突破和创新，于20世纪90年代成了国家发明奖的获得者。

儿时最幸福的那些事

我的父亲瘦瘦小小的，看起来弱不禁风，但却是个彻头彻尾的工作狂，他好像永远都在他的科研工作室里做实验，所以平日很少见他在家待着。尽管如此，在我的印象里，我儿时最幸福的事几乎都与他有关，每每回忆起来，都觉得无比甜蜜。

我小时候的那个年代实行单休，在星期天的时候，父亲偶尔会带我去当时我们所在城市唯一一家冷饮店吃冰激凌。在那个年代，能够吃上块黄冰糖都已经觉得很奢侈了，我竟然能被父亲带着去吃冰激凌，那简直是人生中最美好的经历，也因此，我这一生对冰激凌始终都有某种特别的渴望。

当时的那家冷饮店的冰激凌特别好吃，长大后虽然吃过很多品牌、多种口味、不同国家的冰激凌，但感觉再也没有吃到过那份甜蜜。或许是因为我们的嘴越来越挑剔，或许是因为我们的物质条件极大丰富，但我想更重要的是因为那是个物质匮乏且吃冰激凌的机会极度稀缺的年代，再加之有父亲的陪伴，所以那个冰激凌味道的甜蜜令人终生难忘。

再一件幸福的事就是父亲一旦做完一个课题，或是完成一个项目的研发工作之后，他就会在周日带我去我们所在城市唯一的一家图书馆看书。那个时候图书馆是要用借书证才能够进入的，而且图书馆上下班的时间非常固定，为了能多看一会儿书，我们往往是第一批排队的——经常是我在那儿排队，父亲去买早餐，随后，我们爷俩一边吃着油条，一边端着白瓷缸子喝豆浆，一边排着队。

那个年代去图书馆排队借书看书的人并不多，但因为可供借阅的书籍数量和品类的有限，所以能借到自己想看的书的机会就很少，这就需要早早排队，只要图书馆一开门就得冲向想要借阅的那一系列的书区，争取抢借到手，然后就可以美滋滋地看上一周了。"抢"书、借书、看书是当时

的我最享受的时刻,我读书习惯的养成也许就是在那个时候埋下的种子。书很好看,但更重要的是有父亲的陪伴,为此,读书成了我延续一生的享受。

父亲作为新中国培养出的第一批科技人员,一个国家发明奖获得者,他平时的闲暇时间是很少的,因为他总是感觉自己的文化程度不高,要带领几个项目组或课题组,他需要大量的学习,所以他非常自律,对自己的要求也非常高,他的业余生活除了读书和修理以外,几乎没有更多的爱好。

是的,你没看错,修理是他的一个特别的爱好。只要是和修理有关的事,如修理电视机、电冰箱、收音机、缝纫机、自行车等等,那都是父亲喜欢做的事。

小时候,我们家住3室1厅,我家的客厅里永远都堆满了叔叔阿姨家的各种电器。这些电器经常是被一批批地搬进来、扛进来,又很快被一批批地搬出去、扛出去,父亲总是挤出时间尽快为大家义务修理这一切。

父亲忙不过来的时候,我经常会给父亲做"小助手"。在父亲的影响下,我从小就喜欢鼓捣和思考,我曾经一度认为我和父亲每天从事的维修工作是在"玩玩具",属于"娱乐"活动。这个感觉持续了好多年,直到我十二三岁的时候发现街边开始有了各种维修店,我才意识到我们爷俩每天的修理不是游戏、不是娱乐,竟然是一份技术性很强的工作。但在父亲看来,所有的维修工作对他而言都是"娱乐",只有在这个时候,他才可能暂时地放下他带的科研攻关项目,换个频道,让自己的头脑得以休息。

父亲总是教导我说:"孩子呀,要不是国家培养我,我早就饿死在街头了,我的命是国家给的,这份恩情,咱不能忘,咱全家能做啥就做点啥。只要能对国家人民有利,咱啥都得干,咱得报恩!"

知恩、感恩、报恩,这是父亲从小就教育我的,更是父亲用生命去践行的。随着年龄的增长,我更加能够理解父亲这份简单的人生信条背后的那份深厚的爱。知恩、感恩、报恩,短短的六个字,影响了父亲和我的一生,相信这份质朴的爱也会经由我们不断传下去……

在父亲的影响下,我从8岁起就开始自己组装收音机,再后来就是修理收音机,并且把这件事当作特别有意思的"游戏",仿佛收音机就是我的"玩具"一样。每每帮助叔叔阿姨们组装好或者维修好收音机的时候,我都非常有成就感,那也是我童年最幸福的时刻之一。后来想想,我生命中那些善于学习、敢于创新、不畏困难、思维敏锐,以及对探索未知充满热情等特质,无一不是来源于父亲。

在我的印象中,让我最怀念的莫过于偶尔父亲会在我托儿所放学时去接我,和我手拉着手一起唱歌回家的事。父亲会唱的歌并不多,但是他的声音非常好听,唱得也特别棒,他尤其喜欢唱的是《咱们工人有力量》。这首歌唱出了新中国培养出来的第一批技术人员的心声,他们都是怀着那样一份为祖国现代化贡献力量的心,在各行各业各个地区为国家的建设默默地奉献着一切。所以只要唱歌,父亲必唱这一首,貌似父亲也只会唱这一首歌。

记忆中每次父亲从托儿所接我回家,我们都会像小朋友一样手拉着手,你一首、我一首,一直唱到家。父亲总是一遍又一遍地唱《咱们工人有力量》,而我唱的都是托儿所的小歌谣。我们会越唱越开心,高一声、低一声,我们嘻嘻哈哈地唱着,还给对方鼓掌。当时的托儿所离家挺远,但总感觉我们很快就走到家了。

高岗上的送别

上大学以后,我就离开了家,每每开学或周末回学校时,父亲都会送我。如果行李少,父亲会帮我提着,我自己背一个小包,我们爷俩各剩

陪伴咱爸妈

下一只手,我和父亲就手拉手,我们依然会用我小时候父亲从托儿所接我放学时的方式一路唱到火车站,年迈的父亲依然是唱那首《咱们工人有力量》,一遍又一遍,已经长得快和父亲一样高的我,会唱各种我喜欢的流行歌曲,也许父亲并不喜欢,但他依然会饶有兴致地和我手拉着手,还时不时地为我鼓掌,陪着我一路走到火车站。

我们依然是你一首、我一首,唱得不亦乐乎,那份幸福与儿时无二无别。

这样的送别,一次又一次,我不知道被父亲这样送过多少回。在我曾经生活过的那个城市,我们的火车站旁边有一处高岗,那是当时修建火车站时堆渣土的地方,后来被改造成了一个公园。那个时候,从那里是可以进入火车站的。我和父亲经常在那处高岗的条石上,肩并肩地坐着聊很久。直到看见检票的队伍走出月台,我才会依依不舍地拥抱父亲,亲一亲他胡子拉碴的脸,然后提着行李从高岗上冲下去。父亲总会一边跟着往下走,一边关切地喊:"洋洋,你这孩子,慢点跑,小心滑倒!车还早着呢,来得及……"

我则答应道:"知道了,爸爸,您早点儿回家哈!"我一边喊,一边加快脚步,头也不回地跑向月台,全然没顾及后面跟着的父亲的安全与去向。

检票、候站、上车、找座、安置行李、落座、睡觉……

在这一系列动作进行的同时,我全然不知道我的父亲在做什么,去了哪里,我只是想当然地以为父亲下高岗之后就回家了。我这样愚蠢地以为,一直持续到我大学快毕业时的一次父亲为我送行……

那一次,依旧是父亲提着行李送我;我们依旧是手拉着手唱一路;父亲依旧唱《咱们工人有力量》;我们依旧是你一首、我一首,唱得很开心;我们依旧是在高岗的条石上肩并肩地坐着聊很久;我们依旧是在月台上已经有人候车的时候拥抱、亲亲、告别;我依旧是以最快的速度冲下高岗奔向月台；父亲依旧是跟在后面，嘱咐我小心滑倒，时间还早；不同的是当我终于挤上火车时，因为有人占了我的座位，需要等待列车员来协调。于是，我只能站在我的座位旁边。正在这时，火车启动了。在我有些不耐烦地无意间向窗外望的时候，一个让我瞬间泪奔的画面进入眼帘——我发现在我与父亲聊天的高岗上，站着一个熟悉的身影，小小的、瘦瘦的、微笑的、平静的，他在向着我乘坐的火车的方向缓缓地挥动着双手告别，那是我这一生再熟悉不过的身影——他就是我亲爱的父亲……

原来，在送我到月台之后，我的父亲并没有回家，而是又回到了高岗上，在那个我们曾经无数次聊天的花岗岩条石旁，我的父亲竟然一直平静地站在那里，隔空陪着我一起等候火车的到来，看着我在拥挤中平安上车，直至我所坐的火车启动，他会挥动着双手向着我的方向告别，并且也许会陪伴到我的火车远远地消失在他视线的尽头……

父亲的送别，我以为很短，但原来竟是那样长；父亲面向火车缓缓挥动的双手，看似很轻，但原来竟是如此厚重。那于我而言貌似只是一回平淡无奇的送别，但对父亲而言，也许每次都是一次意义非凡的离别，一种牵动人心的告别，一份带着痛的分离，因为在父亲宁静祥和的目光所及的终点，我用不曾回头的远去的背影，告诉父亲，不必追……

每每想到这一幕，我都会心如刀绞：为什么就不能停一停脚步，让父亲跟一跟，抑或，哪怕只是回回头、挥挥手，也是一种连接。无论如何，总好过这样决绝的离别……

不知那是我第多少次离开又回来，回来又离开，但那是我第一次发现我的父亲竟然在送我离开之后，又回到我们熟悉的高岗上，以及随后的一切，曾经年少的我之前竟然从来没有关注过，除了那一次。

当时，我愣愣地站在车上，回头看着高岗上的父亲，我深深地感受到父亲对我的爱——曾经以为父亲不爱我，只爱他的工作；曾经以为父亲根本无视我的存在，他始终那么忙，一直承担着国家项目的研发，甚至几乎

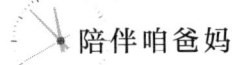

没有时间和精力陪伴我；曾经以为只有表达出来的爱才是爱，而父亲从未向我表达过爱……

直到那一次偶然发现站在高岗上的父亲的那一幕，我才仿佛第一次认识、看见和理解了父亲，感受到父亲对我无以言表的爱、他的生命在无声中流淌出来的温暖，以及看似如山的父爱背后的那份柔软……

再后来，父亲因为医疗事故突然去世。于是，在我每次离开曾经的那座城市的时候，再也无人相送，再也无人对着我和我的火车挥手了……

再再后来，坐高铁和飞机的机会越来越多，曾经熟悉的那处高岗便被我连同父亲的一切搬进了心里。

岁岁重阳，今又重阳，在过去的22年里的每一个重阳节的清晨，我都会在附近找一处高岗爬上去，在那里极目四望，仿佛在找寻，更是在连接，我在用心连接和共振着父亲的精神、力量、爱，以及关于他生命的一切……

【点评】

你是如何理解"死亡"一词的？我想这是一个千人千面的问题。其中有一说，人的死亡分三个阶段：第一个阶段是被医院宣告死亡，那是生理生命的结束；第二个阶段是葬礼的举行，那代表着这个人社会身份的结束；第三个阶段是这个世界上最后一个记得他的人死去，到那个时候，这个人才是真正的死亡了。因为，从此这个世界上就再也没有人知道那个人曾经来过、他是谁、做了什么，又去了哪里……

其实我们每一个人都会或多或少经历过身边人的死亡，死亡是什么？如何看待、面对和理解"死亡"？这些看似沉重的命题，不仅对当事人而言很重要，对于旁观者、相关者，甚至对于与这个死亡毫无相关的人而言，都是一样重要的。这些问题的答案本无对错，我们每个人本就活在自己定义的世界里，每个人对死亡的定义最终只与自己有关，其核心点不在于内容，而在于它在你定义的世界里能否自洽，自洽就好。我想这就是在从事重症、临终老人的爱与陪伴过程中能够让我们有机会直面的最重要的命题，同时，更是我们每一个当下需要用生命去体验、感受和理解的命题。生命本无意义，但恰因如此，我们可以赋予生命以无限的意义。而这从更深的层面激发了我们对生命所有的探索、感受与看见，并经由那份看见，活出爱、活出力量、活出意义……

本案例作者应用了用心倾听、祥和注视、音乐沟通、同频共振等心灵呵护技术，以及生命陪伴生命、生命影响生命的陪伴方法。

岁月之殇·之美

魏爱玉

岁月苏醒在泛黄的照片里,殇到心,却美到灵魂……

有人说回忆是另一种重逢,每次我翻看过去的老照片,岁月便会跃然纸上,成为鲜活的画面,让往事历历在目。

其中一张照片是我在医院给母亲陪床的一天晚上,那已经是母亲第四次入院,且情况更加严重了:不但失能、失语,而且吞咽困难,这让一生好强的母亲情绪特别低落,双眉紧蹙,蜡黄的脸上表情凝重,还不时发出长长的叹息……

我和姐姐担心地看着越来越衰弱的母亲,这让我第一次体验到心痛边缘的那份颤动……

那天的夜,黑暗且漫长,虽刚入秋,却早已缺失了往日的温婉,感觉到丝丝凉意从身体沁入心底……

为了舒缓母亲的情绪,大姐在旁边不停地劝慰着母亲,告诉母亲我们姊妹会好好照顾她,让她放心,不要发愁,安心治病……

结果,这让母亲更加烦躁,五官几乎皱在一起,并且转过脸去。

多年的爱与陪伴的经验告诉我,这个时候的母亲不喜欢听道理。于是我给自己做了个"零极限",清理了一下自己的情绪,坐到母亲身边,轻轻地握起母亲的手,一边像抚摸婴儿一样,轻缓地抚触着母亲的手臂,一边嘴里轻声地哼唱着:"世上只有妈妈好,有妈的孩子像块宝,投进妈妈的怀抱,幸福享不了。世上只有妈妈好,没妈的孩子像根草,离开妈妈的怀抱,幸福哪里找……"

慢慢地,母亲转过身来,眼角湿润了,我笑而不语,望着母亲闪着泪光的眼睛……

母亲的表情明显放松下来,眼睛里泛出来的光渐渐地变得宁静而祥和,随着时间流逝,我的心似乎要融化在母亲的目光里。我忍不住趴在母亲耳边,轻声地说:"妈妈,我爱您,我们需要您!"

一抹笑意伴着泪从母亲的眼角溢出来,母亲点点头,我仿佛看见了她年轻时的样子:母亲的眼神慈祥而又坚定,永远让我有如沐浴着阳光般的感觉;母亲的微笑恬淡且有力量,无论这一生面对怎样的艰难,在母亲脸上我永远都能看见微笑,母亲的微笑对我而言就是希望;母亲的目光熟悉且温暖——无论走到海角天涯,也无论时光如何转变,无论是青涩还是成熟,我仿佛永远都走不出母亲宠溺的目光……

这时,我感觉到母亲在用力地握着我的手,我也握着母亲的手,感受着与母亲的肌肤之亲,多想让时间在此刻停止,就此驻留……

那一刻,我感觉像回到小时候,在我需要母亲时,母亲传递过来的那份厚重的爱与力量。在我的记忆里,母亲的这双大手无所不能,粗到挥镰扬叉,细到纺花织布,样样精通。父亲常年在外,面对八个子女和年迈的爷爷奶奶的生计,母亲一年四季忙碌不休:早上我睁眼时,母亲早已经下地劳作了;晚上我进入梦乡时,母亲还在油灯下穿针引线;冬天拾柴为全家取暖;夏天为我们拍蚊打扇……

在我的记忆中,似乎从未见过母亲休息过……

在生活的沧桑中,母亲练就了一双男人般粗大有力的手,在岁月爬满的掌心里,承载着我们这些孩子所有的梦想。母亲就用这双手把我们一个

陪伴咱爸妈

个抚育长大，培养成人……

可如今，当我再握这双手时，却发现母亲的手变得如此细软、无力、冰冷，但即便如此，我也非常满足，因为我不知道还能牵着母亲的手走多久，走多远……

我注视着母亲，轻抚着母亲轮廓清晰的脸颊，思绪万千。母亲原本身宽体胖，体态丰盈，而病魔却让母亲日渐消瘦……

不知从何时起，皱纹爬满了母亲的脸庞，层层叠叠，每条沟壑里都刻画着岁月的痕迹。这让我想起小时候，我们姊妹几个围坐在圆桌旁吃饭，母亲总喜欢坐在旁边的沙发上，慈爱地看着我们，说："就喜欢看着你们跟小燕子似的，一到饭点，就从四面八方飞回来，围坐在一起叽叽喳喳的样子……"

那时候的母亲，眼角眉梢间流露出来的满是清风朗月……

恍惚间，我耳边传来轻微的鼾声，母亲已经安详地进入了梦乡……

如今，我再看到那张与母亲牵手的照片，似乎依然可以感受到母亲的温度，听到母亲轻微的鼾声，嗅到母亲的气息，我不禁潸然泪下……

我抬起头，窗前的石榴树已是满枝的娇艳，红彤彤的果实撑起满树的灿烂，这还是母亲亲手压下的枝条。"年年岁岁花相似，岁岁年年人不同"，母亲那如花般绽放的容颜，如今已永远成为梦中的影像，时常在脑海里浮现，清晰且真实，但却永远都触摸不到了……

岁月的流逝，带给人的也许是无法平复和再现的经历，那可能是殇，可能是痛，可能是悲，也可能是离别，但当岁月染上了霜华，在独自品味时，我却看见了那份带着爱的岁月之美……

【点评】

本案例是一篇回忆陪伴母亲的故事，作者从母亲第四次住院的陪伴片段开始写起，通过零极限技术的应用，清理自己到达宁静祥和的"三不"

状态，之后开启与母亲的陪伴，并以案例的形式呈现了陪伴重症、临终状态老人的重点：在陪伴老人的过程中，作为陪伴者，要调整自己处于宁静祥和的"三不"状态。只有我们处于这样的状态，通过同频共振，老人才有平静下来的可能性。

在陪伴老人时，如果升起了任何情绪、念头、恐惧或有任何的不知所措，陪伴者可以反复对自己默念"对不起、请原谅、谢谢你、我爱你"这四句箴言，如果老人愿意，也可以和陪伴者一起念诵出来，还可以配上背景音乐，或者在零极限音频的带领下进行。经由零极限技术的清理让自己全然接纳自己、老人和外在的一切。对于从事老人心灵呵护服务的陪伴者而言，零极限技术可以调整自己的状态和情绪，增强陪伴老人的信心，加速与老人之间生命的连接，激活生命本自圆满的智慧和力量。

在陪伴者对自己的内在反复诵念的同时，去感受这四句箴言的能量和频率，慢慢地我们会和这四句箴言同频共振，会感受到念头越来越少。念着念着我们会感受到自己的状态越来越宁静祥和，头脑也越来越放空，根据同频共振原理，老人也有了处于宁静祥和"三不"状态的可能性。

善终，在出院的 760 多天后

田素斋

盼呀盼呀，终于盼到了双胞胎女儿去新加坡留学了，公公婆婆照顾两个孙女的起居生活 18 年，他们终于可以从繁忙的照料工作中解脱出来了。然而，还没轻松多久，一纸体检报告就打破了我们全家的平静。

2012 年的某一天，公公说大便带血，我劝他来我们医院检查，他不愿意到医院看病，说麻烦，他便使用一些小偏方给自己治疗。

2014 年 6 月 2 日，大姑姐发现公公穿汗衫背心分不清前后，提出带他到医院检查一下，结果一纸体检报告惊呆了全家人：直肠癌晚期，新发＋陈旧性脑梗死。随即公公住院，在脑系内科治疗 18 天后，脑梗死症状有所好转。

在公公没有查出病的时候，每天做三顿饭，自己行走，虽然动作慢腾腾的，但生活完全能自理。住院后，他的日常生活节奏被打乱了，在肉体和精神上都承受着巨大的痛苦。全家人正常的生活节奏也跟着被彻底打乱了，住院期间，我们每天要送三顿饭，兄妹几人轮流陪床。公公的病情和诊断治疗方案的讨论和定夺，因涉及"癌症"，所以要不要告诉公公，这成为当时困扰我们的问题。

医生说："老爷子的脑梗死治疗有好转。直肠癌已经是晚期，在医院治疗没有什么好的办法，我们考虑最多还有半年的时间，可以给老爷子准备后事了……"

当时，全家人都蒙了，从情感上真是难以接受……

公公来医院检查时还能走，出院时已完全不能自理了。因为我是学护理的，最能明白医生的意思，我就和我爱人的姐妹们商量，想给公公解释一下病情，我们需要保持着与疾病共生的态度，尽可能平静度日，好好地照护。全家兄妹姐弟6人统一意见后，我们就出院回家了。

就算医生说公公只剩下6个月的寿命，但如果情况好的话，也许还可以再活上两三年呢！于是全家决定从那天开始，要让公公过上不留遗憾的日子。如果可以一直活下去的话，那就一起创造奇迹吧。

出院后760多天的日夜守护

回家后，我们慢慢地给公公透露病情，最大的好处是可以让他理解未来可能发生在他身体上的症状，早早地做好面对这些症状的心理准备，也可以预先安排他自己在不久的将来离开的事情，起码可以早做打算。

因为担心婆婆知道了公公病情的严重程度可能接受不了，她若是病倒了，就会更麻烦，所以我们一直没有告诉婆婆。她总是到公公的床边，拉着他的手说："你快好起来吧，咱们一起出去遛弯儿。"婆婆不知道疾病的严重程度，每天都对生活有期盼。

公公回家后，全家人就开始了两年多的爱与陪伴的生活：每天早上起床后首先给公公活动全身，按摩胳膊和腿脚，特别是不受公公支配的左腿，通过拉拽、屈伸，充分活动开。在这个过程中，公公的神志清醒了，精神愉悦了。再让公公解完小便（如果有大便的话，这时一并解决），穿好纸尿裤，然后穿好衣服鞋袜，双脚踏住地面（让公公有安全感），扶助公公坐到轮椅上，背后及身体两侧要有大小数个靠垫儿，坐好坐正坐稳了，再开始洗手、洗脸、漱口、戴上假牙，带上吃饭用的围裙（须征得公公的同意），打开轮椅上自带的小桌子，准备好饭菜。公公眼睛看不太清（脑梗死导致的），左手麻痹，右手拿筷子（或者勺子）自己用餐，有时右手不是很稳，会掉饭菜渣渣，但是只要他能够自己吃饭喝水，我们就会让他自己吃饭喝水。这些事让公公有自己吃饭的感觉，尊严感和成就感油然而生。

公公从住院后就不能下床行走了，大小便也不能自理，对公公来说，这场疾病完全改变了他的生活作息，焦虑、恐惧、不安的情绪逐渐增长，脾气也变得很暴躁。公公一生精明智慧，办事追求完美，工作优秀，处处考虑别人，从不伤害人；在家庭中是一家的"主心骨"……

可是现在，公公突然变成了病人，家庭每一位成员都在试着接受家里有一位生活不能自理、脾气暴躁的病人，全家人的情绪都被这种状态左右着……

但是，孝养父母是儿女们义不容辞的责任，大家都用爱心、耐心、恒心去体会公公的艰难，尽量给他增添一些生活的乐趣。公公一生爱好京剧，姐夫就用MP3把传统京剧、现代京剧的经典唱段下载好放给他听，还时不时地跟他对唱一段，逗他开心。在陪伴过程中用科学的方法进行护理，减少他的痛苦：及时帮他解决大小便；每两个小时为他翻身；按时洗头擦身。洗头时让他横躺在床上，头露在床外，一人扶着肩膀、脖颈，另一人洗头，尽量让他舒适，擦洗身体后，再给他涂一些润肤乳以减少瘙痒。在公公卧床两年多的时间里，公公皮肤完整，没有发生过褥疮……

但是，公公由于疾病的折磨，白天和晚上都睡眠很少。在陪伴公公走过生命最后日子的过程中，全家人都经受着心理、情感、精神、社会关系和身体上的消耗，真是不容易……

大姑姐是公公的大女儿，她原本身体健康、性格开朗、精力充沛，退休后就承担了从周一到周五全天照顾公公的主要任务。由于长期照顾公公的劳累,她开始变得情绪急躁,呼吸急促,血压不稳,感觉好像有甲状腺功能亢进症状,到医院进行了全身检查,没有发现器质性病变,只是照护者的"身心俱疲综合征"。我们担心大姐累坏了身体,让她周末休息两天。

我和爱人(平日都有工作)所有的周末时间都用来照顾公公,以确保全家人都有一个"喘息"的机会,保持体力,换换心情,便于我们能够坚持更长时间照顾公公。

我爱人是公公唯一的儿子,他也是身体健康、性格开朗、精力充沛。他由于陪护父亲,长时间处于一种浅睡眠的状态,极度缺乏休息,又因为焦虑、恐惧、抑郁等复杂的情绪交替,身体变得很虚弱,出现不明原因的全身荨麻疹,全身瘙痒,皮肤的疾病更加重了睡眠问题,非常痛苦。为此,我们到处求医问药,大小医院的药、大小诊所的偏方,外用药、口服药、输液、温泉泡浴等都用遍了,但皮肤瘙痒问题还是时好时坏,这个问题持续了将近两年。公公离世后,爱人的全身皮肤瘙痒症才逐渐消失直至痊愈。

2016年,两个女儿大学毕业前,特意从新加坡请假回家看望公公,给爷爷过"八十大寿"。孩子们回来看见爷爷的现状,不能接受平日温暖智慧、爱说爱笑的爷爷变成长期卧床不起的病人的现实。她们哭了,哭得很伤心,从小学到高中都是爷爷给她们做饭吃,现在爷爷不仅不能做饭了,甚至吃饭都需要人喂。她俩细心地给爷爷一口一口地喂饭,小时候都是被爷爷照顾,现在终于可以给爷爷服务了。除了喂饭以外,她们还主动承担起给爷爷擦脸、梳头、按摩等工作。在爷爷生日那天,她俩一起去给爷爷买菜、订蛋糕、做寿桃、打扫卫生、布置生日宴的房间,之后回家做晚餐为爷爷过寿。

晚上,孩子们托着蛋糕放到餐桌上,一根一根点燃蜡烛,每点一根都会送给爷爷一句祝福。当80根蜡烛一一被点燃,当对爷爷的祝福一一被送出,当生日歌被孩子们边拍手边缓缓唱起,所有的人包括爷爷也跟着拍手在唱:"祝你生日快乐,祝你生日快乐,祝你生日快乐,祝你生日快乐……"爷爷感动得流下了眼泪,孩子们紧紧地拥抱着爷爷,对他说:"爷爷,谢谢您,我爱您,祝您生日快乐……"

公公疼爱地用手抚摸着她们的头,就像她俩小的时候一样。

公公说:"我的孩子们,谢谢你们,我爱你们……"

说着,公公老泪纵横,呜呜地哭出声来,像一个受了委屈的孩子……

我们依次拥抱了公公,一一表达了对公公的爱与祝福,时间就在这份温暖中滑过我们每个人的生命,爱就这样定格在我们每个人的心中。

随着时间的推移,肿瘤恶化、脑梗死症状加重、老年认知障碍症状加剧,公公的意识已经不很清楚了。他白天睡觉,夜里清醒,经常说"阳台上有人",我们必须每天夜里陪他聊天,时间长了,全家人身心俱疲,都熬不住了……

这是典型的临终病患的作息日夜颠倒综合征,照护起来非常辛苦。

最后的陪伴

在公公偶尔清醒的时候,我们问公公有什么心愿需要帮他去完成,公公说:"现在是我这一生中最幸福的时光了,全家人都对我很好,我真的很开心,很满足,没有什么心愿没实现了。"

关于公公的身后事,我们全家人都不敢开口:临终时刻还去不去医院?有呼吸方面的症状还抢救吗?骨灰安放在老家,还是在市里买墓地?……

疾病后期的公公从早上到下午就是迷迷糊糊地睡觉,有时中午吃饭的时候都困得抬不起头来,简单吃一点儿就又睡下了,傍晚开始神志变得清楚些,开始不睡觉了,得有人陪着说话……

终于有一天,我爱人鼓起勇气,和公公谈身后事。

公公说:"如果可能的话,临终不去医院,死后回老家,那里有爹娘在,要守在爹娘身边。"我爱人答应他一定满足他最后的心愿。在明确这些事情之后,公公反而开心度日,情绪也好多了,全家人都放下了之前的包袱,一起面对那不可避免的临终……

日子一天一天地过着,公公的身体每况愈下,他消瘦了很多,也没有力气了。大概在他去世前两周,公公开始总是要求拉着家人的手,拉着手他就能安稳地睡觉,也许是源于对死亡的恐惧吧。

我跟婆婆说:"妈妈,您不要做什么其他的事情了,没事多在爸爸身边陪伴他,拉着他的手,他还能听见,说一些你们共同经历的事,他爱听的事,也夸夸他,让他高兴,这样他就能安稳地入睡……"

2016年7月14日晚上10点开始,公公睁着眼睛、呼吸急促、鼾声特别大、喉鸣、四肢发凉、全身冷汗,我们预感到公公可能要离开我们了。怎么和公公做最后的道别,这是一个非常重要且必要的过程。我们全家集中围坐在公公身边,准备和公公道谢、道爱、道歉、道别,有人拉着公公的手,有人抚摸着公公的前额或身体。

我们兄妹几人与公公平静道别,说:"爸爸,对不起,因为我们之前不懂事,惹您生了好多气,让您受了好多累,爸爸,对不起!谢谢您培养了我们,为了这个家,您操劳了一辈子,谢谢您!您放心地走吧,向着光明的地方去,那个地方没有痛苦。我们做子女的做得不好、不对的地方,也请您原谅我们,不要担心我们,我们会按照您的教导好好生活的,我们永远爱您。"

之后,我们几个兄妹排着队,在公公耳边说些话,看着公公的呼吸慢慢地平静下来。姐姐、姐夫说完,轮到我爱人说道别话的时候,他不肯去说,在我们的劝说下,他犹豫了好大一会儿才缓缓走过去,拉着公公的手,我猜想应该是他害怕他一说完,公公就会离开吧。

我爱人说:"爸爸,谢谢您为这个家的付出,我要学习您的品格:遇事

沉稳,有主见,不辞辛苦,您的厨艺是最棒的,您这辈子任劳任怨地为我们做饭,孙女们最爱吃您做的肉饼了……"

停顿了一下,我爱人接着平静地说:"爸爸,您放心吧,我们会好好照顾妈妈的,我们爱您,也爱妈妈……"

公公的呼吸变得更平缓了……

最后,是我婆婆与公公告别。

婆婆轻轻地拉着公公的手,做了个深呼吸,含着泪说:"老头子,咱们从结婚起共同生活了56年,风风雨雨的都过来了,苦日子都结束了,儿女们都结婚成家了,日子过得都不错,孩子们都挺孝顺的,孙男嫡女都很优秀,我身体也挺好的,你放心地走吧,别惦记我,放心地走吧、走吧、走吧……"

这个过程更多的是让我们默默地、平静地接受一个生命即将来临的死亡,用心去呵护,用爱去告别,用生命去陪伴……

婆婆说完最后一句话,我们看见公公的眼睛慢慢地闭上了,咽下了最后一口气,公公就这样在安详和圆满的氛围中离开了……

我们全家陪伴公公走过了760多天,亲身经历了公公患病、治疗、护理、与疾病共存共生及最终去世的全过程,亲历了全家人的体力、情感、心理和精神的变化。在全家人的爱与陪伴下,公公的寿命奇迹般地比医生的预期延长了600多天,并最终安详地离世,这也许就是咱们中国人世世代代所追求的安详无痛苦的善终吧。

【点评】

这是一个完整叙述陪伴重症、临终老人直至临终全过程的案例,时间跨度760多天,作者细腻地描写了全家照顾老人过程中所经历的酸甜苦辣,以及在这个过程中带给包括老人在内的每一个生命的成长。

本案例应用了用心倾听、祥和注视、音乐沟通、抚触沟通、零极限、同频共振等心灵呵护技术，主要应用了生命陪伴生命、生命影响生命的陪伴方法，最后全家应用了"四道人生"与逝者告别，并在宁静祥和中陪伴老人走完他生命的最后一程。

在为老人过生日的部分，作者将音乐沟通、动态沟通、祥和注视、用心倾听、同频共振等技术进行了联合应用。本案例不仅在心灵呵护技术、陪伴方法上对我们有所启发，而且在如何陪伴重症、临终老人宁静祥和地走完生命最后一程方面也给我们带来了参考。

不朽的孔琴师

方树功

孔先生在北京香山一家养老院住了很多年了,老人们平时在院子里聊天都喜欢穿文化衫或休闲服,孔先生一直穿中山装,冬天会外加一件羽绒服。孔先生不爱说话,也不喜欢串门聊天,每天除了去香山溜达一圈和一日三餐外,基本都在自己卧室里看书休息。

孔先生个子不高,不到一米七,体态均匀,70多岁了,走路非常平稳缓慢,有时时在散步的感觉。他戴一副黑色宽边的玻璃近视眼镜,面部从来没有什么特殊的表情,非常平静,好像从来没有让他烦恼和高兴的事。听说他退休前是京剧界知名的琴师,大家尊称他为孔琴师。

记得护理部主任告诉我孔琴师身体状况已经非常不好了,希望义工们好好陪伴他,但是孔琴师从来不和人深度交流,他又不让把他身体状况告诉他的孩子们,他要一个人独自行走在生命最后的路上。

我来到孔琴师住的房间,那是个9平方米的单独卧室,收拾得非常整洁。

当时,孔琴师已经不能独立行走了,还是穿着中山装和西裤,坐在床边的椅子上,背靠着椅子背,一手扶着床,一手扶着旁边的书桌,说话非常费力,但还是非常平静地、缓缓地问道:"你来做什么?"

"孔琴师，我是义工，听说您是著名的京剧琴师，我慕名来拜访！"我接着他的话说。

"你懂京剧吗？"孔琴师问道。

"我不懂京剧，而且我也不懂琴。"我马上回应说，"但是我想了解，因为了解京剧艺术的人越来越少了！"

孔琴师愣愣地看了我几秒钟，仿佛在思索我说话背后的含意和诉求。

他艰难地用手指指书桌简易书架上的一本书，那本书用牛皮纸包了一层书皮，放在书架最上层的左边的位置，应该是他最钟爱的一本书。

我让护理员帮我把书拿到孔琴师的面前，他小心翼翼地把书皮上的尘土用手掸了掸，把书皮拆掉，递给我。

我小心翼翼地接过来，随手翻看起来，这是一本写京剧琴技的职业书籍，很厚。书里有图有文字，详细描述了京剧琴的发展历史、制作和使用方法等。我静静地一边翻阅着孔琴师的书，一边听着他的讲述。

孔琴师缓缓地给我叙述他从小学琴和制琴的经历，在他50多岁的时候，他把所有的经验和方法进行了汇总，出版了这本专著。

"也许现在干这个专业的人越来越少了，大家都挣钱去了。"孔琴师说，"但是随着物质生活越来越丰富，未来必然有人要做这个艺术的，我这本书可以让他们很快学会这些方法和技能。"

他又让护理员把书架上的相册拿过来，他一边翻看着相册，一边告诉我他曾经帮助了很多京剧名角成名，一边告诉我他们京剧团几十年里边演出的剧目，以及给广大老百姓带来的艺术享受和欢乐。

回顾自己曾经帮助过的人、拉过的曲儿、做过的事，还有自己心血凝聚成的专业书籍，孔琴师非常欣慰。

"有人说我快死了，好像是真的。"他看着我，非常平静地说，"但是我是不会死的。因为这本专业书籍就是我的生命，它会陪伴京剧艺术爱好者走入艺术的殿堂，我会永远和他们在一起……"

"我帮助了很多京剧名角，几十年的京剧演出，我感到非常自豪和骄傲，我这一生值了。"孔琴师深深地舒了口气补充道。

我宁静祥和地看着孔琴师的眼睛，发现在高度近视镜片后面的孔琴师的眼睛也在宁静祥和地凝视着我。

我默默地注视着他的眼睛，手深情地抚摸着他的专著，感觉这本书仿佛也是他的眼睛，在静静地看着未来的我们，看着所有的生命……

也许这就是孔琴师所说的不朽的生命和生命的不朽吧。

【点评】

死亡是什么？也许每个人都会有不一样的理解和认知。文章的主人公孔琴师，他的生命已经走到了末端，他对生命的认知是他已经将生命全部凝聚在他的作品里，他肉体的生命也许会消亡，但他的作品以及对京剧事业的爱却以另一种形式延续着他的生命。在他的世界里，他以这样的方式完成了自己生命的不朽，不朽的不是身体，而是他的精神与所爱的事业。

每个人对死亡的认识都不尽相同，重要的不在于那份不同，而在于对每一个生命个体而言，他对死亡的认知是否自洽，自洽就好。本文作者应用了祥和注视、用心倾听、同频共振等心灵呵护技术，应用了生命陪伴生命、生命影响生命的陪伴方法，在陪伴中我们看见了生命在某种意义上的不朽。

生命唤醒生命

面对死亡，每一位老人的反应和应对模式都是不一样的。有些老人思维一直很清晰，同时特别希望超越自己对死亡的认知。我们每一个人对死亡都有自己的认知，这些认知没有对和错，关键在于是否自洽。

当一位老人想去超越对死亡认知的时候，陪伴者要勇于对自己说：我对死亡一无所知，我唯一知道的是我一无所知，同时坚信答案就在问题里。然后，我们怀着好奇心和老人一起探索他对死亡的认知，提供不同的时间、空间和角度去看见死亡，去探索我们对死亡新的认知……在这种视角和面向未来死亡的碰撞中，我们会看见自己对死亡认知的边界，同时为老人提供某种超越对死亡认知的可能性。在这种平等宁静的氛围里，老人比较容易通过不同角度看见自己对死亡认知的局限，从而具备了超越或解构对死亡的旧有认知，同时重构对死亡新的认知的可能性。

当然，在这个过程中，我们陪伴者是最大的受益者，因为在协助老人看见他自己认知边界的过程中，我们也看见了自己的认知边界，老人对世界及死亡的新的认知也会唤醒陪伴者对世界及死亡的新认知。

陪伴者就像一位思想的访客，静悄悄地叩响老人的思想之门，老人接

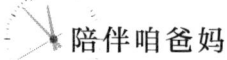

纳我们，接待我们，然后拉住我们的手去经验他的思想世界，我们在老人的思想花园里漫步，跟随老人的表达，从不同角度"看见"老人自己认知的表达，"看见"自己认知局限和问题背后的原因，这种陪伴生命的方法称为生命唤醒生命。

原来弥陀念弥陀

方树功

去温州的火车上,坐在我过道旁边的一位老爷子不停地大声说话,对着不认识的人不停地大声说:"没有孙中山就没有新中国,没有毛泽东就没有新中国,没有邓小平就没有富强的新中国,没有习近平就没有中国梦!"列车员好几次来劝他低声点,但老爷子依然我行我素。

我看老人帽子歪歪地戴着,头部明显左右大小不一样,左腿非常细,右腿很粗,只能直直地伸展着。脸部消瘦,眼睛眯成一条缝,看不见他的眼球。夏天穿着一件冲锋衣,棉袄放在一个小布兜里,扔在脚下。

"老爷子,您声音洪亮,身体不错啊?!"我跟老人搭讪。

"还不错,84岁了。我家住北京市海淀区定慧寺旁边。"老爷子非常自豪地告诉我。

"太棒了,我住在五棵松航天部大院。"没想到大爷和我的住房就差一站地。

"就在我家旁边。"老爷子一下子就信任了我,接着对我说,"我的姓名记不清了,大伙叫我老炮儿。我喜欢说话,可是没有人听我说话,今天我实在憋不住了,就一个人离开家去雁荡山游玩,拜拜山,找人说说话。"

在北京,外号叫老炮儿的人,一般指的是在社会江湖上有点影响力的

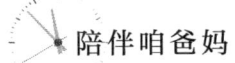

人。我静静地看着他,听着老炮儿高亢的声音。很多旅客扭过头来,用目光想阻止他的高音,老炮儿没有任何感觉,开始旁若无人地、滔滔不绝地给我讲起他的"光荣历史"。

"我年轻的时候特别虎,什么都不怕,什么都敢干。一不小心出了个工伤,头部和腿被砸伤了,捡回一条命后,头部小脑严重萎缩,听不清,也理解不了很多人说的话,我的话一开说就控制不了,停不下来。右腿夏天还要穿秋裤带护膝,打不了弯。"他继续大声地介绍自己,"30年前我就退休了,一直在做公益,组织各种活动,还去寺庙帮忙,就没有停过。今天,我感觉自己的时间不多了,就给自己买了一张火车票,去温州爬爬雁荡山。害怕老婆和孩子们阻拦,就没有告诉他们,到晚上再告诉他们……"

我看老人一会儿很明白,一会儿思维不是很清晰,而且他是离家出走的,家人都不知道,这其实非常危险。于是,我就利用上厕所的机会对列车长说了这个情况。列车长虽然是个年轻人,但经验很丰富,她让列车员来查这个车厢的票,很快就查到老人的相关信息,与其家人取得了联系。

我回到座位上,老炮儿睥睨而视,大声喊道:"您是个好人。我快要死了,给我一个开示呗!"

老炮儿声音太大了,车厢里边很多人回头看我们,我特别尴尬。

我压低声音在老炮儿耳边说道:"我也没死过,能给您开什么示?"

"您受过工伤,身体状态不好,但是活到84岁,有什么秘诀?"灵机一动,我反问老炮儿。

老炮儿突然更加精神了,非常利索地搂住我的脖子,冲着我的耳朵大声喊叫,好像在说什么天大的秘密——但其实整个车厢的人估计全听到了。

"我年轻的时候,有一次给黄念祖老先生打扫卫生,看到老先生书桌上有一个纸片,像佛像一样地供养着,看起来老先生对这张纸片非常重视。我就偷偷地把上面的字背了下来，几十年天天按此秘法修炼，无有恐惧，时时化险为夷，想死都死不了，哈哈哈……"老炮儿的话太勾人好奇心了。

"老炮儿，赶紧告诉我纸片上的内容吧！"我急不可耐地问他。

老炮儿压低声音，在我耳边嘀咕了四句话：

弥陀教我念弥陀

口念弥陀听弥陀

弥陀弥陀直念去

原来弥陀念弥陀

我拍腿叫绝，立刻回应老炮儿四句话：

老炮教我念老炮

口念老炮听老炮

老炮老炮执念去

原来老炮念老炮

我在手机上把我说的"执念去"打出来，放大给老炮儿看。

老炮儿两眼发光，冲着我不停地喊："师兄！师兄！师兄！"

我们抱在了一起，我感觉他像我的祖父，也像我的大哥，更像是一起修行几世的师兄。

这时，我冲着老炮儿轻声低语道："不昧死亡！"

【点评】

本案例是一个生命唤醒生命的经典案例。文章开头引人入胜，开篇描写了一个甚至不记得自己的名字，同时肢体及听力残疾、小脑萎缩几十年的老人"老炮儿"，可以活到84岁，这让我们好奇他是如何做到的。作者通过发现对方的闪光点的方式开始了与"老炮儿"的陪伴，之后以"您受过工伤，身体状态不好，但是活到84岁，有什么秘诀？"进一步展开，随即"老炮儿"谈到了生死及他对生死的认知。当"老炮儿"说到"弥陀弥陀直念去"的时候，作者当下以同音的三个字"执念去"敏锐地给到对方，那一刻，仿佛一记禅杖打到对方，引发了对方生命当下的顿悟。面对两眼放光的"老炮儿"，作者的一句"不昧生死"完成了他们彼此生命的印证与唤醒。

这是一个典型且深刻的生命唤醒生命的陪伴故事，作者看似在陪伴一个在公共场合说话停不下来的，高谈阔论让人很烦的老爷子，其实他们是在用生命唤醒着彼此，是他们生命的共同成长和超越：不着执念，不昧生死，不是兄弟，亦是兄弟……

爱，永不"乌龙"

张盼盼

我虽然从小生长在农村，但因为是家里的独女，从小被娇惯，没什么特长，也没经历过什么，单纯的我甚至从来没想过有一天父母会老，会离开……

父亲的生病让我看见对死亡的恐惧

从 2015 年开始，我对父母的离开、对死亡开始有了概念，有了恐惧，原因是父亲被诊断为严重的心脏病，而且不能下支架，也不能做手术，只能靠药物维持，而且随时可能有生命危险。那几年，为了控制父亲的病情，我经常陪他去医院打点滴，但也只是缓解，根本没法治愈。那段时间，死亡的阴影仿佛随时可以吞没我——我常常看见父亲在各种状况下突发心绞痛：在吃饭的时候、走路的时候，甚至半夜睡觉的时候，心绞痛说来就来，痛到父亲无法动弹……

每当这个时候，我看着父亲都特别心疼，真希望自己能够替他受罪。当然，陪伴父亲的日子也并不都是心疼和恐惧的。

记得有一次父亲住院，那天天气很热，父亲胖，出汗又多，护士扎针本来就不好扎，再加之他脾气不好，还不配合，一直乱动，汗水让胶带总掉，吊针总是需要重新打，最后医生对他大批特批了一顿，那才老实。出院回家后和他回忆起来，他还笑，真是个让人哭笑不得、又气又爱的"老小孩"。

在得了心脏病之后，父亲总是害怕自己离开的时候会痛苦，害怕自己孤孤单单地走，身边没人陪伴。他总和我说这些，但我也不知道该如何回答。从那以后的几年里，我心里总会隐隐有种莫名的恐惧：如果有一天，父亲真的要离开，那时候我该如何陪伴他？如果有一天，父亲真的已经离开了，我又该怎么办？

对于死亡，我非常恐惧，我从来没参加过任何人的葬礼，没见过人去世时的样子，对于死亡及与死亡相关的一切，我一无所知，内心只有无边的恐惧，而且随着父亲病情的加重，这种恐惧在不断地弥散开来。

2018年我加入了十方缘，开始走进养老院陪伴老人。持续践行爱与陪伴服务的过程，让我逐渐成长，让我有勇气不断地了解死亡、认识死亡、面对死亡、接纳死亡。我的心也慢慢地安静了下来，逐渐学会了如何去陪伴生命。之后，无论父亲和我聊什么，我都能应对。在不知不觉间，我内心因死亡带来的那份恐惧也在慢慢地减弱。

2020年9月，我亲爱的父亲去世。虽然我很伤心，但已经能够坚强地面对了，后事料理得也比较顺利。在这个过程中，女儿的成长让我很震惊，在我情绪最低落的时候，给予我最大支持与陪伴的竟然是她——我10岁的女儿。

记得当时女儿跟我说："妈妈，还是用我的钱给姥爷办后事吧，我知道他去另一个地方了，和您一起在十方缘学习，我知道人都会有离开的一天，我要和您一起面对。"

那时候女儿10岁，她从8岁开始和我一起参加十方缘的学习和服务活动，但我感觉她啥也不懂，就是去玩的：我们服务集合时，女儿和其他的孩子负责发义工服和督促签到；在我们学习"十八条"的时候，女儿在旁边画画；我们的分享环节，女儿负责护场，大一点后负责照相；我们服务结束后，女儿负责收义工服和整理用物。我从没想过她会在潜移默化中能够受到什么影响，直到我父亲去世时女儿所有的表现，才让我感受到十方缘文化对孩子深刻的影响。为此，我从心里感恩十方缘给我们娘俩生命带来的力量与成长。

在母亲疾病的"乌龙"中超越对死亡的恐惧

说起陪伴家人，我总是觉得陪伴母亲的时间最少。父亲生病的这几年，我都是把心思放在父亲身上，从来就没想过平时连一片药都没吃过的母亲也会生病。

2021年12月，母亲突然生病了。当时带她去两家医院检查，最终确诊喉癌，医生建议住院手术。

父亲刚刚去世，突然又面对母亲被确诊为癌症，当时我感觉天旋地转，一下没了主意。当我看见母亲一次次做喉镜检查的痛苦时，当我发现母亲已经感觉到自己和别人的病不一样时，当医生直接留母亲住院做手术时，我和母亲同时有了某种极其不祥的预感。于是，我和母亲俩人坐在医院走廊的椅子上，有了生命中第一次心灵对话。

虽然叫"对话"，但其实我们之间只有三句语言的交流，其他的都是无声的陪伴。

那天，我安静地陪着母亲坐在走廊的椅子上，原本嘈杂的候诊区仿佛顷刻间寂静了下来——那是一种出奇的静，静得仿佛一根针掉到地上都能被听见，那是我这一生第一次感受到的深深的静。

我就在这份静中静静地看着母亲，看着泪水从她那布满皱纹的眼角静静地流下来，看着她的嘴角不停地微微抽动，仿佛欲言又止……

我就这样静静地陪着她，明知道她会说什么，我只是这样静静地陪着她，无论她说或不说，无论她说什么，也无论她怎么说，我都允许，我都愿意这样静静地陪伴着她。

这样的沉默过了许久，母亲开始喃喃自语道："盼盼呀，你知道吗，我很多年前算过卦，先生说我活不过70岁，我当时还不信，说他是骗钱的。"

母亲边说，边大颗大颗地往下掉眼泪。

母亲一直是个坚强的人，这是我平生第一次看见她掉眼泪。

她接着说："我今年69岁，看来那个先生真的没骗人，是我当年错怪了他……"

我原本平静的内心被母亲的话突然触动了，我感受到自己心中那貌似早已痊愈的对死亡的恐惧被全然激活，我突然有点恍惚，言不由衷地说："妈妈，您净自己吓唬自己，其实您就是有个囊肿长得不是地方，手术完就没事了……"

我嘴上对母亲说着连自己都不信的谎话，我感受到自己的心又一次被曾经的那种对死亡的极度的恐惧充满着，虽然我告诉自己要镇静，但那种强大而无边的恐惧仍然像潮水一样，一波一波地袭来……

我相信那一刻，母亲也同样充满了恐惧。

就在那个当下，我突然想起了十方缘的"三不"，于是在心里不停地默念：不分析、不评判、不下定义……

我就这样陪伴着母亲，她没有再说话，只是无声地落泪，而我，就这样一边静静地经历着内心不断袭来的恐惧，一边静静地陪伴着母亲，一边同频着母亲的呼吸，一边"三不"着这一切……

因为这次手术要做全喉切除，这意味着术后母亲可能再也不能说话了，需要借助电子喉发声，我觉得母亲是接受不了的。医生告诉我说，这个手术必须本人同意并签字才可以进行，如果接受不了术后不能说话的状况，这个手术医生是不给做的。

隐忍着对死亡以及对手术之后性格开朗、爱说话的母亲可能无法发声的巨大的双重恐惧，我一直安慰着母亲。回家后，大家也都来陪伴母亲，感觉她的情绪似乎好些了。我和表哥、表姐商量后，做好了母亲的思想工作，为了尽量延长母亲的生命时长，全家决定让母亲住院做术前准备。

在陪着母亲等术前检查结果的六天里，我发现母亲的头发竟然一夜间全都愁白了。为了减轻母亲的焦虑，我陪伴母亲聊起很多关于父亲的往事，有时也会陪着她去看别的病人手术后恢复的情况。本想让我俩有个心理准备的，但当我们看完其他病友的术后恢复情况后，我们就更焦虑了——因为每一位手术完的病人都再也说不了话了，他们都用手势告诉我们千万不要手术……

我回来后焦虑到无法入睡：对于喉癌患者，如果不做手术，可能几个月就会死；如果做了手术，会不会复发还不确定，但术后有可能再也不能说话了。当生死抉择的问题再一次被推到我面前的时候，对于死亡的巨大恐惧顷刻间再一次吞噬了我……

母亲显然已经没有能力自己做出抉择了，因为那关系到她自己的生命，而我也很难做出抉择：是选择不做手术高品质地活着，活到哪天算哪天？还是选择面对各种手术风险、愈后风险、复发风险以及术后可能无法说话的现实，最终低品质地活着呢？对于生命而言，是长度重要，还是品质重要呢？对于死亡而言，我们终将一死，我们该选择潇洒地活好每一天，最后无憾地赴死呢？还是选择痛苦地活着，只为延长生命的长度呢？父亲刚走，如果母亲也离开了，我该怎么办？我被巨大而可怕的恐惧搅动着，几近崩溃……

这时候，方树功老师曾经分享过的那个启迪过他生命做出重大选择的声音突然萦绕在我的耳边："你把耳朵放下，去听有没有没有声音的声音？"

我当下灵光一闪，突然恍然大悟：也许生命根本无须选择！无论生

死，它自有定数，所有的选择，也许都是庸人自扰，当下即是……

我惊喜地突然拽住母亲的手，问："妈妈，关于这个手术，您怎么想？"

听见我的突然一问，母亲愣了一会儿，她想了想，叹了口气，含着泪说："我害怕手术，很怕！我怕再也说不了话了……"

"您觉得是活着的天数重要，还是活着的质量重要呢？"

"那当然是质量了！"母亲不由分说。

就在那一刻，母亲突然眼睛一亮，一拍大腿，说："盼盼呀，妈突然明白了！这个手术咱不做了，这手术我坚决不做了。我宁可死，也不能活得生不如死，我宁可好好地活10天，也不能生不如死地活10年！"

听了母亲的顿悟，我又惊又喜，所有的生命都是具足智慧的：我的母亲是一位没有读过多少书的农村老人，对于她的病，她其实并不明确地知道实情，她起初还有点怀疑，但后来她貌似根本不想知道；对于生命，她的质朴让她的一生简单而快乐；对于死亡，她经历过一些，但她认为那是正常的事，也没有见她大悲大泣过。在父亲离开的时候，我曾经问过母亲是否害怕，她说："那有啥怕的，反正都得死，活着就敞亮地活，该走了，那就乐呵地走呗，这都正常……"

想到母亲的这一字一句，连接着母亲的一点一滴，看见母亲的一哭一笑，在陪伴了母亲30多年后的今天，我突然感受到自己方才真正读懂了母亲。于是，我紧紧地拉着母亲的手，在这个对我们娘俩来说注定会不一样的夜晚，坚定地对母亲说："妈妈，我终于读懂您了！不管您做出什么选择，我都尊重和支持您……"

母亲的泪，又一次夺眶而出，但这一次是笑着流的泪——这是她这一周以来唯一的一次笑，虽然是哭着的笑，但我能感受到母亲在落泪背后的那份来自生命笃定的力量。我激动地和母亲相拥而泣，我俩哭得很大声，哭得也很痛快，因为我们的心在笑。我们感受到彼此都已经成功地超越了各自对死亡的恐惧，这是透过疾病，我们收获的最大礼物。

爱，永不"乌龙"

天亮后，母亲的体检结果刚好出来了，因为母亲有严重的心脏病，不具备手术条件，我们被告知手术排期取消。

这貌似是个坏消息，但我和母亲反而都非常开心，我拥抱着母亲并祝福她，她也如释重负地笑了起来，身旁是诧异的医生和病友……

母亲住院时候嗓子的沙哑从那以后仿佛不药而愈了，她开始跟正常人一样说话自如了，声音也貌似更加好听了。

那段时间，还有亲人反对我不给母亲做手术的决定，但医生下的重度手术禁忌证的诊断，意味着如果母亲做这个手术，就存在下不了手术台的风险。我感觉正是这个诊断反而从死亡及道德的边缘挽救了我和母亲。

与术后没有质量地活着相比，其实我更希望母亲能够高品质地活着，最终能宁静祥和地离开，哪怕是以可能随时面对死亡为代价，我也是愿意的。我不知道这是不是一种向死而生的决定，但我知道我和母亲都非常开心，因为这是我们共同的选择，更是我们共同的"被选择"——因为诊断证明天作之合地支持了我们，我们就这样喜悦地出院回家了。

从出院至今已经两年多了，母亲的身体反而变得越来越好，心情也好了，嗓子再也没有出现过任何问题。母亲每天都在喜悦中感恩自己"乌龙"般地获得了第二次生命，而我感恩这样的"乌龙"不仅成就了母亲的第二次生命，而且在让我们亲历奇迹的同时，也让我们母女因此意外地超越了对死亡的恐惧。

在这次因为母亲生病的陪伴中，我感受到我与母亲的生命都发生了巨大的改变。之前每次回家我还会因为几位远房嫂子每天都在我家打麻将而生气，但现在我发现正是她们在我不在家的每一天替我陪伴着我的母亲，看着她们在一起的那种开心的状态，我的心里有说不出的感动与感恩。

之前住院的那六天，我发现母亲老了，那时看见她一夜愁白的头发，我曾伤心不已，现在的母亲依旧是满头白发，但我看到的是她的健康、喜悦、年轻而美好的生命状态，我感受到了无限的幸福、无限的感动、无限的感恩……

　　感恩十方缘让我们在面对死亡恐惧的过程中有了看见、接纳与超越死亡恐惧的可能性，感恩一切因缘让我在陪伴父母的过程中，一次次面对、一次次超越、一次次遇见更好的自己……

　　也许生命在无常间会有各种"乌龙"的出现，但我坚信：爱，永不"乌龙"。

【点评】

　　这是一篇非常经典的爱与陪伴的案例，其中囊括了老人心灵呵护的三种陪伴方法：生命陪伴生命、生命影响生命、生命唤醒生命。从开始对"死亡"没有概念，到因为父亲生病而不得不面对"死亡"，到接触十方缘后不断面对"死亡"，再到在女儿的陪伴和鼓励下面对父亲的"死亡"，完成了作者对死亡的初步认识和与死亡的"初步和解"。在陪伴父亲的这个部分，作者主要应用的陪伴方法是生命陪伴生命。

　　之后就是母亲被突然诊断为喉癌，让刚刚走出失去父亲阴影的作者再次直面"死亡"，与前次不同的是这一次的恐惧来得更加突然、更加直接，而且更具挑战性——面对需要为母亲做"生死的抉择"，"我"该怎么办？在面临抉择自己生死的时候，我们往往充满了无限的恐惧，当生命中最重要的亲人的生死抉择权被突然赋予在自己手里的时候，又该如何抉择呢？这无疑会给人带来更大的恐惧——在抉择本身之外，无论做出哪种抉择，我们都必须面对在生命层面之外，因为我们的这个抉择所引发的各种后果，它可能来自道德、亲情、伦理等等方面的压力，那也许会给人带来更大的、更持久的恐惧。我们通过这个案例看见，当我们面对死亡方面课题的时候，也许"超越认知"比"解决问题"更有力量，也更究竟。在陪伴母亲的过程中，作者除了用到生命陪伴生命的方法以外，更重要的是在几个关键的陪伴节点上应用了生命影响生命和生命唤醒生命的方法。

爱，永不"乌龙"

本案例应用了祥和注视、用心倾听、同频共振、抚触沟通、同频呼吸等心灵呵护技术，通过陪伴父亲的生病、陪伴母亲生命中的"乌龙"，得到了"也许生命在无常间会有各种'乌龙'的出现，但我坚信：爱，永不'乌龙'"的顿悟。

来自生命的"生命课"

路　喆

曾经以为父亲会一直健康下去,就像他每天挂在嘴边的那句话:"管好你们自己就很好了,我不需要你们管。"我们兄弟几个竟然都信以为真,认为家里真的不需要我们做什么,也从来没考虑过自己能做什么,一切事情父亲都会安排得妥妥的,就像之前几十年中的每一天一样,生命也许可以一直这样平静地重复下去……

父亲病了

直至2010年的一天,看见父亲因为尿毒症及严重的房颤躺在了重症病房的病床上,我们才突然意识到:父亲病了,很严重,而且向来强壮的父亲,竟然已经被病魔折磨得日渐虚弱,几近不能自理,他真的老了……

父亲的尿毒症很严重,需要透析才能活下去,所以父亲几乎每个月都要住院,特别是病重之后更是必须经常住院。曾经以为父亲生病后陪床和照顾是我的责任,我是家里的老大,得给三个弟弟做榜样,这是应该做的,更是必须要做的,我曾经一度以为这就是为父亲"尽孝"。

2011年的深秋父亲又住院了，正赶上我休长假，我在父亲病床前连续陪伴了20天，这20天的陪伴完全颠覆了我对父亲40多年来的认识以及对孝道、对生命的认知。

在过去的40多年里，我认为父亲是一个沉默寡言的人，但通过陪床，我发现父亲竟然特别喜欢讲过去的事情，而且是反反复复地讲。他讲得最多的一件事就是我小的时候，大概有两三岁吧，他在煤矿上班，我在老家跟爷爷生活。每次他回老家看我，我一见到他，吓得掉头就跑，跑着去找爷爷。父亲就在后面喊："老大呀，你别跑！我是你爸爸，我是爸爸呀！"但无论父亲在后面怎么喊，我都不理，连头也不回，直直地往爷爷家跑。

每次听到这里，我都觉得特别有意思，于是，他总是讲了一遍又一遍。我每次都认认真真地听，边听边点头，还傻傻地乐。

以前一直觉得父亲是个一心扑在事业上，只顾自己不顾家人，生活上粗枝大叶的人。这次父亲住院已是深秋，有一天突然降温十几摄氏度，外面狂风大作，医院提供的被子又薄又小，那时候还没有空调，暖气也没有送，因为怕父亲着凉，我从家里又拿来了一床被子。我觉得自己身强力壮，所以就搭了个毯子在父亲脚边的折叠床上睡，原本以为这一夜一定会被冻醒，没想到竟暖洋洋地睡了一夜。

第二天早上自然醒来，才发现自己身上不仅盖着那条毯子，还有专门给父亲拿来的厚被子。原来，父亲半夜醒来发现我的毯子掉到地上，就帮我捡起来。当他发现我盖的毯子太薄的时候，就把自己盖的厚被子悄悄地给我盖上，而他老人家竟然裹着病房里的薄被子坐了半宿。听同室病友说，我醒的时候，父亲才刚刚睡下。

于是，我心疼地、轻手轻脚地给父亲盖上厚被，四周压裹严实，坐在父亲床旁，轻轻地给父亲抚触额头，这是他平时最喜欢的。

在父亲住院的时候，我会尽量给父亲打有营养的饭菜，他总是以怕浪费为由把他的饭菜让我吃。刚开始的时候,我实在不想吃,就找各种理由,比如吃饱了或者不喜欢吃来拒绝,其实是嫌父亲脏。但当我真正觉察到这一点的时候,我突然开始痛恨我自己。

从那以后,父亲的饭菜我再也不推脱,而且让吃啥吃啥,还觉得在替父亲帮忙,别把饭菜浪费了。直到有一天午饭后不到4点,父亲的肚子就饿得咕咕叫。我问:"爸爸,您怎么这么早就饿了?是不是中午没吃好?"

父亲随口说了一句:"是呀,中午是红烧肉,我知道你从小就喜欢吃,所以就都留给你了。看你像小时候一样吃饭狼吞虎咽的,你知道我心里有多高兴。"

说着,父亲满眼慈爱地微笑着看着我,脸上的皱纹在夕阳下闪着光。

而我,惭愧地竟然不敢看父亲的眼睛,父亲连我小时候爱吃红烧肉的事情都还记得,为了能让我多吃一口,70多岁的老父亲竟然都没吃饱,而我之前竟然还嫌父亲脏……

我低着头向父亲忏悔了实情,父亲非但没有生气,反而笑着说:"老大呀,我知道你们这些孩子有文化,都讲究,我给你的饭菜是还没吃之前就拨出来的,放心吃吧。傻儿子,爸活这么一大把年纪,哪能连这点事都不懂呀……"说完,父亲笑着像我小时候一样胡噜胡噜我的头,满意地哼起他的小调来。

给父亲洗脚

之前一直想给父亲洗脚,但一直不好意思,当天晚上,我发现父亲心情很好,便感觉机会到了。

终于到了父亲洗脚的时间,我破例端来一大盆温水,父亲关切地说:"老大呀,你端这么多水干吗呀?又浪费,又重,下回少端点哈,我用不了那么多水。你看看,你也快50岁了,还端这么重的东西,可得注意保护腰哈……"

父亲边说，边熟练地脱袜子。我一把把父亲的手拽住，说："爸爸，您今天给我个机会，让儿子来给您洗脚哈。"

父亲一愣，赶紧坚决回绝，说："我能自己洗，不用你管，这点事，我还能自己干，还用不着你呢！"

我蹲在地上，拽着父亲的脚，说："爸爸，我是您的儿子，为父亲您洗脚是我应尽的本分，再说这也是老师布置的作业，您就给儿子个机会吧，您配合一下哈。"

父亲一听说是"作业"，这位70多岁的"老家长"有点不高兴，他嗔怪道："这老师也真是的，干吗要你做这个？！你不用洗，要是老师问起来，我就说你洗过了，那还不行？！"

我说不行，现在的老师要求可严格了。

之后，父亲虽然嘴上还是不同意，但是看我坚持，也就没再说啥，但貌似还是有太多的不情愿和不好意思。

第一次给父亲洗脚。我蹲在父亲脚前，父亲笑着，但能感觉到他老人家的笑与往日不同。我不敢看父亲的脸，因为害怕看见父亲那双含着泪的眼睛……

这时，我突然有了一个感觉——天下所有的父母辛辛苦苦把孩子生下来，从小到大给孩子洗了无数次手和脚，父母任劳任怨、无怨无悔、不求回报，可是等孩子长大了，回过头来，要给自己的父母洗脚的时候，怎么就这么难呢？

当我的手触碰到父亲的脚时，我突然有一种特别的感觉：当我的双手在水里抚触着父亲的双脚，突然，我感受到父亲的笑停止了，他的身子开始微微抽搐。我鼓足勇气，抬头望向父亲的脸，那时，他的泪已经滴落到了水盆里——父亲一生坚强，我就从没有见到过父亲落泪……

但是今天，父亲在儿子面前却哭了，哭得像个受了委屈的孩子。

我也禁不住地掉下泪来……

我跪下来,流着泪,继续为父亲洗脚,仔细地上下揉搓:从脚面到脚心,从脚掌到脚后跟、到脚趾,再到每一个脚趾缝和趾甲,我每搓一下,心里默念一句:"爸爸,谢谢您!我爱您!感恩您……"

那一刻,我突然明白父亲不是不需要儿子的爱,而是这个坚强的、不善表达的男人一直在等,等了那么多年,等了多半辈子……

我流着泪,边搓脚边说:"爸爸,我爱您!是我没有照顾好您,我从来只顾着自己的感受,没有真正感受过您想要的是什么,是我不孝,我错了,爸爸!请您原谅我……"

父亲流着泪,拍着我的肩膀,说:"老大呀,我的儿,你忙好你自己的事,教好你的书,多给国家培养点人才,爸爸就很开心了。我不想成为你们兄弟的负担,我能照顾好自己……"

……

我们爷俩相看泪眼,彼此深情地拥抱。在那间温暖的病房里,虽然没有太多的言语,但我感受到无比的力量。这几乎是一堂无声的课,因为它来自父子俩敞开的、流动的、爱着的心,所以让人无不动容。

那一刻,难道只是父亲在等吗?当然不是。其实我也在等,在等这一堂父子间的"生命课"。从这堂课中,我才开始真正地看见父亲,真正开始懂得了"生命"。

在陪伴父亲从病重到离世的7年时间里,是父亲在病苦中用生命教会了我什么是传承、什么是责任、什么是担当、什么是孝道、什么是爱、什么是陪伴、什么是生命……

感恩父亲!感恩父亲用生命为我上的这堂"生命课"!爸爸,我爱您!

【点评】

本案例是一个发生在父子之间的陪伴故事，从陪床过程中发生的诸如分饭吃、盖被子、洗脚等看起来平常，而且貌似是微不足道的小事，让我们看见了爱在父子两代人之间的流动。"爱是什么""陪伴是什么""爱与陪伴是什么""孝是什么""生命是什么"等，这些看似高大上的概念却在最平凡的小事中得以被看见。

本案例应用了用心倾听、祥和注视、抚触沟通、零极限、同频共振等心灵呵护技术及生命陪伴生命、生命影响生命、生命唤醒生命的陪伴方法。本案例多次应用了抚触沟通，在我们日常应用抚触沟通技术之前需要首先征得老人的同意，在与老人建立起基本的信任关系后，方可尝试应用抚触沟通。在进行每一次陪伴服务之前，一定要清洗好双手并擦干，如果是冬天，要提前把双手焐热到与体温相近的温度，方可对老人进行抚触沟通。另外，抚触的动作须缓慢、有规律、轻缓适度，在做抚触沟通时，陪伴者的表情与状态要自然、亲切、随和。

本文通过描写作者在陪伴过程中对父亲言行的觉察和亲子间的互动，展现了作者被始终处于宁静祥和状态中的父亲一次次陪伴着、一次次感动着、一次次影响着、一次次唤醒着，这是一个陪伴生命喜悦成长的生命故事。

当奶奶的故事再次响起

宋 君

爱讲故事的奶奶的离世特别安详：她最后看了我一眼，最后唤了一声我的名字，接着便沉沉地睡去，就像平时睡着了一样，只是再也唤不醒了，也再没有醒来……

我至亲至爱的奶奶，于2022年9月16日的凌晨，驾鹤西去，与世长辞，享年98岁。

在与奶奶临终前的最后一次见面时，看着眼神黯淡、几近灯枯的奶奶，我把她搂在怀里，轻轻地问："奶奶，您怕死吗？"

奶奶轻柔又利落地回答说："妮呀！奶奶不怕，都活这么大年纪了，该走就走，也该走了。"

那天我离开时，奶奶很不舍，反复用力地捏我的手，一遍遍地抚摸着我的脸，说："以后不要用手机看奶奶（奶奶的意思是指视频见面），那样奶奶摸不着你，心里难受，今天下午奶奶过得真好……"

当时，我的心一紧，抚摸着奶奶的手，说："好的奶奶，以后咱不看视频了，我下回还来看您哈，我还得听您给我们讲故事呢！"

奶奶连连点头，笑得合不拢嘴，露出了没剩几颗的牙齿，好美、好慈祥、好开心……

感受着奶奶浓浓的爱与依恋,出门后的我泪如雨下,情难自已,不禁回想起与奶奶相知相伴的点点滴滴。那时我就想,我将会把我和奶奶的爱与陪伴的故事记录下来,为纪念、为抒怀,更为珍藏……

此刻,当我静下心来,和奶奶在一起的分分秒秒一幕幕地仿佛就在眼前,深切的怀念与点滴的瞬间顷刻间揉进了文字,流淌出来……

我发现,这一切,满满的都是爱……

咱俩做个伴儿

与爷爷奶奶同住的缘分始于我1周岁时。因为爷爷特别喜欢女孩儿,执意把我从我爸妈那里接过去,由他和奶奶抚养,于是我与爷爷奶奶组成了"我们家"。现在回忆起我们"一家三口"的生活,我的心中全都是温暖的流动——我被爷爷奶奶视为掌上明珠般呵护,我是在他们的言传身教中长大的"心肝宝贝儿"。

爷爷在村里是高辈分长者,很有智慧和威望,说话掷地有声,但少言辞。奶奶善良勤快,聪慧能干,热心助人,性格和人缘极好;再加上会讲故事,所以,不论白天晚上,我们家都有邻居来串门儿聊天,孩子们更是围绕左右,争着让奶奶给讲故事。因此,即使奶奶足不出户,也能知道村内外的事,更是受孩子们爱戴的"故事奶奶"。奶奶85岁那年,爷爷离世了,之后奶奶开始了一人独居的生活。现在回想起来,我那时从未担心过奶奶一个人的孤单,事实上她也一直有邻居们的陪伴。另外,奶奶其实也很会"自我陪伴",用她的话说:"俺闲着就难受,白天闲不住,总能找到点活儿干(奶奶纺线绳一直到95岁,每月会有二三十块钱的收入),晚上躺到被窝里,想想眼前的人和事,俺就高兴,想着想着就睡着了……"

最让奶奶开心的是我周末回家看她。奶奶总会对我嘘寒问暖,也会把近期"收集"到的"大小新闻"说给我听，会问我生活工作中发生的事，并一一细细嘱咐我，极贴心。

如果恰巧有人在身边，奶奶会很骄傲地呼着我的小名儿说："俺妮从小就听俺的话，就孝顺，到现在还是这样，俺怎么说，她就怎么答应。"

我就会回应道："可不嘛，多亏都听了俺奶奶的话！"

随后，谈话气氛陡涨，大家笑作一团，邻居们向奶奶投来了羡慕的目光，奶奶更是心满意足地拉着我的手，笑成一朵花……

唯有一次，大约是在奶奶93岁时，有一天下午我们祖孙俩又在堂屋门口坐着马扎聊天，奶奶手里做着针线活儿，我们之前一直在聊天，聊着聊着奶奶突然停住了，沉默了半晌，奶奶对我说："唉！妮呀，奶奶都这么大年纪了，身体越来越不行了，活着真没什么用了，还不如让老天爷叫着我走呢。"

我清晰地记得，当时听了这话，我心头一沉，赶忙拉起奶奶的手深情地对她说："奶奶，别这么说！您这样说我心里难受，怎么能没用呢？咱俩做个伴儿，多好呀。"那一刻，我鼻子一酸，泪水夺眶而出。

奶奶听了，也若有所思地点着头，赶紧说："嗯嗯，对对对，奶奶还不能被叫走，奶奶得给俺妮做个伴儿，做伴儿哈。奶奶最心疼俺妮，打心眼儿里疼俺妮，奶奶不走，俺妮别哭哈，好孩子……"

说着，奶奶一把把我搂过去，我顺势深深地扎在奶奶怀里，我的泪再也止不住了，呜呜地哭起来，就像小时候被村里小朋友刚欺负般的委屈。

奶奶一边搂着我，一边用一双苍老的大手抚摸着我的头，拊着我的背，一边嘴里不停地念叨着："俺的妮乖，咱不哭，俺的妮乖，咱不哭哈……"

等我哭够了，抬起头来再看奶奶的脸时，我分明看见我亲爱的奶奶也早已是泪人……从那以后，我突然意识到与奶奶终有一别，于是，我更加用心地、刻意地多回老家陪她。我经常摸摸她的脸，头枕在她的腿上午睡，偶尔也会留宿一晚，睡在奶奶身旁，祖孙二人享受着彼此生命的陪伴——在奶奶身边，我总感觉好像回到了无忧无虑的童年，好放松、好温暖、好幸福……

从那以后，我开始尝试着每次离开前都会拥抱奶奶，亲亲奶奶。我到现在都清晰地记得第一次拥抱和亲奶奶时的细节。那是个慵懒的初夏的午后，我和奶奶在院子里聊天，聊着聊着，我说："奶奶，我想抱抱您。"

奶奶有点不好意思地噘着嘴说："都挺大丫头了，还在奶奶这儿撒娇，咋也长不大呀，俺的妮嘞！"

"奶奶，我就想抱抱您，亲亲您，像我小时候您抱我亲我的时候一样。奶奶，奶奶，俺的好奶奶……"我笑眯眯地摇动着奶奶的胳膊撒娇道。

奶奶慈爱地笑着说："好好好，俺妮愿意咋抱就咋抱，奶奶也当回小娃娃。"

那一刻，我突然被感动到热泪盈眶：一生要强的奶奶为了满足孙女的要求，93岁的奶奶竟然愿意放下一切，做一回孙女的"小娃娃"……

当我第一次把奶奶真真实实地抱在怀里的时候，我的泪水夺眶而出，原本身材高大的、身板笔直的奶奶竟然如此的瘦小了，瘦小到我可以轻松地将奶奶环抱过来，并且轻松地将奶奶抱起来，我能够隔着胸膛感受到奶奶的每一次心跳。那一刻，仿佛我和奶奶经由这样的心跳深深地连接在一起……

我开始有些轻微地抽泣，泪水打湿了奶奶汗衫右侧的肩膀，奶奶用瘦弱的大手抚摸着我的头发，说："俺的妮呀，奶奶是不是太瘦了，也老了……"

我抽泣着说："奶奶，您不老，您不老，俺不许您老，俺要让您陪我做伴……"

奶奶的声音也越来越颤抖了，她吸了一下鼻子，说："好好好，俺的妮不让奶奶老，奶奶就不老，永远陪着俺的妮……"

我使劲地亲了亲奶奶的脸，说："奶奶乖，谢谢您，奶奶，我爱您……"

奶奶愣了一下，笑着说："俺的妮也乖，谢谢你，奶奶爱你！"

这样被奶奶拥抱不知道在我小时候发生过多少次，但在我第一次拥抱奶奶时，我感受到的是我和奶奶整个生命河流的连接，那是一份生命间全然的接纳、全然的允许、全然的爱和全然的敞开，这是一种非常深刻且动人的感受，我和奶奶都在这生命河流中被滋养着……

打那起，我和奶奶便在见面和分别时开始抱抱亲亲，渐渐地这成了我们祖孙二人的某种仪式。头几次奶奶还会有些羞涩，不好意思，后来习惯了就越来越开心。她每次都会笑着"嗔怪"道："瞧瞧、瞧瞧，人家都嫌弃老人，可是俺的妮，瞧瞧，你这可好，还这么亲，那么亲，亲个没完，抱个没够的……"

特别是有人在场的时候，奶奶会笑得大声又爽朗，眉眼间全是欢喜和自豪。我永远忘不了奶奶幸福的笑脸和心满意足的神情……

陪伴让"故事奶奶"不孤独

直到 95 岁那年，奶奶因三叉神经痛病情加重，生活不能自理，只好在爸爸家和叔叔家轮着住，开始了被照顾的生活。

这期间奶奶多次对我说："妮呀！现在奶奶只能这样坐着，啥也干不了了，还得拖累别人，奶奶觉得浑身不自在，奶奶就整天掰着手指头算，算着哪天是星期六、星期天，奶奶就掰着手指头算着、盼着、等着俺妮回来陪着俺……"

奶奶的这份无力和希望让我万分伤感和心疼，一连几天晚上，我翻来覆去地睡不着觉。我在想：奶奶刚被接到城里来照顾的时候，不是这样孤独无聊的状态啊,这到底是为什么呢?我不能整天在家里陪伴她,那能做些什么呢?我回忆着奶奶如今和刚来城里的那段时间的生活细节,寻求着答案……

终于,在某个夜晚的某一时刻,我觉察到问题出在看电视这件事上!以前奶奶眼神还好,腿脚也还行,她能自己在客厅里看大电视。现在眼睛看不清了,行动也不方便,一般只能在房间里躺着,加之自己去不了客厅,也就自然看不成电视了!我如同发现了新大陆般欣喜,赶忙起身到网上查找有没有可以放在眼前的、能上网的小电视机。感谢时代,感谢科技,真的找到了——立马买下!

"奶奶您看,这是啥?!"奶奶接过来反复研究了一下,问:"俺妮呀,你又给奶奶买个'匣子'干啥呀?这玩意奶奶几十年前就不用了。"

我一听,笑着夸奖奶奶,说:"哎呀奶奶,您猜得还挺准的,这个真的像个'匣子',能发出声音,还能出影儿呢!"

奶奶听了,眼睛一亮,问:"妮儿呀,这洋玩意儿咋出影儿呀?给奶奶鼓捣鼓捣。这到底是个啥呀?"

看着90多岁的奶奶好奇得像个孩子一样的可爱,我赶忙抱着奶奶又亲了好几口,然后笑道:"奶奶,您看,这是个电视,是您的小电视来啦,您放在眼前就能看呢!"

"啊?!真的?!"看得出奶奶高兴之余,又有些茫然,"这洋玩意,奶奶鼓捣不了咋办呀?!"

"奶奶您看,这边儿上一共3个按钮,长按第一个就是开机。"我一边说,一边拉过奶奶的手,手把手地教她操作,并笑着鼓励她说,"奶奶,您这么有智慧,肯定一学就会。"

奶奶手指还算灵巧,果然"一学就会",小电视顺利开机了。如此反复几遍,又接着学选节目单。这个看似简单的操作对于一位95岁的老人家来说却是考验,几次点不开之后,奶奶有些沮丧,说:"别教了,妮呀,奶

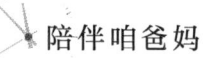

奶老了,啥也学不会了……"

"奶奶,没关系,咱再练几遍,找着感觉就好了。"

一时点不开电视机时,奶奶会抬头看看我,用无奈的眼神看着我,对我说:"妮儿呀,奶奶不行。"

我笑着看着她,竖起大拇指鼓励奶奶道:"奶奶您一定行,咱们一起加油。"

果然,在我的鼓励下,奶奶越练越有感觉,点开后还会抬起头看看我,笑眼弯弯地说:"妮儿呀,你看,奶奶行,奶奶还真的行……"

我立即竖起大拇指,说:"奶奶,您真棒!"

待奶奶操作熟练了,我忍不住深深地拥抱了奶奶,说:"俺的好奶奶就是这么有智慧!"

奶奶也抱紧了我,高兴地笑出了声……

从此,每次回家还没进门,远远就会听到小电视播出的大大的声音,不用问,奶奶一定正在聚精会神地看节目呢!

不过小电视也有"失宠"的时候——从奶奶93岁我第一次拥抱和亲奶奶起,我跟奶奶见面的第一个项目就是紧紧拥抱和甜甜的亲亲:我一回到家,奶奶就会把小电视放到一边,笑盈盈地瞅着我,等我拥抱她,然后我们四目相对,互相笑着对视,奶奶还不忘一只手拉着我,一只手拍打着床边,让我快挨着她坐下。后来有一天,奶奶对我说:"这小电视好是好,但是低着头看的时间长了腰会累,眼也疼。"我忽然又有了灵感,说:"奶奶,一直看电视您会累,您一辈子爱讲故事,不如您讲讲您的故事,我给您拍视频,之后把它发到网上,说不定会有可多人喜欢听您讲故事呢!您愿意讲吗?"

我知道奶奶就愿意讲故事,果然老人爽快地答应了。

于是就在当天,我开通了微信视频号,发布了奶奶讲故事的第一个视频,然后反馈给她说:"奶奶呀,您知道吗,有四五百人看您讲故事呢!"

奶奶大喜，连忙说："好好好，有看的，奶奶就给你们这些孩子们继续讲故事！"

那一刻真赞叹奶奶的劲头和力量呢！如今，在我的视频号里，奶奶讲故事的七个视频已成了"绝唱"。每当我想念奶奶的时候，只要点开它们，奶奶仿佛就在眼前，正在给我绘声绘色地讲故事，就像她陪伴着我的每一天一样，真实、生动、温暖、有爱、感人……

当奶奶的故事再次响起的时候，我都会对着视频里的奶奶说："感恩奶奶用生命陪伴过我的每一天，我爱您的故事，爱您故事里的生命，爱您故事里的故事，更爱用生命讲故事的您……"

亲爱的奶奶，您永远活在我的生命故事里，谢谢您，我爱您！

【点评】

这是一篇描写祖孙两代人之间相互陪伴的案例，作者从"奶奶，咱俩做个伴儿"的邀约，到"第一次抱抱亲亲奶奶"，再到为给奶奶解闷儿而来的小电视，再到"故事奶奶"七个视频的"绝唱"，细致、感人地再现了祖孙情深。

本案例应用了祥和注视、用心倾听、抚触沟通、"三不"、零极限、同频共振等心灵呵护技术，应用了生命陪伴生命、生命影响生命、生命唤醒生命的陪伴方法。其中，用心倾听技术在应用的过程中关键是做到"用心"。当我们在陪伴过程中觉察到自己没有做到"用心"时，应如何调整？我们应该及时让自己回到当下，专注当下，可以通过以下的方法来调整自己的状态：一、可以通过零极限的方法，在心中反复默念"对不起、请原谅、谢谢你、我爱你"，让自己臣服和柔软下来；二、可以在心中默念"不分析、不评判、不下定义"的"三不"技术以达到同样的效果；三、深呼吸；四、对于有宗教信仰的陪伴者而言，采用宗教的方式也是有效的。

本案例作者在应用用心倾听技术的同时，联合应用了其他技术。无论是技术的单独应用还是联合应用，其核心都是陪伴者要时时觉察自己是否持续处于宁静祥和的"三不"状态。

给姥姥当"娘"

王 洋

生命的离开有时看起来很困难、很受罪、很痛苦，但对于有些人来说，也有可能"一念通关"。

姥姥92岁的时候，虽然身体各方面状态还不错，但阿尔茨海默病在持续将近30年之后，症状已经很严重了。身边的人无论和她真实的关系是什么，都有可能随时"变成"她的"叔叔""大爷"或者"孙子""孙女""张大哥""二婶子"等，我们起初还各种解释，后来基本就直接顺承过来，只为让老人家开心。

在姥姥去世前一天，我去陪伴她。一进门，我见姥姥的精神状态不大好，她老人家斜倚在被子上，刚想问问怎么回事，姥姥一见到我，两眼放光，马上起身，紧走两步，非常兴奋地抓住我的手，笑得像个孩子一样，张嘴就对着我喊："娘啊，您来了！您老人家怎么今天有空呀！我这几天天天做梦见到您，您看，您老人家还亲自来了。"

那时候，我虽然已做了母亲，但从姥姥口中突然喊出的这声"娘"，还是让我顿时不知所措，我立刻在心中用零极限技术调整自己的情绪和状态。

这时，姥姥拉着我的手走到床边坐下，说："娘呀，您快坐下，我给您沏茶去。"说完，姥姥就要开始忙活。我一把拉住了她，说刚刚吃完饭、喝完水，就想和她聊会儿天儿。姥姥听后，有些"乖巧"地点点头，笑眯眯地拉着我的手，抠着我的手指头，仿佛眼前的姥姥就是一个"小姑娘"。

姥姥一口一句"娘"，闲聊了两句之后，话锋一转，直接聊到了死亡的话题。

姥姥叹了口气，说："娘呀，孩儿他爹早走了，连金和（我舅舅）也都走了40年了，他们都走到我前头去了，我活着也没啥意思，孙男娣女们都挺好的，我都这么大岁数了，想走，但就是害怕，怕死，不敢走……"

说着，姥姥抹起了泪。

她抽泣着说："娘呀，最近好几次梦到您和爷爷来接我，我知道您那边也不错，还能和孩儿他爹、和金和团聚，挺好的。但我害怕，我不敢走呀……"

说完，姥姥突然停下来，怔怔地看着我的眼睛，仿佛在等着我的回应。

一大早在毫无准备的情况下，被姥姥当"娘"，再加上听姥姥突然谈起死亡的话题，这让我的情绪还是有很大波动的，当我觉察到这一点的时候，我持续在心中用零极限做调整。看见姥姥突然停下来，我笑了笑，问："姥姥，我觉得您说的都是对的，您感觉走的最好方式是什么样的呀？"

姥姥沉思了一下，说："娘呀，我喜欢您和我姥姥的走法，走的时候，啥都明白，还知道自己什么时候走，跟家里人都见个面，说一声，吃顿饺子，自己还洗个澡，换好衣服，睡着就走了，说走就走，不受罪，那多好呀……"

在说这话的时候，姥姥的目光转向窗外，眼睛里满是向往。

接着，喃喃自语道："要是我也有那福分就好喽……"

我轻声地问："姥姥，您还记得她们是怎么做到的吗？"

姥姥听到这个问题，马上把头转向我，好像突然被我提醒到了什么，然后又把脸转向窗外，沉思了良久。

突然，姥姥满眼放光，兴奋地拍着大腿大喊："娘啊，我知道了！我知道了！我想起来了，咱家的那尊菩萨！一定是那尊菩萨！我马上让小蓝请出来。"

说完，她赶紧喊小蓝，边喊边往储藏室走。我赶紧跟上去，扶着她，只听她和小蓝说了好几件事，比如：如何清理菩萨，如何摆放，晚饭做几个菜，喊谁来吃茴香馅儿饺子，谁包饺子，等等。

当一切安排完，姥姥心满意足地笑眯眯地拉着我走回来，我们肩并肩坐下。虽然我有某种直觉，但我确实不知道姥姥为什么要安排这些。我一边用零极限清理自己，一边跟随着姥姥的各种安排，积极地"配合"着。

后来姥姥让我和她一起拜菩萨，拜完后，我发现姥姥的状态好太多了，她老人家亲自安排所有能通知到的"家人"晚上都到家里吃饺子，还安排舅妈和我妈做一桌好菜。而我，除了一直陪伴着姥姥以外，还被姥姥安排着按"娘"的礼仪各种被照顾，姥姥的思路仿佛也清晰了很多，她又像年轻的时候各种张罗了。唯一不同的是：所有的人物关系都与现实的人物关系错乱着，但这并不妨碍姥姥做着这一切，感受着这一切，享受着这一切……

这时，姥姥看起来已经很累了，她轻声对我说："娘呀，我累了，我想在您怀里睡一觉。"

我的心突然一紧，好心疼，鼻子一酸，泪顿时噙满了眼眶，说："好啊姥姥，来吧！"我轻轻地张开双臂，将姥姥搂在怀里，轻轻地抚触着她的后背，笑着流着泪，唱着40年前姥姥曾经每晚为我唱的那曲不知名的小调……

就这样，姥姥在我怀里微笑着睡着了，睡得很甜、很香、很满足……

晚餐，所有的"亲人"如约来家吃饭。主食是姥姥最喜欢的茴香馅儿的饺子，所有的人都在向姥姥各种"汇报"，姥姥高兴地笑得合不拢嘴，还破例喝了小半杯白酒。

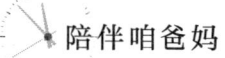

酒足饭饱，曲终人散，姥姥心满意足。

饭后，姥姥又安排了一些杂事，洗完澡，换上她喜欢的红衣裳就睡觉去了。

当天夜里，我接到电话，姥姥寿终正寝，一切如愿，享年92岁。

【点评】

对未来的不确定性的恐惧比恐惧本身更加让人恐惧。面对纠结的老人，陪伴者应用的陪伴方法是生命唤醒生命，如何唤醒呢？是灌输思想吗？当然不是。

在陪伴对死亡充满纠结的老人时，我们首先要始终处于宁静祥和的"三不"状态，全然接纳老人对生命及对死亡所有的认知和探索。在开始探索死亡的问题时，老人往往会从很多维度和方向进行思考。当老人在探索过程中不能自圆其说，或者开始怀疑自己的论点，或者纠结在某些地方，甚至出现了双重约束的问题时，陪伴者应对的核心原则是对老人所有的思考和问题"不分析、不评判、不下定义"。充分肯定老人的思考和探索本身，我们只是老人思想的陪伴者，而不是精神导师或教练。要相信每一个生命都是具有足够智慧的，我们能做的只是爱与陪伴。

在陪伴老人一起去看见、感受和超越对生命认知的过程中，我们只是老人思想的接生婆和助产士，这个过程需要陪伴者始终保持当下的那份宁静祥和的"三不"状态。

天天想往生的梅婆婆

方树功

梅婆婆是从垃圾堆里捡来的。

20年前,为帮助一个朋友建设养老院,我第一次到漳州。

那天晚上到漳州养老院筹备现场,遇见的第一位入住的老人,人称"梅婆婆"——她没有名字。梅婆婆不到一米五,背完全驼了,几乎90度。她的身体非常瘦弱,给人一种皮包骨的感觉。老人穿着一件孩子们穿剩下来的卡通文化衫,很脏很旧。我看不清她的脸。

我问梅婆婆多大岁数了,她告诉我她也不知道。因为她从小做童养媳,后来丈夫死了,就被卖给了第二任丈夫,有了孩子,丈夫又去世了。就这样她被逼迫嫁过5个丈夫,现在丈夫都死了,她的孩子都大了,都不想养她,她只好捡垃圾为生。前段时间她病得比较严重,每天一两饭都吃不进去,昏死在垃圾堆里,被一位出家师父送到这个养老院里来抢救,救活以后,准备让她住在养老院里。

我看梅婆婆的衣服太旧太脏,就开车带着她去漳州市大超市想给她买件衣服,挑选后让她试一试,一转头,梅婆婆不见了。

我在商场找了一圈,也不见她的身影,很急!

如果把梅婆婆给丢了,回养老院我如何交代?!

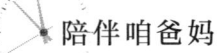
陪伴咱爸妈

我赶紧在商场通过广播找人。

过了一个小时,我又回到刚才买衣服的地方,犹豫要不要先把衣服买了。这时,我突然看见梅婆婆正蹲在试衣间的角落里瑟瑟发抖,我问梅婆婆:"梅婆婆,您为什么躲在这里呀?"

梅婆婆用方言回答我,我听不明白,听了几遍,才大概理解她的意思。

原来梅婆婆耳朵不太好,同时不太听得懂普通话,所以刚才我跑着到处找她的时候,她以为自己又一次被遗弃了……

梅婆婆的背几乎弯到90度了,这时,她吃力地仰起头,脸特别瘦,眼睛很小,呆呆地看着我,无比坚定地对我说:"我不要衣服,因为我有衣服穿就可以了。我每天吃不下饭,最多吃一两,睡不着觉,最多睡4个小时,浑身疼痛好几年了,医院说我的病治不了!我只希望早点儿死,早点儿往生!"

这是我第一次遇到天天想死的老人,因为她这一生太苦了,人世间的苦难都遇到了:丈夫们一个个离她而去;孩子们没有一个愿意赡养她;她从小体弱多病,现在更是贫病交加,生不如死,一心盼着早早地离开这个世界……

后来,养老院根据梅婆婆的情况,免去了她在养老院的所有食宿费用。

梅婆婆入住养老院后,每天4点多就睡不着了。大厅里边有个佛像,她摸黑不停地磕大头,嘴里边不停地用家乡的土话念叨着希望保佑自己早日往生。

上午吃完早饭后,梅婆婆就会去养老院后边的山上捡树枝,背回养老院供厨房烧火用。她每天早上喝一点儿稀粥,中午吃一顿,晚上就不吃饭了。她算了一下,她每天在养老院吃一顿饭和睡一晚费用大概5元钱,所以她每天一定要捡5元钱的树枝,虽然养老院同意让她免费食宿。

10年过去了,养老院从漳州迁到杭州,我应邀去参访。没想到刚一进新养老院,第一个看到的竟然还是梅婆婆。

梅婆婆的身体没有太大变化，只是不再穿文化衫了，穿的是养老院统一定做的中式盘扣的两用衫，青灰色的，干净整洁。她好像胖了一点儿。梅婆婆抬头看了我一眼，竟然一眼就认出了我，笑着跟我打招呼。

我看她的脸色比以前好多了，笑着迎上去，拉着她的手，问："梅婆婆，您还没有往生啊？！"

"我现在除了每天捡树枝以外，早上和晚上都磕大头108个，到现在还没往生呢！"梅婆婆笑着说。

去年我有事去杭州，路过养老院，情不自禁地去又去看望养老院的院长和老人们，一进大门，第一眼看到的又是梅婆婆，她捂着嘴，老远地就对着我笑，还向我招手。

梅婆婆还是老样子，只是比20年前胖了一点点，比以前更爱笑了，开朗了很多。

我开玩笑地问："梅婆婆，您怎么还没有死啊？！"

"是的呀，天天想死就是死不了，为什么呢？"梅婆婆用普通话回应我。

"心不诚，有挂碍，如何了脱生死？"我装腔作势地回答。

梅婆婆用手捂着嘴，咯咯地笑起来……

我知道我的境界比梅婆婆差远了，深深地给梅婆婆鞠了一躬！

【点评】

"往生"是一个宗教用语，当一位被迫嫁过5任丈夫、最后被孩子遗弃、靠捡废品为生的命运多舛的老人出现在我们面前的时候，我们完全可以理解到当贫病交加、生不如死的她被救到养老院时，那份"一心盼着早早地离开这个世界"的急切与渴望。但当时间过去了10年又10年，我们看见了一个越来越健康、越来越爱笑、越来越有活力的梅婆婆，从只会讲家乡土语甚至听不懂普通话的"瑟瑟发抖躲在角落里"的梅婆婆，到一个可以"老远地就对着我笑，还向我招手"的会讲普通话的梅婆婆。我们看见时间真的是个很神奇的东西，它不仅疗愈了梅婆婆的身体，而且脱胎换骨般地改变了她的生命状态，甚至还掷地无声地让她超越了对死亡的认知。这是一篇看起来没有陪伴的陪伴案例，它记录了作者在20年间3次见到梅婆婆的经历，而梅婆婆用了20年的时间完成了自我陪伴、自我影响、自我唤醒的过程，这是生命的自我成长，更是生命的自我蜕变与自我超越。

　　生命是什么？死亡是什么？爱是什么？陪伴是什么？爱与陪伴是什么？成长是什么？或许梅婆婆用她20年的生命已经无声地为我们诠释了这一切……

陪伴生命喜悦成长

生命和死亡的定义一直是各个信仰体系和生命教育系统研究的主题，当我们把各个信仰体系和生命教育系统对生命的定义放到一起做对比研究的时候会发现，各个系统对生命和死亡的定义不尽相同，生命和死亡其实是每一个生命按照自己或者自己所属的生命共同体（各种生命教育团体或信仰体系）认知的角度来定义的概念，生命和死亡本身是定义的存在。所以生命到了尽头，很多人感悟到生命没有任何意义。

人生最大的意义就是感悟到生命毫无意义，所以我们可以给生命赋予无限的意义，所以我们可以按照自己所属的人类生命共同体（各种生命教育团体或信仰体系）或自己的认知来建构我们对生命和死亡的定义，自洽就好。

跳出生命看生命，会看见每一个生命都是值得被看见的，每一个生命都是值得被尊重的，每一个生命都有能力构建自己对死亡的定义，如果不自洽，我们也有能力解构和重构自己的这个部分。每一个生命遇到的问题都是自己可以解决或超越的，自己解决或超越不了的问题不会遇见，因为即使遇见了，也不会觉得是问题。

从整体角度看生命，生命和生命之间没有教育和被教育的关系，只有全然的看见、敬畏、尊重、接纳、包容等，只有彼此的爱与陪伴。从某种意义上说，生命和生命之间只有爱与陪伴的关系。

在这样的爱与陪伴中，陪伴者会深深感悟到：陪伴又是被陪伴，在陪伴生命的过程中，我们和老人彼此给予对方以生命成长的可能性，经由陪伴生命，让陪伴双方看见生命，遇见更好的自己，在喜悦中成长。

陪伴者陪伴老人一起探索老人生命和死亡认知边界的过程，也是陪伴者对自己生命和死亡认知边界的探索。共同的探索和突破，是一个一起推动生命成长的过程，是一种一起经历超越身体和思维束缚以后获得的自由状态，是一份彼此看见的喜悦，所以我们常说陪伴生命喜悦成长，用爱与陪伴为生命服务。

当人的生命到了最后阶段，往往会对自己的一生有不同的认知，如果让重症、临终老人重新活一辈子，他们大多数会活得更加精彩，因为他明白了自己一生真正需要的是什么。但是重症、临终老人不可能重新活过，可是陪伴者在陪伴重症、临终老人时会感受到自己临终时的感觉，会反思自己的一生，会有很多让自己生命活得更加精彩的想法，服务完重症、临终老人后，陪伴者还有机会去实现自己对生命美好的设计，活出更好的自己。这是经由陪伴而对生命产生了更多层次的看见和思考，从而带给生命更多的喜悦和感恩。

有大成就的人，也许都经历过很多生生死死或大难不死，让他有机会以特别的方式体验生命的本质，当经历过这些之后，他对工作、学习、生活可能会有不一样的认知和理解，这可能就是俗话所说的：大难不死必有后福。然而是不是所有人都有这样的机缘呢？也许答案是否定的。

自心安则老人安，老人安则家庭安，家庭安则社会安，社会安则国家安，国家安则世界安。

另一方面，认识生命和认清自我，是一个漫长而艰难的过程。每一个生命都要经历孕育、出生、成长、成熟、衰老、退化、死亡的过程。老人通过他们自己一生的经历，就像电影的表演一样，真实生动地演绎给我们看，让我们从中汲取智慧和能量，来成就更美好的生命旅程。我们自己在家庭生活、情感纠葛、工作关系、心灵成长等方面的诸多问题和烦恼，往往通过心灵呵护服务，在与老人的交流和交互过程中豁然开朗，最终得到圆满的解决。

所以，我们会体悟到不仅仅是我们在陪伴老人，其实老人也在陪伴我们，用他们的生命在陪伴我们、启迪我们、唤醒我们，这是我们彼此的生命经由陪伴而达成的共同的喜悦成长。

姥姥，我的每个周六永远属于您

苏 莉

我从小是在姥姥的怀抱里长大的，姥姥对我宠爱有加，后来，我考到省城上学，姥姥也来到省城的舅舅家生活，所以一到周末，我就到舅舅家"改善生活"。毕业后，我留在省城工作，姥姥不放心我一个人租房住，我就跟着姥姥住，一直到结婚。

由于单位太远，我上班很早、下班很晚，姥姥为了让我多睡会儿，总是把早饭盛出来凉着，才会叫我起床，我洗漱完毕，饭不凉不热正好。晚上我回家稍晚一点儿，姥姥就会站在窗前不停地张望，看到我的身影就会把饭盛出来，我回到家就可以吃上饭菜，而且晚饭肯定有我爱吃的手擀面，那是姥姥特意在中午做出来，晚上热了给我吃，真是"面条热三遍，给肉也不换"。

我结婚后，听舅妈说，姥姥只要看见我的空衣柜就哭，一哭就是很久……

我怀孕初期反应很大，吃了就吐，姥姥就擀了许多面条、面叶，挎着篮子，踩着小脚，转乘好几趟公交车，专程送到我家。姥姥要亲手放到冰箱里冻上，一遍又一遍地抓着我先生的手，嘱咐他一定要做给我吃，还亲自教给他我喜欢吃的做法。事无巨细，生怕先生对我的照顾有一丝怠慢……

我生完孩子，姥姥更是一日数遍地换着样地给我做好吃的往医院送，让同病房的产妇羡慕不已……

姥姥不仅爱我，她对其他家人也是体贴入微：我姥爷一生吃素，几十年来姥姥总会不厌其烦地为他另开小灶，单做素食；舅舅舅妈爱吃手擀面，姥姥无论多累都会亲自和面、擀面条。以前不觉得什么，等我自己有了孩子以后，我才真正体会到姥姥一个人又带孩子、又洗衣、又做饭，做各种家务，一天忙到黑是多么的不容易。

姥姥的爱很平淡，没有一句"我爱你"；姥姥一生也很平凡，没有惊人的壮举，也没有辉煌的事业；姥姥的一生很伟大，她把爱无私地奉献给他人，从不求回报……

姥姥辛苦操劳的时候，我们也许觉得没什么，甚至是习以为常，但当她病倒的那一刻，我们却有了天塌般的感觉。

2002年，姥姥突然脑中风导致右侧身体偏瘫了。

从此，家里再也没有欢笑声了，锅里再也没有香喷喷的手擀面了，回到家再也没有迎接我们的慈祥的笑脸了……

我们几十个人侍候姥姥一个人，还感觉手忙脚乱，吃了上顿没下顿，真不知道姥姥是怎么把我们这么多人照顾得周到又细致的……

我想上天一定是心疼姥姥了，想让姥姥休息，于是让我们来照顾姥姥。

等姥姥出院后，我每周六都会去给姥姥洗澡、剪指甲。给偏瘫病人洗澡要特别小心，先把她抱到卫生间坐在凳子上，洗完澡，再小心翼翼地把她抱出来。老人皮肤都有些干燥，我会用润肤露给姥姥做一个全身的按摩，从脸部开始一直抹到脚，连脚趾缝都给她抹一抹。我和姥姥都特别特别享受这个时光，我们一起拉拉家常，然后抱抱她、亲亲她、挠挠她，她会像个孩子似的咯咯地笑。

再美好的时光也会有结束的时候，2015年7月，姥姥病危。

姥姥开始不吃不喝、频繁如厕、哭哭闹闹，把家人折腾得筋疲力尽、苦不堪言。

深夜时分，我辗转难眠，渴望有一种灵丹妙药可以解除姥姥的痛苦。我在朋友圈求助，我在手机上搜索关于如何陪伴老人的话题，"十方缘老人心灵呵护十大技术"突然映入我的眼帘，我如饥似渴地学习十大技术，并用这些技术陪伴姥姥：当姥姥哭闹不止时，我就告诉家人们"不分析、不评判、不下定义"（"三不"技术）；当姥姥叫"妈妈、妈妈"时，我们就一起唱《世上只有妈妈好》（音乐沟通）；也许是家里经常会有歌声，姥姥感到习惯了，后来姥姥竟会经常要求和我们一起唱歌；姥姥清醒时，我们就轮着教她做手指操（动态沟通）；有一天姥姥昏迷不醒，全家人惊慌失措，我和家人分享零极限技术，让大家在心里默念"对不起、请原谅、谢谢你、我爱你"；我一边轻柔地抚摸（抚触沟通）着姥姥的手臂，一边在姥姥的耳边轻声播放《零极限》的音乐。后来，奇迹出现了——慢慢地，姥姥嘴里竟然跟着我嘟囔着："爱你，我爱你……"

我惊喜无比，赶忙趴到姥姥耳边，问："姥姥，你爱谁呀？"

姥姥突然瞪大眼睛坐起来，说："我爱你姥爷，我只爱你姥爷，我只爱你姥爷……"

那一刻，我的眼泪夺眶而出。

姥姥就这样奇迹般地好了。我把姥姥抱到客厅，让姥爷坐到她的身边，我说："姥姥，您把您刚才给我说的话，给我姥爷说一遍好不好啊？"

姥姥看着姥爷，嘴里嘟囔着说："我爱你姥爷，我只爱你姥爷，我只爱你姥爷……"

一生坚强的姥爷拉着姥姥的手，泪水夺眶而出，说："孩儿他娘，我也爱你，这辈子只爱你……"

那一刻，我们全家人都被感动哭了——这对老夫妻相爱了一辈子，这可能是他们这一生唯一一次说"我爱你"。他们用他们的一生相守诠释了爱情究竟是什么……

2015年9月1日，姥姥在我们的怀抱中安然离世。

后来我每周六依然会去陪伴姥爷，为他洗脚、剪指甲、掏耳朵、拉家常。

2017年4月，姥爷也寿终正寝。

打那以后，虽然再也听不到他们唤我的小名，但我对他们深深的爱从未改变，我的生活也在继续，只是觉得每周六的日子不知该做什么才好。

带着对姥姥姥爷的思念，2017年5月13日，我正式成为十方缘的义工，开始每周六在养老院陪伴老人。通过与一个个生命的连接，我越来越觉得不是我在陪伴老人，而是老人在陪伴我。

在一次与一对80多岁老夫妻的陪伴即将结束的时候，那位爷爷缓缓地拉着奶奶的手，一字一顿地对奶奶说："孩儿他娘，我爱你，这辈子只爱你……"听到这句告白的那一刻，我突然泪奔，我想起了当年姥爷拉着姥姥的手时也说过同样的话。那一刻，我突然感受到姥姥姥爷仿佛从未离开，也不会离开，他们仿佛化身为全天下的老人，而我也会像爱与陪伴他们一样，在每一个周六爱与陪伴全天下的老人……

【点评】

本案例是一篇陪伴姥姥姥爷的故事，从姥姥的"一碗面"讲起，讲到姥姥像太阳一样温暖照耀着全家人，再到姥姥突然中风偏瘫后全家人的手忙脚乱和对姥姥生活上的照顾，再到姥姥病危后我因为不知道如何解除姥姥的痛苦而结缘十方缘，通过学习和应用十大技术，将"三不"、音乐沟通、动态沟通、抚触沟通、用心倾听、祥和注视等心灵呵护技术应用到陪伴姥姥的过程中，让姥姥在宁静祥和中走完了生命的最后一程。原本以为那句"孩儿他娘，我也爱你，这辈子只爱你……"会成为见证姥姥姥爷爱情的绝唱，但在偶然一次陪伴老人的时候，因为听见一句类似的话而潸然

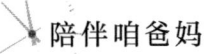

泪下，从而顿悟到："姥姥姥爷仿佛从未离开，也不会离开，他们仿佛化身为全天下的老人"，而作者"也会像爱与陪伴他们一样，在每一个周六爱与陪伴着全天下的老人……"

本案例将零极限、"三不"、音乐沟通、动态沟通、抚触沟通、用心倾听、祥和注视等心灵呵护技术应用到陪伴姥姥的过程中，在宁静祥和中陪伴姥姥走完了生命的最后一程。在所用的技术中，零极限技术常被我们应用到清理自己的情绪、念头和思想，以达到宁静祥和的"三不"状态。当陪伴者情绪不稳定，或有任何消极的、无助的、无力的感觉时，或者当自己面对突发情况而不知所措，甚至慌乱的时候，可以高声或默默地反复对自己说"对不起、请原谅、谢谢你、我爱你"这四句箴言，或者简化成为一句话，通过反复念诵"我爱你"，逐渐接纳自己的一切，清理自己，当下回到"零"的状态。

爱是什么？陪伴是什么？爱与陪伴是什么？也许需要陪伴者经由持续践行，在爱与陪伴中用生命不断去体验、去体会、去感悟……

对于母亲唯有爱与感恩

张军广

天底下最好处的关系是什么呢？应该是母子关系吧，但是在我们家，我觉得怎么就这么不一样呢？曾经我觉得和母亲相处起来真是有困难，难的时候曾因此一个人流下过无奈和纠结的泪。我的母亲没有文化，脾气还差，经常爱发火，做事情经常以自我为中心，一辈子从未承认过自己的错误。

老样子的母亲

别的不说，就单拿厨房的事情来说吧。我结婚以后，母亲来帮忙带孩子，她爱做饭。有人说这不是好事吗？母亲做饭不好吃吗？母亲做饭是很好吃的，尤其是她做的蒸包子、包饺子、烙大饼，而且水平很高。可是这几乎是她所有的优点了。她不擅长做炒菜，也不爱做。她唯一的做菜方式就是把所有食材放在一起炖。最让人受不了的就是她蒸包子，一下子会蒸出很多，上顿吃了下顿吃，今天吃了明天吃，而且不做菜，经常是再熬一大锅粥，弄点咸菜就得了。

我们的生活方式呢？其实是多吃菜，少吃主食的，但是母亲正好相反。我们跟她提意见让她多做点菜，她说："包子里面不就是馅儿吗？馅儿

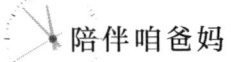

不就是菜吗？还炒什么菜呀？真是馋呀，难伺候啊！"

于是我主动买菜，意思是让她做。可是即便是冰箱里的菜，有时候放烂了，她也不做。

我们自己做饭行吗？那更不行了。感觉她一到我们家，厨房就成了她的领地，那是不能任由别人侵犯的。有一次她和我父亲上街，都12点半了，还没有回来。我爱人说，这回该轮着咱们做饭了吧？他们回来吃个现成饭，多好呀。咱们要是不做饭，还显得不懂事呢。于是，她就切菜，开火倒上油，要炒菜。正在这个时候，父母回来了。母亲一回来就直冲炉子，"啪"的一声把火给关了，语气坚定地说："今天不吃这个，包饺子，馅儿早晨我已经弄好了。"

我们家生孩子的时候，母亲做的饭，我爱人有时实在是吃不下去，我就劝，说："甭管好吃不好吃，你就凑合着吃呗，为了多下点儿奶，就当为了孩子。"

她说："你看看她煮的这个挂面汤！"我一看上面漂着一层油。

然后爱人又跟我说："你再尝尝！"我尝了尝，哎呀，真的是咸死了。

爱人说："你看我要是中午吃不了，她晚上热了接着又给我端过来，还是这个。"

伺候完月子，母亲回去几天，说过几天再来。这一个月里，我发现孩子很好带，晚上也不哭。其实白天我是可以从单位回家的，我住的是单位家属院，单位和我家都在一个院子里。我就跟母亲说："老家要是忙，您就别来了。"其实我的意思是：母亲，您最好别来了！

可是过了几天，母亲还是回来了。

母亲的"心里扑腾"哪儿去了

父亲3年前去世以后，母亲多数时间是在我弟弟家住的。我应该多打打电话吧，可是我不仅不爱给她打电话，我还特别害怕接她的电话，因为一接她的电话，无非有两个内容：一个就是别人惹她不高兴了，另一个事情就是她说心里扑腾。

关于心里扑腾的事儿呢，搞得我也很纠结。刚开始我想：别是由于我父亲去世，导致她承受不了，身体不会是出了什么状况吧？于是我们就把她带到北京来，全面地做了检查，包括心脏造影都做了，结果医生说没有什么大的问题，也用不着搭支架做手术，心脏功能确实有些弱化，但毕竟年纪大了，再加上体重也比较大，而且高血压，常规吃药维持就行了。

可是后来，母亲还是打电话说心里扑腾难受，难受得晚上睡不着觉。我爱人给她咨询精神科的医生，怕是我父亲去世，给她造成了精神压力，吃了精神科开的药以后，她晚上倒是能睡着觉了，但是说白天还是心里扑腾，没有一会儿不扑腾的。大医院去了无数回，有一天她给我弟弟说："有一个小诊所治心脏病挺好的，有一个老太太在那儿输了几天液，心里就舒服多了。看来大医院是看不好我的病了，我也要到这个小诊所去看看，输输液，用用人家的偏方儿。"不得已，我弟弟只得带她去，还专门对医生说："您只给我妈输点营养液就行，别的都不要。"

后来我加入十方缘，接触的老人多了，对老人的心理状况也有了一定的了解和掌握。有一天，我想到母亲的事情，忽然明白了她之所以心里难受，可能是由于两个方面的原因：第一是她比较寂寞，虽然她在家住，不在养老院，但是因为她性格的关系，像我弟媳妇呀，孩子们呀，都躲着她，怕哪句话说得她不爱听了，惹翻儿了她。第二是由于她内心的恐惧，对孤独、对疾病、对死亡的恐惧，因为我父亲是突发心脏病去世的。

我在十方缘学了爱与陪伴的技术，也陪伴了很多老人，于是我也想把这些技术用在陪伴母亲的身上。首先就是要说："谢谢您，我爱您。"我发现这么一句简单的话，说起来还真是挺难的。

后来我想了个好办法，在一次陪伴母亲之前我找了一首诗，那首诗的

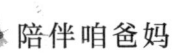

名字叫《感恩爸妈》，诗的最后一句是：谢谢你们，你们辛苦了，我爱你们。我准备陪伴那天念给母亲听。当天我姨也在，我一边念诗，我姨一边掉眼泪，但母亲没有，她只是怔怔地坐在那儿，说不出话来。我感觉她的心好像被什么击了一样，脑子里可能在想：儿子今天这是怎么了？

之后，我问母亲："妈妈，您会唱歌吗？我唱歌给您听吧！"

母亲一怔，说："你还会唱歌呢，40多年，我都不知道你还会唱歌啊！"

我说我会唱，我说："您会唱吗？咱俩一起唱吧？"

她说："我只会唱《世上只有妈妈好》。"

我说："好！那咱们一起唱吧，唱《世上只有妈妈好》。"

我们俩一起唱歌的时候，我有一种奇妙的感觉，我感觉母亲和我的心靠得是如此之近，虽然远隔几百里，但感觉我们好像在一起。我感觉好像回到了小时候，母亲搂着我，看天上的星星。

我的眼里噙着泪水，声音多少是有些发颤的。多年铁板一般的隔阂，瞬间消融了。我祥和地注视着母亲，母亲非常认真，她唱得好棒啊，歌词旋律一点不差，我俩完全合拍。

母亲一定也是期盼这个时刻好多年了，一定也是非常期盼儿子表达对她的爱，她也一定是非常享受这个时刻的。

母子同频真是太美妙了！原本只是唱首歌而已，没想到却引发了如此强烈的感受！

唱完歌，我问："妈妈，您还会唱别的歌吗？"

她说别的不会了，我说："那我给您唱一首《母亲》吧！"

这首歌比较长，我认为母亲是不会唱的，我想那我就单独唱给母亲好了。母亲虽然不会唱，但是我唱一句，她就跟着我哼一句，我唱一句，她就跟着哼一句。我心里感觉：她一定是想陪我在一起，我们是在唱歌，又像是在说话。那感觉好像就是虽然我已经长大了，但我从未走出过母亲的心，她在竭尽所能地拉着儿子的手，跟着儿子一步一步往前走……

那次陪伴以后，我感觉心里是无比的畅快、无比的轻松、无比的愉悦，舒服得无法形容。原来我和母亲的心，可以如此之近。我们之间巨大的障碍被排除了！这么多年压在我心里的大石头顷刻间荡然无存了！

陪伴，竟然是如此的简单！又是如此的神奇……

在那以后的陪伴，有时我给她朗诵诗歌，有时猜谜语，有时我听她东家长西家短地闲聊，有时把摄像头对着我的冰箱，让她看看我的冰箱里有什么，有时对着我的厨房，让她看看我在做什么饭。她呢，自己做拍打操的时候也会直播给我看。每周都要电话或视频一两次，每次时间都得一小时左右。

在以后的电话里，母亲再也没有提到过她心里扑腾的事。我也把她拉到了十方缘被陪伴老人的队伍里，让其他的小伙伴也来陪伴她。在一次次的陪伴中，我发现母亲的笑容变多了，脾气也好像平和了许多。

一碗长寿面

有一天早晨我还没有起床，忽然有一个电话打过来，是母亲。

母亲说："今天是什么日子你知道吗？"

我说我不知道。

她说："儿呀，今天是你的生日！"

我刹那间泪奔了！

从我的内心，我觉得生日和其他的日子没有什么区别，我并不重视。以前爱人在的时候，爱人和孩子她们会张罗着过。现在爱人去世了，孩子也去外地上学了，家里就剩我一个人了，我的生日就更是压根儿没人能想起来了。

就在生日被母亲提及的那一瞬间，我泪如雨下，心中突然生起了无上的感动与感恩：只要有妈在，我就是幸福的！只要有妈在，这个世界上就会有人永远牵挂着我！感恩母亲！……

母亲说："儿呀，你给自己煮碗面，别忘了再打两个鸡蛋……"

后面母亲说了什么，我有点儿记不清了，我只知道自己拿着电话不由自主地有些出神了：我想起了我从小到大过生日的时候，母亲总是要煮碗面，然后煮两个鸡蛋，剥完鸡蛋后，还不忘在鸡蛋上用筷子插两个洞，说这是长心眼儿的；我想起了小的时候，母亲在做饭剩下的火炭里面埋上红薯烧给我们吃，特别甜；我想起了母亲去生产队干活儿，回来后口袋里偶尔会揣块糖，她会神秘地把我喊出屋，偷偷地给我塞嘴里；我想起了和母亲钻一个被窝，我睡着了，母亲还在纳鞋底儿的样子；我想起了母亲做的一包袱一包袱的鞋，直到我上大学的时候还在穿；我还想起了母亲年轻的时候舍不得穿的新衣服，总会拿来给我穿，如果不适合我穿的，她就会给我改成棉袄棉裤……

当下，我忽然意识到：母爱是没有分别的！别人可以说她脾气不好，可我不能。因为她是我的母亲，她对待我比对待世界上的任何一个人都好，或许她的做法有些让人不好接受，但那已经是她可以付出的全部！

对于母亲，唯有爱与感恩。通过陪伴母亲，我照见了自己的自私与狭隘，照见了自己的偏颇与执着。我曾经无数次希望母亲改变，但后来才发现原来最该改变的那个人是我啊！感恩母亲。

【点评】

本案例是一篇母子相互陪伴的故事，从作者对母亲的各种"强势"的不接受写起，到父亲去世后母亲的"心里扑腾"，再到通过陪伴"发现母亲的笑容变多了，脾气也好像平和了许多"，"母亲再也没有提到过她心里扑腾的事"，再到作者生日当天一大早母亲打来的电话，由这个特别日子母子间的连接引发了作者的顿悟——"母爱是没有分别的"，从而完成了与母亲生命的和解。

本案例应用了用心倾听、祥和注视、音乐沟通、经典诵读、动态沟通、同频共振等心灵呵护技术和生命陪伴生命的陪伴方法。其中在"一碗长寿面"的环节中,作者应用到了用心倾听技术。很多人认为用心倾听,就是听老人讲话,要听懂老人所说的每一句话。其实不是。所谓用心倾听,是将自己的身心安顿好,与交流对象建立起沟通的桥梁,是否能百分之百听懂对方的话语不是最重要的,最重要的是陪伴者能否在宁静祥和的"三不"状态下通过倾听,读懂对方的心,感受其喜怒哀乐。

在我们日常陪伴老人的过程中,老人的语言可能由于中风等身体原因导致讲话困难或口齿不清,或者由于方言口音很重而导致难以完全听懂。在这种情况下,我们不必着急,也不必强迫自己一定要听清楚或听懂老人讲的每一句话,只要用心倾听,做到用"心"就可以了。老人的很多话语,其实并不需要我们有明确的答复或判断,爱就好、听就好、在就好。我们可以用点头,或通过说"我在听""您讲得好"等积极性的简短语言,来表达我们与老人同在的感觉即可。本案例通过几种心灵呵护技术的联合应用,结合生命陪伴生命的陪伴方法的应用,呈现出母子双方经由陪伴而获得的成长的喜悦,其中,作者与母亲和解的部分发人深省。

我打他了

郭红梅

那天，在病房的卫生间里，我伸手打了87岁高龄的聋哑老公公的手。

由于新冠疫情，医院里要求所有的住院人员实行一人一陪护，我负责在医院全程陪护公公住院治疗。

这天，正在挂吊瓶的公公突然起身，提着吊瓶急急忙忙地就往卫生间冲，我赶忙跟进去给他挂好吊瓶，卫生纸放在他方便取用的地方，之后我就出来了。我在病房等了大概有20分钟，他还没有出来。我推开卫生间的门一看，傻了！

他竟然坐在坐便器上，手里捧着一坨大便，正在认真地看着！

……

这下完了！我的第一反应是：老年痴呆！认知障碍！不认识东西了！

我急忙把垃圾桶递给他，他抬头看着我，一脸茫然。

我忍了忍，又定了定神，戴上手套想从他手里把大便拿过来扔掉，可是他竟无辜地看着我，侧过身子躲着我，手里的东西抓得更紧了……

这时，我实在是无法再忍了！

夺！这是我当下的第一反应。

在一抢一夺的过程中，我竟然忘记了他是个聋哑人。我大声地吼着他，同病房的病友及家属听见了，敲门问我是否需要帮助。

我更急躁了！一边吼他，一边歇斯底里地用手狠狠地打他抓着大便的手，结果是他越抓越紧，弄得满目狼藉，仍然没有放手……

"住手！"

突然间，仿佛有一个声音从心底升起，我停下了又一次高高抬起的手，默默地走出了卫生间。

我开始在心里默默地念：不分析、不评判、不下定义，不分析、不评判、不下定义，不分析、不评判、不下定义……

"难道这就是需要我呵护的生命？！"一个声音不停地在问我自己，我快被气疯了！！！

我的泪水夺眶奔涌而出……

我老公公之前根本不是这样的！

他老人家虽然是聋哑人，但他自立、自强、通情达理，虽然年事已高，但学习能力很强，很讲卫生，也很自律，现在怎么会变成这个样子？！

面对现在的他，我既沮丧又无奈，更无法理解和接受！

当我再次进入卫生间时，他已经把自己基本收拾好了。我协助他洗洗换换。当我提着吊瓶再次打开卫生间的门准备带公公回病床的时候，抬头猛然发现医生、护士等一群人出现在卫生间的门口。

我愣住了，下意识地停下了脚步，公公也一脸茫然地停了下来。

或许是因为大家担心我们在卫生间的时间太长了，或许是大家听到我大声地训斥公公，或许是大家听到了我歇斯底里地打他手的声音……

我手足无措，委屈地如实向大家陈述刚才都发生了什么，解释我为什么打公公，解释我是在怎么样的情况下打的他，但在大家的目光里，我感觉所有的解释都毫无意义……

我知道我打公公不对，我知道我是因为被气爆了才打他的，但我更知道这一切解释在道德面前都是苍白无力的……

我不知道自己是怎样在众目睽睽之下带着老公公回到病床的。

……

出院后，这件事也在我们全家搅起了轩然大波。

事情总是要解决的。我给公公买了纸尿裤、隔尿垫，但他都拒绝使用。他认为自己还可以，用不着这些东西，所以很反感。我在这件事上也相当烦恼，认为他是故意的，完全不体谅我们上班的辛苦。他每次大便后，我都要大面积地打扫，简直是给我找麻烦。我总是一边清理，一边发牢骚，先生和儿子都来给我帮忙，但都不敢吱声。

在这件事上我就像个炸药包，见火就着。

其实每次处理完"战场"，我也会反思我怎么会变成这个样子。想想去养老院服务老人时我的情绪完全不是这样的，怎么在家里就全变了呢？！

周末傍晚下班到家刚要进门，儿子在门口悄悄地跟我说："妈妈，爷爷刚才大便了，而且还吐了，从卧室到卫生间弄了一路，我都收拾好了。"

我听到后，感到很欣慰：在美好的周末，当孩子遇到爷爷的特殊情况，孩子不是嫌弃，不是置之不理，而是愿意独自去面对，并用自己的方法来解决。

我进屋后，看着收拾得还挺干净的，我好感动，瞬间觉得儿子长大了，懂事了，能主动承担家庭责任了，于是，我欣慰地拍了拍儿子的脑袋。

我和儿子走进公公的房间，看见他垂着头，沮丧地坐在床边，像一个犯了错的孩子。我缓缓地走到他身边，轻轻地拍了拍他的肩膀，问他是不是哪里不舒服？他跟我一边摇头，一边比画，表示刚才喝水太急了，才吐的。能看得出他对刚才发生过的事很沮丧、很无助、也很无奈：沮丧的是自己连大小便都控制不好；无助的是他想自己解决他认为的日常小问题，结果是越搞越糟糕；无奈的是让晚辈看见了自己最糟糕的一面，很没面子。

我笑了笑，又轻轻地拍了拍他，表示没关系，照顾他是孩子应该做的事，是他的分内事。这时，他笑了，眼睛里满是欣慰与释然。

我问："爸，您饿了吧？您想吃什么，我给您做。"

他笑着打着手势表示随便吃什么都行，只要有我们在，他一切都好。

我笑着用手语对他说：对不起、请原谅、谢谢你、我爱你！

他愣了一下，随即用手语也向我们表达了一遍，儿子见状也跟着用手语表达了一遍。

傍晚的余晖从公公的窗口斜照进来，映在老人家宁静、祥和且幸福的笑脸上，我们祖孙三人就这样拥抱在这温暖的阳光中……

晚饭后是我们的家庭会议时间，我说之前是我对公公太急躁了，以至于曾经歇斯底里地打过他的手，主要是因为我早已习惯了之前公公可以完全自理的情况，对公公当时的状况一时不能接受。当然，无论如何，打公公是绝对不对的，我在公公和全家面前道歉，请公公和全家原谅我。

现在是需要我们全家相互支持，一起去接纳和照顾公公的时候，我们要让自己慢一点儿、再慢一点儿，陪伴他一起慢下来，慢慢地一起去适应发生在公公身上的一切变化。陪伴在他身边，为他做好每一件事，让他感受到我们和他在一起。

那天晚上，聋哑的公公全程参与了家庭会议，全程微笑地陪伴着我们；那天晚上，公公自己用上了纸尿裤；那天晚上，公公睡得很早，第二天早上起来精神饱满，照旧把自己收拾得干干净净的，坐在房间里看书，宁静而安详，就像之前几十年的每一个早上一样……

"每一个生命都是需要被呵护的，所以我们不分析、不评判、不下定义，就是爱与陪伴。"

【点评】

本案例是一篇陪伴公公的故事，作者通过令人感到悬疑的节奏不断地引领读者一层一层进入文章深处，让我们看见看似"另类"的行为背后经历的是从不接纳，到委屈，再到挣扎，到不得不接纳，直至完全接纳，并且达成了与公公及全家的和解，最终全家与公公一起共同面对因公公健康状况改变带来的一切改变的陪伴案例。

本案例应用了抚触沟通、动态沟通、用心倾听、祥和注视、"三不"、零极限、同频共振等心灵呵护技术及生命陪伴生命的陪伴方法。文中多次应用了动态沟通的心灵呵护技术，动态沟通的形式有很多，除了本文应用到的哑语、拥抱等方式以外，我们还会经常应用到手指操、拍打操等简单的肢体活动，益智游戏、跳皮筋、折纸等儿时的游戏，或者如果老人喜欢，也可以陪伴老人适当做一些运动型的游戏，但一定要以安全为第一位，适合老人参与，且以老人身体可以耐受为基础。

本案例除了动态沟通以外，"三不"技术及多种心灵呵护技术的联合应用也有呈现。十大技术作为心灵呵护技术而言，它们表面上各有不同，但其内核都是一致的，就是通过技术的应用将陪伴者那份宁静祥和的"三不"状态传达给老人，进而经由与老人的陪伴达到彼此间的同频共振。

大垃圾箱里的爱

张起梅

能让一个一辈子超级爱干净的老人跳进垃圾箱里挨个儿翻垃圾的理由会是什么？这个垃圾箱与爱又有什么关系？请听我给你讲讲这个发生在大垃圾箱里的故事。

2019年底，我和先生从天津回到东北陪伴我的父母过年，没想到2020年过年期间赶上了新冠疫情，只能宅在家里，刚好可以有机会陪伴父母。我和爱人在天津生活了十多年，很少回家，即便是过年也是如此。后来接触了十方缘，学习了爱与陪伴，我就想更多地陪伴自己的父母。

由于新冠疫情，大家都宅在家里，在这个过程中，我和妈妈有了更多的沟通。妈妈今年72岁了，是大家公认的爱干净的老太太。我们家里基本上是一尘不染，包括犄角旮旯儿都没有灰尘。有时候，我是不能够接受妈妈的这种爱干净的，觉得她干净得有点儿过分。

有一天，妈妈在帮我收拾房间，结果没留神，把我放在床头的钻戒当垃圾给扔了，那可是我戴了十几年的钻戒。我知道妈妈会着急，就听见她老人家自责道："这下彻底干净了，咋整呀？！干净过火了！把宝贝闺女的钻戒都给扔了……"我爱人看见我和妈妈都很着急，立马说："丢就丢了呗，丢了再买一个，旧的不去新的不来，这回咱换个大的，新样式的

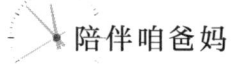

哈……"我很感恩爱人对妈妈的接纳和包容。

这天早上吃完饭，爱人坐在客厅里用电脑，妈妈拿着笤帚站在爱人的旁边，爱人看见妈妈要扫他身边的地方，就把电脑关上回了房间。妈妈拿着笤帚扫桌子底下旮旯里的灰尘，我说："妈呀，那里面也没啥，扫它干啥？"

其实当时我是有情绪的，妈妈就说了我几句，我觉得特别委屈，想到因为她的爱干净，把我的钻戒都给当垃圾扔了，就更加委屈，当时情绪便爆发了，坐在沙发上哭了起来。

妈妈说："你看你还不让说了，说你几句还哭上了！"

后来才知道妈妈是因为把我的钻戒扔了很自责，再加上弟弟在这波新冠疫情之前去了大庆，一直在那边被隔离，一个多月也回不了家，妈妈惦记弟弟，心情也不好。我当时没理解妈妈的心情，就和她怼上了。

妈妈一生气就去了舅舅家，爱人劝我："咱妈干净了一辈子，干净已经成为她的生活习惯，咱们学习了爱与陪伴，得尊重她本来的样子，对不？咱们都是爱妈妈的，爱妈妈就要让她成为她本来的样子啊。"

爱人的一番话，让我恍然大悟，我当时是想让妈妈成为我想象的样子啊，此刻的我意识到自己的问题，我真想冲到妈妈身边向她认错——妈妈都这么大年龄了，还这么爱劳动、爱干净，这都是她的优点啊……

当我平静下来的时候，我觉察到自己的情绪：当我们有情绪的时候就有了分析、评判和下定义，就会觉得妈妈的爱干净是缺点；当我静下心来，便有了觉察，这时候我才是有爱的，是放空的，是"三不"的，就像十方缘的价值观中所说——每一个生命都是需要被呵护的，所以我们不分析、不评判、不下定义，就是爱与陪伴。

当天晚上，我早早地准备了晚饭等着妈妈回来吃，一听见门响，便飞奔着跑过去打开门，笑呵呵地说："妈妈，您回来了。"

我看见妈妈买的水果和酒精，赶紧接过来，喊妈妈吃饭。一家人其乐融融地吃过晚饭，跟什么事情都没发生一样。这要是在我没学爱与陪伴之前，我得一直生气，会好几天都不理妈妈的。

爱是什么？爱就是全然地接纳和欣赏生命本来的样子。

到了第二天早上，妈妈还是惦记着帮我找钻戒的事，嘴里还一直念叨着："干净了一辈子有啥用！干净过火了……"

吃完早饭，妈妈就自己下楼了，不一会儿上楼来找工具，我这才知道妈妈去翻垃圾箱了。我说："妈妈呀，您别找了，丢了就丢了吧，这么冷的天，您到垃圾箱翻啥啊！"妈妈也没理我，拿上工具就下楼了。

我赶紧穿上羽绒服去追妈妈。我来到楼下的垃圾箱边上，咦，怎么没看见妈妈呀？

我仔细地听，循着"唰、唰、唰、唰"的声音才发现：东北零下44℃的大清早，我的妈妈顶着刮得人都站不住的呼呼的大北风，竟然钻进了大垃圾箱里，在那儿翻，把所有的垃圾袋一个个地翻出来……

当时，我的眼泪"唰"就流下来了，我感受到了老母亲对女儿的那份无私的爱：干净了一辈子的妈妈怎么可能钻进大垃圾箱里呢？但妈妈为了给宝贝女儿找钻戒，那一刻，她放下了所有的执念，既不怕冷，又不怕脏，一心只为找到女儿的钻戒！

我擦了把泪，立马也想跳进大垃圾箱里，陪着妈妈一起翻垃圾箱。但不跳不知道，想要进到大垃圾箱里又谈何容易。3天前，这里下了一场大雪，大垃圾箱外面和周围全是冻的冰，想要靠近都要小心滑倒，再加之那天七八级的大北风，能站住都不容易，真怀疑我那腿脚不好的妈妈是怎么爬进去的。

我小心翼翼地走到垃圾箱旁边，用手掰断垃圾箱边上坠着的长长的冰溜子，一边掰，一边对母亲说："妈妈，您太厉害了，这么滑，您是咋爬进去的呀？……"

我还想再问，但又一阵北风呜呜地刮过，刮得我连眼睛都睁不开了。

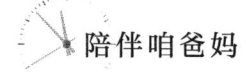

我赶紧蹲下，利用大垃圾箱的外壁挡住吹向我的北风。

等这阵风刮过，我赶紧对着大垃圾箱里的妈妈喊："妈妈，您没事吧？！"

"闺女呀，我没事，你咋样？没摔个子吧？"妈妈紧跟着关切地问。

"妈妈，我没事，垃圾箱帮我挡着呢。这风，真大！"

"妈妈，这箱边这么厚的冰，您老人家是咋爬进去的呀？"我赶紧问。

"箱后头有个斜土坡，我昨天就看见了，从那儿正好往里面跳。你就别进来了，风太大了，瞅瞅这冷劲儿的，赶紧回屋吧，今天零下44℃呢，你先回去吧，暖和暖和。"妈妈这时候还在关心我的冷暖，唯独心里没有她自己，我被感动到掉泪，不知道该说啥。

我一边默念着"对不起、请原谅、谢谢您、我爱您"来平复情绪，一边绕到大垃圾箱后面，爬上了妈妈说的那道土坡，果然很容易地跳进了大垃圾箱。

妈妈见到我，说："让你回屋，你咋还跳进来了呢？"

我说："我给您做个伴儿呗，您不回屋，我也不回。"

说着，我对着母亲傻傻地会意一笑，母亲也笑了笑，说："这傻丫头！"

于是，在东北零下44℃的七八级大风的早晨，在大垃圾箱里，有一对娘俩相互协助着把垃圾袋一个个地倒出来，在找一枚注定找不到的钻戒……

钻戒虽然没找到，但我的心是暖暖的，我感受到了母亲平凡而又伟大的爱，这份爱已经顷刻间照亮了我的整个生命……

爱，可以在庙堂之上，可以在粥饭之间，可以在垃圾箱之内，可以在每一颗心之中……

【点评】

本案例是一个母女之间意料之外，又在情理之中的关于爱与陪伴的故事，起因于一直爱干净的母亲误扔了女儿的钻戒，随后是情绪摩擦，之后是相互的看见、理解和接纳，再之后是"在东北零下44℃的七八级大风的早晨，在大垃圾箱里，有一对娘俩相互协助着把垃圾袋一个个地倒出来，在找一枚注定找不到的钻戒"，她们看起来是在找钻戒，实则是在找爱，在找母女之间那份浓浓的、暖暖的、软软的爱。

本案例应用了祥和注视、用心倾听、动态沟通、零极限、同频共振、"三不"等心灵呵护技术及生命陪伴生命的陪伴方法。本案例多次应用零极限技术，在零极限的四句箴言中，到达零极限的秘诀重要的一句是"我爱你"，这是达到宁静祥和状态，实现归零一切念头、情绪及成见的通行证。爱，是人类世界所能感受到的最大最强的正能量。爱，是纯粹的、真诚的、无分别的、无条件的、不求回报的付出，这种爱是无限的。因此，当我们真诚地说出"我爱你"的时候，将会双向激活说者和听者内心深处的大爱，并使这份大爱像山泉一样流出，无有穷尽，不断浇灌生命的土壤，滋养生命之树长青。

在陪伴老人时，陪伴者可以反复对自己默念"对不起、请原谅、谢谢你、我爱你"这四句箴言，如果老人同意，也可以大声朗诵出来，还可以配上背景音乐，或者在零极限音频的带领下进行。经由零极限技术的清理让自己全然接纳自己、老人和外在的一切。

本文作者通过零极限技术的应用平复自己的情绪，进而在宁静祥和的"三不"状态下跳进"大垃圾箱"，应用和母亲通过协作一起翻垃圾袋这个动态沟通的心灵呵护技术，完成了母女之间的同频共振。

爱似烂漫梨花白

卢 莉

树树梨花如漫天飞雪，花团锦簇像白浪层叠。梨树下，十方缘线下义工陪伴活动正在进行中。

这次活动我把妈妈带来了，一是想让她感受一下女儿经常念叨的十方缘活动，二来是想让妈妈欣赏一下春天的美景。妈妈开始执意不肯参加，怕打扰到我们，就在梨园附近独自散步赏花。妈妈事事想着别人，一切都为别人的方便，经常忽略自己。这次能在劝说下跟随我一起来已经很不易了。

大家先是学习《老人心灵呵护志愿服务行为规范》，在领队老师解读的过程中，我体会到要更多层次地觉察与老人及家人相处的细微处。每个伙伴都讲到了自己和家人的点点滴滴，我好几次都被感动到落泪。

在唱歌的环节，妈妈被大家邀请回来，还是因为被请求帮我们拍合影，她才肯凑过来的。妈妈总是很腼腆，其实她是爱唱歌的人，经常用手机App录制歌曲，但是从来不公开发表，更不会在大众前放声歌唱。妈妈的兄弟姐妹很多，她排行最小，在艰苦岁月里，她一直是在被忽视的环境中长大的，所以她独立要强，从来不给别人添麻烦，还总是竭尽全力地帮助别人。

那天，在大家不停地鼓励下，妈妈终于跟大家一起唱起来。她唱了一首《洪湖水浪打浪》，也许是因为音乐的带动，在梨花树下笑容满面的妈妈不仅唱起来，而且还翩翩舞起来，她的矜持在一点点舒展，心也在慢慢打开，沉浸在歌声的旋律中，目光里都是慈祥，温柔的笑脸、动听的歌声、两鬓的银丝也在阳光下泛着光，伴着春风吹过飘起来的花瓣，那是我从来没有见过的妈妈的样子，绽放、舒展、美好……

轮到每个人唱一首歌的环节，我选择唱《妈妈的吻》。这是我小时候妈妈经常哼唱的歌曲，我至今都记得她一边忙碌着，一边轻声哼唱时的情景。如今妈妈年纪大了，不再是那个风华正茂、清丽秀美的母亲了，她的头发白了，脸上布满了皱纹，身体也越发瘦小了，但她还是每天在忙忙碌碌地为家操劳着，一直默默无闻地付出着。

"在那遥远的小山村，小呀小山村，我那亲爱的妈妈已白发鬓鬓，过去的时光难忘怀……再还妈妈一个吻，一个吻……"唱到一半，我就突然哽住了，过去的时光一下子都浮现在眼前：小时候我的父亲在外地当兵，直到7岁我都是跟妈妈生活，她一边起早贪黑地忙碌工作，一边还要照顾我和奶奶；我小时候家庭条件不好，衣服都需要缝缝补补，但妈妈让我出门总是干净整洁；妈妈无论白天有多辛苦，每天晚上我都吵着要妈妈搂着我，给我讲故事才肯睡觉，而她永远都会温柔地回应我，但经常是故事没讲完，妈妈就累得先睡着了……

我记得上一年级的时候，学校里举办儿童节活动，要求穿白色衬衣，可我没有。妈妈下班后就给我赶制，我睡到半夜还听到缝纫机"哒哒哒"走线的声音，妈妈的身影在灯光下朦朦胧胧的，不知道她是不是一夜都没有睡觉，第二天早上起床的时候，一件雪白的衬衣就摆在我的枕头上了……

妈妈虽然文化不高，但只要听说一些可以让生活品质提升的好点子，只要在有限的条件下可以完成的，她就会去做。比如：妈妈听学校老师说经常晒被子可以让家人睡觉更安稳、更舒服、更健康。于是，她开始经常

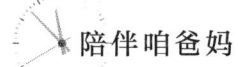

晒被子，这件事妈妈一坚持就是一辈子。只要阳光好，我家的被褥就会挂满晾衣绳。儿时的我喜欢钻到被子里面，那股焦生生的、暖融融的、松软软的阳光的味道留在我童年的印象里，就是妈妈留在我心里的感觉，直到后来我有了自己的家，偶尔还是会钻到晒着的棉被里寻找妈妈的感觉……

而今，我也已过不惑之年，早已为人妻、为人母，此刻我才能真切地体会到妈妈这一生中所承受的磨砺对一个女人意味着什么……

我在心里不停地默念着：妈妈，对不起、请原谅、谢谢您、我爱您……

那一刻，我再也忍不住夺眶而出的泪水，在这温暖的梨花漫天的春日里，紧紧地拥抱了我的妈妈。妈妈留给我的感受，那是阳光洒满全身的温暖，柔软似春风轻拂。她的情绪也有些激动，心跳也有些加快，她此刻应该也沉浸在与我同频的感动中……

妈妈的爱安静如湖水，深沉如大海，奔涌如瀑布，我深深地与妈妈连接着、深深地与爱连接着、深深地与我生命的源头连接着，那份幸福无以言表……

参加十方缘的活动，让我更加明白如何看见爱，如何更好地陪伴自己的父母，我会好好地珍惜他们、陪伴他们，报答他们的养育之恩。

爱在烂漫梨花下，更似烂漫梨花白。在烟火气十足的生活中，感恩母亲用她无私的爱将平淡的生活变成了当下最美的诗篇。感恩十方缘让我学会了爱，并且把爱与陪伴带回家……

【点评】

本案例是一篇陪伴母亲的故事，从母亲的腼腆，到在大家的陪伴下歌起来舞起来，再到一首《妈妈的吻》唱到自己潸然泪下，再到回忆童年时缝纫机响了一夜后那件雪白的衬衣，再到被子里暖暖的母亲的"感觉"，再到梨花漫天的春日里与母亲的相拥而泣……爱是什么？难道不就是在烟火人间的每一个不经意而又极其普通的一瞥间中吗？

本案例应用了祥和注视、音乐沟通、动态沟通、同频共振、零极限等心灵呵护技术，应用了生命陪伴生命的陪伴方法。其中，音乐沟通是通过音声进行交流的一种心灵呵护技术，是指应用音乐作为辅助手段，来达到陪伴老人、陪伴自己、呵护心灵的效果。音乐沟通主要形式有播放乐曲与老人一起欣赏，或者和老人一起参与到音乐中来，可以一起歌唱，也可以弹奏乐器。

音乐是人类共同的语言，每一个生命都可以感受音乐的旋律和美好。通过与老人一起聆听、独唱、合唱或演奏，在节奏和旋律中感受音乐之美，连接生命，让老人感受到有一个生命、有一段音乐在陪伴自己。音乐沟通的核心：对自己、对老人、对整个场域的状态要有觉察，对老人"不分析、不评判、不下定义"，感受老人的状态、与老人同在。

不留遗憾的表达

王曹静

树欲静而风不止,子欲养而亲不待。想要对父母不留遗憾,那就及时地把自己对父母的爱表达出来吧。

从2008年我爸确诊脑梗到2021年因再次突发心梗去世,这13年我最庆幸的事情就是我把对父亲的爱全都勇敢地表达给他——这也是在父亲离开后,每每想到他,我心中没有遗憾,全是满满的爱与感恩的原因。

从小到大,我和我爸的相处模式都挺平淡,没什么交心的时候,也没有争吵的时候,有种井水不犯河水的感觉。

没钱就问我爸要,没被拒绝过;考试没考好,就让我爸去开家长会,虽然有时候他有点儿不靠谱,会迟到,但也没有拒绝过。在记忆中,我总是和妈妈达成统一战线,帮妈妈声讨爸爸的过失,最怕我妈说"你就跟你爸一样"如何如何,爸爸好像成了妈妈给我的反面教材,我特害怕我有什么事情跟我爸沾上关系。

渐渐地,我"继承"了妈妈对爸爸所有的情绪。为了不背叛妈妈,我把自己对爸爸的感情都封藏起来,并且我一直认为我不爱他,因为他对我妈不好,所以我也没有办法靠近他。

进入十方缘是因为突然有一天我意识到死亡的存在,意识到父母已经年迈，随时都有离开我的可能性，可我还没有学会如何陪伴他们。

尤其是对于爸爸，因为他已无法自理，加之妈妈体弱多病无法照顾，爸爸一直在养老院里由专人照顾。虽然我每周都去看望，但总觉得没有办法更深地陪伴到爸爸。在他腿脚还算灵活的时候，我可以带他出去改善伙食，可他后来就卧床了，我能做些什么才能更好地陪伴爸爸呢？

当我真正开始思考这个问题的时候，我看见了一个自己不愿面对的真相：从小到大，我甚至竟然不曾拥抱过爸爸，也不曾，甚至是无法对他说"我爱您"。他是我的爸爸啊，是我在这世界上最亲的人，可为什么连这么简单的事情对我来说都做不到呢？！

于是，我开始审视爸爸在我心中的样子。我发现，每每想到爸爸，我脑海中的声音竟然都是妈妈的。

不对，这是妈妈的！不是我的！也不该是我的！

于是，我开始努力地回想，直到我看见一幕幕小时候的往事：爸爸给我买最新款的口香糖；爸爸把我冰凉的脚丫子塞进自己的衣服里给我暖脚；我写作业写得太晚，当我趴在桌上睡着的时候，爸爸会慈爱地拍拍我，把我抱上床……

那一刻，我突然明白，虽然在妈妈那里他可能被认为不是一个好丈夫，但在我这儿，他是一个爱我的好爸爸呀，以前因为妈妈，我对他有太多的不公了！

在那之后，每当我再次面对爸爸的时候，我开始用"三不"技术清空我头脑里的评判，真正地去感受眼前这个我生命中最重要的男人。

我惊奇地发现：在我每次去看他的时候，他总是一直紧紧地盯着我看，好像生怕我会突然消失了一样，那个眼神回避的人反倒是我；当我每次握着爸爸的手，我感受到他的力量仿佛通过这双手在传递给我，让我的内心升起了更多平和的力量，我心里的那些莫名其妙的恐惧随之消散；当我每次要离开的时候，爸爸眼神里总是有说不出的眷恋，那份不舍让我既

心疼，又心酸……

每当我使劲捏捏他，他都要和我反手掰手腕。当我假装输了，夸赞他力气不减当年的时候，他总是会咧开嘴，露出稀稀松松的牙齿，无声地笑好久，眼睛也变得更加明亮了……

多神奇，我们心与心的距离就这样靠近了。

我开始没大没小地称呼他"老王同志"，他听到后，先是一脸严肃表达嗔怒，又转而忍不住咧开嘴来，宠溺地对我笑，缓缓地抬起他僵硬的胳膊，把瘦骨嶙峋的手伸向我，示意我靠近一点儿。

我于是俯下身去，双手环住他的脖子，把头贴在他的胸前。那份亲密的接触我曾在心里想过千百回，那一刻竟然就这样自然地发生了，没有想象中的那种尴尬，反而是感觉很踏实。爸爸被我压着的胸膛开始颤抖起来，喉咙里发出呜呜的声音。自从患病以来，只要内心有触动的时候，他都会忍不住仿佛哭泣一样地开始颤抖……

我把他抱得更紧一些，浓浓的爱意油然升起，我知道，我需要勇敢地说出那句在我心里环绕无数遍，却始终无法说出的话。

于是，我在耳边小声地对他说："老爸，我爱您！"

突然，又一波更剧烈的颤抖袭来……

"爸爸，您是要表达您爱我吗？"我抬起头来问他。

"爱、爱、爱、爱……"

爸爸毫不犹豫地回答，却因发音困难又急于表达而口吃起来。

我俩四目相对，手拉着手，会心地傻笑着。这突如其来的幸福显然让我们父女俩都陶醉了，在那一刻，仿佛世界都消失了，时间也停止了，只有我和爸爸，只有爱在流动……

从那以后，我和爸爸见面和告别的时候都会坦然地彼此拥抱，我也会很自然地对他说："爸爸，我爱您！"

每次去陪伴爸爸，我最喜欢的，也最常做的事就是带着我喜欢的书，读给他听，我们都很享受那个过程。可是我不在爸爸身边的时候该怎么办呢？

于是，我准备了两支录音笔，把我想说的话、喜欢的文字用录音笔录下来，每周去看望爸爸时给他留下新录制的那支录音笔，无缝衔接。

每次录音频的时候，我的状态都很平静，感觉爸爸就在我身边，就在我对面。我仿佛能看见他张着嘴"咿咿呀呀"地给我回应。

我对他说："老爸，这是我喜欢的书，我想读给您听……；老爸，今天我要读一首诗给您……；老爸，我想对您说，我真的很爱您……"

每每这个时候，我身体里都会升起一股暖流，特别神奇的是我整个人都变得踏实而有力量。

我在诵读的时候，仿佛又回到小时候，把从前不敢对他表达的爱，都通过这些录音统统表达给他，我相信爸爸听到这些录音的时候一定能感受到。而更重要的是通过这样的表达，我和爸爸之间的沟壑被填平，我潜意识里的伤痛也被疗愈了。那种和爸爸之间的距离感不见了，每次见面都是温暖流动的感觉。我相信爸爸也有同样的感觉。

每次去看爸爸，护理员都会跟我说这个录音笔你爸一直拿着，看不见就找，听完我也很感动。

后来因为病情的原因，爸爸不能和我正常交流了，可是，就是爸爸的这些行动给了我巨大的肯定，爸爸的状态也随之越来越好了。

对爸爸的陪伴打开了我心中的一个结，那个无形的、隐秘的、根深蒂固的结，也许不用心觉察就根本不会发现。在陪伴的过程中带着觉察，去觉察自己，并勇敢地向父母表达，当下会体验到爱，同时体验到爱的回流。爱是陪伴，回流也是。只要感受过，就会内化为心的慰藉与力量。

每当回想起与爸爸彼此陪伴的每一个点滴，我都会回到那个爱与陪伴的美好感受里，而这种感受能变成一道光，照亮人生中的每一个至暗时刻。

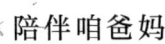

【点评】

　　本案例是父女之间爱与陪伴的故事，作者从因对母亲认同而对父亲"井水不犯河水"的爱，到"为什么对自己最亲的父亲都不能拥抱，不能表达爱？"的自问，再到"三不"地审视"这个生命中最重要的男人"，再到两支录音笔"无缝衔接"地用声音、用爱陪伴父亲，这样的陪伴直至父亲生命的终点。这一切改变的原动力就是爱，而引领爱的则是"觉察"，是"用心去感受对面的这个生命"。

　　本案例应用了祥和注视、用心倾听、抚触沟通、零极限、动态沟通、同频共振等心灵呵护技术，应用了生命陪伴生命的陪伴方法。十方缘十大技术在我们初学时，感觉貌似技术是应用在老人身上的，但实际上我们可以把十大技术同步用来陪伴我们自己。当我们情绪不稳定，或有任何消极的、无力的感觉时，或者当我们面对突发情况而不知所措，甚至慌乱的时候，可以高声或默默反复对自己说"对不起、请原谅、谢谢你、我爱你"这四句箴言。

　　归零状态是接受生命中来到自己身边的任何人、事、物，不管是好的，还是坏的。借由零极限技术我们让自己变得情绪平稳，在这样的状态下，我们才能持续保持在宁静祥和的"三不"状态下陪伴生命。

母亲笑了,全家人都笑了

张晓平

从父亲去世后,母亲的语言和笑容就更少了。虽然母亲以前也是一个不苟言笑的人,但脸上的表情起码是有温度的,肌肉线条是柔和的。不仅如此,她的身体也在每况愈下,今天牙疼,明天腿疼,后天心脏不舒服,反正哪哪都出毛病,哪哪都不舒服,这忽然让我意识到要多多陪伴母亲了。

那个时候我还在上班,还得照顾孩子,操持家务。尽管分身乏术,但我还是会趁周六周日休息,天气晴朗之际带母亲出去晒太阳,走马观花地遛公园,也带她去饭店改善伙食,吃完饭便把她送回家。

记得父亲去世以前,那个时候手机没有微信功能,我每天都会给母亲转发各种笑话短信、幽默故事、小段子等。后来有了微信,就给她转发图片,有意思的小品、音乐、歌曲等,只要我觉得有趣的,都转发给母亲。

这样各种转发,雷打不动地坚持了许多年。这期间也有内心不爽想放弃的时候,但为了不让良心过不去,我还坚持着。虽然看似多了很多的关心,但仅限于生活必需和表面上的事上。当然也会有陪伴,但和母亲几乎没有任何身体接触,更别说肌肤相亲和推心置腹了。

由于我工作在规矩和界限分明的单位,因此,无论任何事总是二元

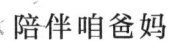

论,非黑即白,渐渐地,严谨的规则成为我的某种生活方式。无论做什么事,控制和指责成了常态,尤其是在和母亲的交流上更是如此,我总是站在道德的制高点上分析、评判和定义母亲的言行。

记得有一次我去外地出差,刚好有空,想让母亲和我来住几天,就让朋友把母亲带到当地,我俩久别聚在一起都很高兴。可是一见面,母亲就和我讲起她和我的弟媳、姐姐之间的各种不如意,还有她们之间的各种烦心事,我顿时勃然大怒地对她说:"您是当妈的,孩子们都比您小,尽管错的是他们,但您也应该宽容和原谅,您这样鸡蛋里挑骨头,谁还愿意孝敬您呀?!儿子和媳妇的日子还能过好吗?!"

说到这儿,我忽然觉察到语气有点过于生硬,接着,又给她讲了一个妇人找老和尚讲烦心事的故事。大意是:有个妇人经常和大家讲她的不如意,见谁都讲,还重复地讲,大家都不愿意听,都躲着她,她也很苦恼。于是上山找老和尚诉苦。

老和尚就问她,说:"你天天说的这些事你高兴不高兴啊?"

她说:"不高兴。"

老和尚就把这些事比喻成粪,说:"这粪,你有事没事就拿出来给别人看,给别人闻,你觉得怎么样?"

妇人顿时了悟了,就此放下。

把这个故事给母亲听后,她不语,沉默地低下了头。

第二天,母亲去老同学家聚会之后,看着相片中那个瘦弱、略带倾斜又弱不禁风的自己,母亲不禁放声大哭。我觉得对不起母亲:孝顺是"不面难",要"顺"在前,"孝"在后,于是我下决心要改变。

其实母亲也特别不容易,她是从小被抱养,在打骂声中长大的孩子。她不会表达爱,当我在她生病期间忙前忙后的时候,她本想对我表达"你辛苦了"的意思,但母亲说出来的却是:"晓平,你真能干!"因为当时我特别累,特别需要母亲的肯定与表扬,所以母亲的这句话令我特别愤怒和不满。

后来通过学习，我懂得了所有的改变不是改变别人，而是要先从自身改变开始。身体是情绪的载体，它的样貌是对情绪的表达。在学习的过程中，我开始和母亲有了很多的身体接触，我们的交流也越来越多，越来越自在了。在我面前，母亲感受到了允许和接纳，她终于可以放松地想说什么就说什么了，而我也接受了我们各自的样子。

当我夸母亲说："妈妈，您真棒！您成长进步得特别快！"

母亲也会反过来夸我说："晓平呀，是你变得没那么尖刻了，所以我也变了。"

再后来，我遇到了十方缘，于是就把母亲第一时间带上了十方缘的云陪伴。打那以后，母亲的变化更是出乎意料：饭吃得多了，也觉得饭香了；一辈子瘦弱的身体也长胖了；低落的情绪也变好了。不仅如此，我们整个家庭中互相关心多了，夸奖多了，指责抱怨少了，关系也融洽了。

记得新冠疫情期间母亲有好长一段时间没见我的弟弟了，这事要是搁在从前，她会不停地和我抱怨：那么大人了，一点儿也不懂事，这还怎么教育得了孩子？！还怎么经营好家庭！？母亲想弟弟的时候，从来都不说想弟弟，总是用各种语言表达对弟弟的嫌弃和抱怨，或者说别人家儿子怎样怎样来影射自家的问题，而且母亲从来还不和弟弟直接说。

这一次，我觉得母亲又要和我怒斥弟弟，我已经做好了心理准备，乖乖地坐在沙发上，一边拉着母亲的手，一边心里默念着"对不起、请原谅、谢谢你、我爱你"，一边等着母亲倾诉对弟弟的不满。

但令我奇怪的是，母亲只是平静地望向窗外弟弟家的方向，慢慢地把身子依偎在沙发靠背上，说："晓平呀，你弟弟最近单位一定很忙，他是正高职称的医生了，就应该把心用在工作上，尽心尽力地服务好每个病人，把自己的技术很好地应用起来，这样才不辜负党和医院对他的培养。再说这新冠疫情那么严重，他得以病人为重。哎！妈老了，心思总是放在儿女

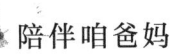

身上，总是惦记，几天不见就会想。可你们都有自己的工作、家庭和事业，我都理解，你说说你弟弟一工作起来就不要命，哪怕打个电话让我听听声音我也能放心呀……"

我一边微笑着抚触着母亲的手，一边祥和地望着母亲的脸庞，另一只手拥抱着母亲，并和母亲生命中透出的这份宁静祥和共振着……

尽管母亲对儿子有深深的思念，但更多的是对儿子的理解、接纳和支持，她的表情是柔和、温暖、充满爱的，像极了夕阳，灿烂却不刺眼。这时的我耐心地倾听着这份"絮叨"，没有烦躁、没有指责、没有抵触，只是用心地感受着这份灿烂，允许这灿烂笼罩着我、滋养着我、感动着我……

也许是母子间的心有灵犀吧，这时门开了，弟弟竟然回来了……

此后，母亲还学会用肢体语言表达零极限的四句箴言"对不起、请原谅、谢谢你、我爱你"。她经常对我们说："我爱你，抱抱你；送你个小星星。"母亲手指不灵活，勉强用手指比画出来的是有些变形的小星星，样子很可爱……

今年过年，母亲给我们每个人发了红包，每发一个红包，都会和儿孙们拥抱，彼此表达"我爱你"，儿孙们都给老人家磕头拜谢。在吃年夜饭的过程中，母亲带头唱了一首歌，接下来每人也都表演了节目，在此起彼伏的歌声与笑声中，那种从未有过的温馨氛围笼罩着全家，空气中也弥漫着甜蜜的味道。更令我们欣慰的是母亲脸上绽放着发自内心的欢喜，散发着柔和的光，那曾经紧绷着的深深的皱纹好像也舒展不少。

母亲笑了，全家人都笑了。

【点评】

本案例是一篇在父亲去世后陪伴母亲的故事。作者从最开始机械式的转发笑话，到定期的陪伴，再到身体的接触和无障碍的沟通，再到可以全方位地看见母亲，再到最后通过十方缘的爱与陪伴让母亲逐渐活出了自己的那份宁静、祥和、可爱、喜悦的状态。

本案例应用了祥和注视、用心倾听、抚触沟通、动态沟通、同频共振、零极限等心灵呵护技术，应用了生命陪伴生命的陪伴方法。在零极限技术应用时，在充分清理情绪的基础上，一个人会变得宁静。我们在日常生活中也可以练习带着觉察应用零极限技术，在这个过程中，学会对生命中的一切负100%的责任。生命中的一切不仅包括你的所言、所行、所思、所想，还包括你生命中出现的其他任何人的所言、所行、所思、所想，当我们对这一切负起100%责任的时候，当别人出现问题的时候，那也是我们的问题。我们不必指责现状中的任何人、任何事，我们能做的只是负起100%责任，只是去接纳、拥抱和爱。通过带着觉察的练习，我们归零得越多，就越接近自己的生命本源。

觉察中的看见

何　麟

因为今天下午线上云陪伴进行时的小小遗憾，我在陪伴结束后麻溜儿地又找到父亲，热切地建议说："老爸，要不您给我开个小灶，给我讲讲您的求学之路吧！"

父亲一听，乐开了花，打开了他的话匣子。凝视着父亲因回忆过往而美好且喜悦的脸，我忽然对自己有一丝觉察：在生命成长的过程中，其实我更愿意去阅读名人的传记，从他们的成长史、奋斗史中，找到向上的力量。但对于最亲爱的我的父母呢？我总感觉他们都是再平凡不过的人，没有什么值得学习的地方，甚至有时候我会看见他们身上更多的是缺点，比如父亲的固执、专横、严厉、强硬等，在他眼中的我，也永远是一个不会照顾自己的小孩子……

而今，当我能够沉下心来，用"三不"技术不断地清理自己，静静地听父亲讲那些过去的故事时，我越来越多地看见父亲身上的闪光点：在他讲述这一生中重要的时间节点上总有贵人引路时，他总是在说："感恩你爷爷在家道中落后仍然全力支持我上学""感恩毕业前的班主任帮我分析形势，让我在'文化大革命'中没受太大冲击""感恩厂长培养我成为技术人才，一直重用我，给我机会""感恩那一年我突然生病，李医生让我重新看见生命的意义"……

在讲述的过程中,他说:"我从小丧母,啥事都得自己做,没办法,只能靠摸索,所以教导你们姊妹俩一定要自信,坚信自己能做好,确定好目标后,不怕困难,勇往直前……"听着听着,我突然感觉父亲好像也没有那么严厉与强硬了……

听着听着,我忽然泪目:我的人生已经进入了"下半场",可我一直在向外抓取,从来不曾探究过自己的内在,更不曾凝望过父母的脸、倾听过父母的唠叨、表达过对父母的爱——曾经觉得做那些事,实在是太浪费时间了……

幸运的是在十方缘里,在一次次的爱与陪伴服务的践行中,我逐渐地学会了看见父母、接纳父母和爱父母,并带着觉察,在语言和行为背后,看见父母真正的需要……

通过陪伴父母,我发现每个生命的过往都是需要被尊重、被看见、被反思、被原谅、被怀念、被感谢的。对于"孝顺",我曾经的理解是:给父母钱花、给他们买吃的穿的、带他们出去玩。也因此,曾经我一度觉得自己很孝顺。直到去年夏天的一个下午,父亲突然情绪低落地跟我说:"二宝呀,你知道吗,我觉得很孤独。"

我有些诧异,笑着回应说:"哎哟,爸,我天天来看您,每次来都买一堆东西,您怎么还觉得孤独呀?难道您觉得我不够孝顺吗?"

"二宝呀,爸知道你孝顺,爸其实啥也不缺,衣服多一件少一件都没啥。爸呀,其实就想让你多陪我说说话……"

我的笑容戛然而止,泪水夺眶而出,心痛如刀绞……

"二宝呀,别哭!爸偶尔能像这样和你说几句话,其实就很满足了,其他的我啥都不要都行。"

说着,父亲的眼里也噙满了泪花……

我快步迎向父亲,使劲地拥抱着他,说:"爸,是女儿不对,是女儿没做好，请您原谅我，我知道该怎样做了，您放心吧！我知道错了，请您原谅我……"

泪水止不住地流，滑过我的脸，浸湿了父亲的红色T恤……

父亲轻抚着我的头，安慰着我，说："我的好二宝，爸知道，你是爸孝顺的好孩子，爸都知道，咱不哭了哈，我的好二宝……"

那一刻，我感受到我的后背一阵温热……

那一刻，我突然意识到孝顺父母更重要的是能够看见他们、爱他们、陪伴他们。这也许就是十方缘的伟大意义之所在——它不仅给予我们一个陪伴老人的平台，还教会我们陪伴老人的方法和技术，同时倡导持续践行孝道文化和陪伴生命喜悦成长的伦理，进而通过在陪伴老人、陪伴父母及陪伴所有生命过程中的自我觉察，让我们不断看见爱……

【点评】

本案例是一篇在陪伴父亲的过程中"觉察"的故事，应用了祥和注视、用心倾听、抚触沟通、动态沟通、同频共振、零极限、"三不"等心灵呵护技术，应用了生命陪伴生命的陪伴方法，通过在陪伴父亲的过程中不断升起觉察，并通过在宁静祥和的"三不"状态下的觉察不断看见父亲、看见生命、看见爱。本案例用心倾听技术的应用到位，在作者描写"强势"的父亲在谈到什么是孝顺的时候说到"爸呀，其实就想让你多陪我说说话……"时，一股莫名的刀绞触动了每个人的心，之后父女二人生命的连接便在零极限的表达中和解与升华。

在陪伴老人的过程中，两大重点是需要在日常的陪伴践行中高度注意的，一个是陪伴者是否能持续处于宁静祥和的"三不"状态，另一个重点就是觉察和调整。所以这是在持续践行爱与陪伴的过程中，需要我们不断去练习和觉察的。

陪伴爸妈,人间值得

王相群

母亲在刚满 60 岁的时候因病去世,一年半后,在我深陷悲痛还不能自拔的时候,刚刚 63 岁的父亲又因心脏卒中突然离去。那份失去双亲的痛,穿越时空,至今仍让人痛彻心扉,泪目不已。

20 年来,我一直克制自己不去回忆父母离去时的情景,不愿回忆自己失魂落魄、茫然无措、以泪洗面的日子,不愿回忆我没能照顾他们而带来的遗憾——他们在那个人人都过苦日子的年代把我们姐弟养大成人,当我们开始有能力回报父母养育之恩的时候,他们却突然离开,我那受苦受累了一辈子的父母竟然没有过上一天好日子,每每想起来我都感到揪心的痛。

随着爱与陪伴心灵呵护的文化、理念、技术与方法走进我的生活,我感觉自己的生命被打开了更宽阔的视野,让我遇见了更多的生命,使我可以逐渐坦然地面对生死,推动我的生命不断成长。现在,我已经可以去回忆父母了,可以回忆过去的点点滴滴,可以细细品味那一段段久违的陪伴父母的故事了。

此刻,我想起了父母生前的音容笑貌,脑子里像放电影一样流动着曾经的好时光,闪现着一个个爱与陪伴的幸福时刻,心中翻涌着被爱滋养的暖流……

陪伴咱爸妈

从母亲突然被查出胰腺癌到去世只有4个月的时间,在那段时间里,我完全是懵的,是不知所措的。那段时间我的工作很忙,回家很晚,到家倒头就睡,不愿醒来。其实,潜意识里我是在逃避,不愿、不能、也不敢去面对现实。于是,我开始催眠自己、欺骗自己说这只是一场噩梦,梦醒了母亲就会健康的,她绝对不会撒手人寰,她也绝对不会就这么扔下我……

然而事实是母亲越来越衰弱,但一直都很平静。有一天,她突然跟我说:"相群呀,你以后做事不要那么急,身体会急出病的。咱们娘俩也许以后再也没机会一聊聊半宿了,我走以后,你要记着我说的话哈。"我呆呆地听着,看着已经极度消瘦的母亲,说不出一句话。

这之后,母亲就陷入了昏迷,直至去世,都没再说一句话。

母亲走后,看着一辈子都没离开过母亲照顾的父亲的六神无主,我顾不上抚慰自己的悲伤,想尽一切办法去陪伴父亲。不管平日工作多忙,我每天都会回家陪父亲吃顿饭。在吃饭的过程中,父亲最喜欢讲的就是我小时候闹的笑话,那些笑话父亲讲了一遍又一遍,我听了一遍又一遍,总是觉得听不够,我们爷俩总是用这种方式乐此不疲地彼此陪伴着。其中,父亲讲得最多的是一件发生在我3岁时的故事。

那天父亲骑着自行车带我出去玩,我坐在自行车后座上,在一条两边都是大杨树的路上,父亲一边慢慢悠悠地骑着车,一边和我聊天。旁边的高音喇叭在放着广播。这时,天天闹着要做"小大人"的我突然拽着父亲的衣服大叫道:"爸爸,爸爸,您听,喇叭上说了,不让听爸爸的话!"

父亲当时一脸懵,搞不懂发生了什么,以为又是我搞的恶作剧。后来经过反复核对广播里的内容,父亲才终于明白,我是将大喇叭中广播的"深挖洞,广积粮,不称霸"翻译成了"不听爸的话"。

哈哈,没想到不经意间,这竟成了我这个一生严谨的人闹的最不靠谱的"笑话"。不过,能够成为那个特殊时期可以让父亲会心一笑的谈资,也是值了。

幸福的时光总是稍纵即逝。没想到在失去母亲后,与父亲这样的相伴竟也如此短暂。那天,我正在北部山区勘察移动电话基站站址,当时手机信号很不好,我突然接到弟弟的电话。虽然是断断续续的通话,但我却立即有了某种不祥的预感——那是关于父亲的。

当我心急火燎地冲进家门,扑在床前,搂住父亲脖子,把头靠在他胸前,发现父亲的心脏已经停止了跳动,我把手伸到父亲后背,发觉那里还是温的,但他已经走了,就在一个多小时之前……

从此,父亲再也不能睁开眼睛,再也不能讲闺女的笑话,再也不能回应我的呼唤了……

每忆及此,我还是会流泪。父母在世的时候,我们可以陪伴他们左右,在父母过世后,当我们在回忆中重温曾经故事的时候,那份被陪伴的感觉依旧,因为他们的爱依然还在,那份温暖从未离开……

在父母过世时,我的小弟弟还不到 30 岁,大弟弟当时正面临着单位倒闭,工作下岗。我们在不到两年的时间里突然成了没有父母的姐弟三人,没有了家的精神庇佑,要自己在这个世界上活下去,我们面面相觑,心中凄惶。那个时候,我突然发现没有父母的世界竟是如此的陌生、空虚、孤独……

在父亲走后的第一个中秋节,大弟弟请我们到他的家里过节,他对我和小弟弟说:"姐,小弟,咱爸妈不在了,但节还是要过的,家还是要回的,从今天起,我这里就是咱家。爸在的时候说过,每年正月初二都要请姐回娘家过年……"

从那个中秋开始,每到回娘家的日子,我们都去大弟弟家,遵循父亲的教诲,大弟弟忠诚地担当起身为长子的责任。

时光荏苒,我们下一辈的孩子们都已经长成大人了,他们都已经不太记得爷爷奶奶了。弟弟家最小的孩子是我父母去世后出生的,与爷爷奶奶根本没有见过面，但他经常追着我要听爷爷奶奶的故事。

小侄子最喜欢瞪着大眼睛听我讲我们家大年三十守岁的故事。小侄子会细细地问水果糖味道怎么样，爆米花是甜的还是咸的，爷爷值了年夜班后回家吃不吃饺子，奶奶打扑克时为什么捂着嘴笑，我都一一耐心地讲给他听。我讲了一遍又一遍，他听了一遍又一遍，我俩都乐此不疲——同样的问题、同样的讲述、同样的乐此不疲，我一直觉得那种乐此不疲的感觉有某种天然的、亲切的熟悉感，后来我突然想起父亲给我讲故事的时候，我的那份乐此不疲。生命用这样的方式让我看见了某种神奇的轮回……

同样的故事我不知道还会讲多少遍，但我知道我会不断地讲下去，把父母的故事经由我的生命祖祖辈辈地传下去，因为这些故事里有情、有爱、有陪伴……

此生，我们为爱而来，人间如此值得。

【点评】

本案例是一个家族陪伴故事，通过曾经陪伴父亲时自己用心倾听父亲重复说"笑话"时的乐此不疲，到自己陪伴侄子时，被侄子要求重复讲故事时，侄子的乐此不疲，在穿越时空的两种不同的生命场景之下产生了通感，作者由此"用心倾听"到了生命的某种延续与轮回。

本案例应用了祥和注视、用心倾听、"三不"等心灵呵护技术及生命陪伴生命的陪伴方法。在我们应用用心倾听技术陪伴老人的过程中，经常会遇到老人不断重复相同的话题或内容的问题，那么这个时候我们该怎么办呢？人进入老年后常见的交流与表达习惯就是重复回忆，在倾听时，不管老人重复多少遍，我们尽量做到每一次都像第一次听到一样，保持充分的好奇，切不可提醒老人又重复了，或打断老人的话语。在这个过程中觉察自己内心有无杂念、是否专注，是否能够持续处于那份宁静祥和的"三不"状态中。

"看见"的力量

每一个生命都是需要被看见的,每一个生命都是需要被尊重的,每一个生命都是需要被呵护的,所以我们不分析、不评判、不下定义,就是爱与陪伴。这是老人心灵呵护的价值观。其中"不分析、不评判、不下定义"是老人心灵呵护服务过程中所依据的原则,称为老人心灵呵护"三不"原则,简称"三不"原则。在老人心灵呵护服务过程中,陪伴者需要处于"不分析、不评判、不下定义"的无念状态,称为"三不"状态。

陪伴者如何时时处于宁静祥和的"三不"状态中呢?如果时时都在这种状态中,需要把"不分析、不评判、不下定义"这个"三不"的概念也放下,放下不是放弃,是不执着于"三不"的概念,允许"三不"状态与陪伴者的生命合一,允许头脑如万里晴空,允许念头和概念如云彩般在空中时隐时现,时去时来,不去追随,看见就好。

"看见"指的是陪伴者觉察的结果。随着"看见"深度和层次的不同,我们也将进入不同深度和层次的"三不"状态。"三不"状态分为两个阶段和六个次第:第一阶段是"看见本来",它的三个次第分别是看见、看见的看见和看见看见的看见;第二阶段是"本来看见",它的三个次第分别是本来陪伴、本来生活、本来存在。我们可以通过爱与陪伴，去看见和经验这一切，并在这个过程中，看见"看见"的力量。

是的，我准备好了

耿海燕

生命真是妙不可言，很多时候人生的转变就在一念间。我人生突飞猛进的成长是从加入十方缘开始的。

去年有一次去看望父母，到了才发现他们都不在家。

"可我来之前明明打过电话的呀，这两个人为什么又乱跑！"我一边抱怨着，一边找钥匙开门。

一进门，当我看见家里乱糟糟的时候，一股火直接冲到头顶，我刚要发火打电话向老人抱怨，突然想起几日前十方缘老师讲的"三不"，于是，我深呼吸三次，开始应用"三不"。

很有意思的是在做完"三不"之后，我的坏情绪便不翼而飞了。我二话没说，第一件事就是打扫卫生：扫地拖地、整理家务、收拾厨房、清理茶几等，而且越干越开心。

父母年纪大了，有时想不到干这些。

在二胡的旋律中看见父亲

就在我收拾得差不多时，听到院子里有声音，往外一看，父母和弟弟回来了。我赶忙迎了上去,听母亲说他们去二姨家串门儿,午饭也是在他们家里吃的。

此时,我看见父亲摇摇晃晃地往屋里走,一看就知道他又喝多了,没走几步父亲竟然在门口摔倒了。见状,我赶紧跑去扶起父亲,搀着他进屋,安顿着坐好,全身检查一遍,好在没受伤。

一看到70多岁的父亲总是喝得醉醺醺的,我就生气地瞪着眼质问母亲:"娘,您跟弟弟一起去的二姨家,为什么还让父亲喝这么多酒!?"

母亲好像没听见似的,径直就进屋去了。

当时,我特别心痛父亲:都这个年纪了还管不住自己,还贪杯!同时又觉得他很无助,父亲怎么可以这一辈子都是这样活着呢?!面对这样的父亲,我心中的那种无力和无奈的情绪不知从何说起……

这就是我的父亲,从我记事起,父亲就是每喝必醉,母亲和全家都劝他不要喝那么多,他只是答应,之后依然故我。这几十年里父亲喝醉酒后的一幕幕像放电影一样在我眼前播放着,我的内心五味杂陈。

要是过去,我早就冲上去,怒不可遏地开始数落父亲了,但这次我决定改变。原因是我想起了在十方缘培训时老师反复讲的一句话:每一个生命都是需要被呵护的,所以,我们不分析、不评判、不下定义,就是爱与陪伴。

我按老师指导的方法,先深呼吸三次,然后反复地默诵"不分析、不评判、不下定义",我一遍又一遍地默诵。很神奇的是我愤怒的感觉很快就找不到了。没了情绪,自然也不会发脾气,我发现自己变了:面对又一次酩酊大醉的父亲,我竟然可以如此的平静。

父亲平常有拉二胡的爱好,喝酒可不影响他的发挥,以往每当因父亲喝醉被我们"狠批"的时候,他总会默默地拿起他心爱的二胡,面无表情地坐在板凳上自己拉,直到所有人的愤怒都停止,之后自己默默地去睡觉。这样的模式在我们家运转了很多年,从未改变过。

可这一次，我变了，第一次没有因喝醉而数落父亲。当我抬眼看父亲的时候，我发现他也有了改变：此时的父亲依旧拿出了二胡，依旧默默地拉着，依旧面无表情，但因为中间缺失了被我们数落的重要环节，他的情绪仿佛有所不同……

因为那个时候我使用了"三不"，所以之前对父亲的那种埋怨、纠结、愤怒等情绪这次意外地缺席了，我仿佛看见了另外一个面相的父亲：父亲是个慈爱而沉默的人，从小对我们要求严格，但从不打骂我们；父亲是个智慧而勤奋的人，因为喜欢二胡，就努力自学，数十年如一日坚持训练，他的演奏技艺非常高超，经常把二胡拉到无我的状态；父亲是个善良而质朴的人，无论亲戚邻居谁家有事，他总是第一时间伸手相助，而且唯恐做得不够……

当我看见了这样的父亲，"敬畏"之心油然而生，这就是我的父亲——我生命的源头：是他和母亲把我带到这个世界上；是他言传身教引领我与这个世界温暖连接；是他引导我们去觉察并发现生命的美好；是他让我们看见生活中的一切都需要用自己的智慧与勤奋一点一点去创造……

当我感受到这一切的时候，我突然有一种冲动，我拿起手机开始给父亲录视频，我带着敬畏跪在地上，带着由心而发的仰望聚焦于他，跟随他二胡音律的每一个流动，透过镜头，与父亲第一次这样连接：在那个当下，我仿佛能够感受到父亲的每一次呼吸，仿佛父亲拉出的每一个旋律都同步流经了我的心，仿佛我和父亲的生命也经由这一呼一吸及音乐的旋律再一次合二为一……

在父亲的旋律里，在父亲的呼吸里，在父亲的生命里，我猛然看见了我自己……

顷刻间，我泪如雨下……

我的生命源于您，我亲爱的父亲！我诚心跪拜在您的面前，用心默默地向您忏悔我之前的所有无知，感恩您给予我的一切，请您原谅我、谢谢您、我爱您……

此刻，透过镜头，我看见父亲的释然、看见父亲的平和、看见父亲的陶醉、看见父亲的笑容……

在我怀里哭泣的母亲

去年的一天，在一家人聊天的时候，不知什么原因，母亲突然又说起了她年轻时候的一件往事。事情虽然过去了很多年，但那些变故在母亲内心深处留的裂痕仍无法被抹去。这事父亲一直不让母亲再提，我跟弟弟也曾经劝过母亲很多次，再加之事情也过去了很多年，原本我们以为无人提起母亲就会忘记的，后来才知道，在母亲心里，这事早已成了死结，挥之不去。

因为平常不允许被提起，看起来家里貌似风平浪静，但是母亲内心的伤痛一直都在，难以释怀。那天，听到母亲突然说起这件事，一开始，觉得老人家情绪还算稳定，但母亲的情绪越来越激动，眼泪也止不住地流，开始只是默默地抹泪，后来竟然有点泣不成声。见状，我缓缓地走到母亲身边，轻轻地握着她的手，同时，拿出纸巾给她擦眼泪。

我一边轻抚着母亲的手，一边听母亲说当年盖房子时有多难，为了50元的工钱在村里四处借钱都借不到，最后不得不在夜里硬生生地敲开了姥姥家的门去借钱。那时姥姥还要跟舅舅们商量——那个年代毕竟家家都不富裕，当然最终母亲还是在姥姥家借到了钱……

我越听心里越有想拥抱母亲的念头，可一家人都在，自己有点儿不好意思。经过了困难的思想斗争，我终于决定鼓起勇气拥抱母亲，这是我长这么大第一次拥抱母亲。

在从小的印象里母亲是位身材高大的女性，但当我真正地拥抱母亲的时候，我方才发现岁月竟然已将我怀里的我亲爱的母亲变得如此娇小了，我心疼地、紧紧地、含着泪地拥抱她，对她说："娘呀，我懂您，您别哭！咱不哭！您还有我们，我们都长大了！您还有我们……"

于是，我们娘俩就这样拥抱着哭作一团，哭着哭着，仿佛感觉自己充满了力量——那是因为我发现我终于可以真正地看见母亲，并接纳母亲这么多年堆积在心里的愤怒、不甘和委屈了。母亲经过了一场大哭，她的情绪也得到了明显的宣泄，她感受到她的女儿终于长大了，终于懂她了，终于有人可以接纳她的情绪了……

每一对父母都会变老，而我们也终将长大，当原本高大健硕的父母已经变得如此孱弱的时候，当原本坚强有力的父母甚至只能选择哭泣的时候，我们能够坚定地陪在父母的身边，紧紧地拥抱他们，好好地呵护他们，温暖地爱他们吗？

在十方缘里，我们经常思考爱是什么？陪伴是什么？爱与陪伴是什么？对这三个词，每个人在各自生命阶段的理解都可能不尽相同，成为父母可以依靠的肩膀，为父母的晚年撑起一片晴空，一如我们小时候的他们一样，这就是我当下对爱与陪伴意义的解读。

感恩十方缘让我们学会了爱与陪伴，感恩十方缘让我们有机会在这里彼此陪伴着、成长着，在持续践行孝道文化的路上，让我们就这样一路相伴前行……

亲爱的自己，亲爱的你，面对日渐老去的父母，你准备好了吗？

是的，我准备好了……

【点评】

本案例应用了"三不"、用心倾听、祥和注视、音乐沟通、同频共振、抚触沟通、零极限等心灵呵护技术和生命陪伴生命的陪伴方法。其中，音乐沟通技术的应用可圈可点。在音乐沟通中，不仅仅是听音乐或唱歌，最关键的是在与老人的沟通交流及陪伴过程中双方能否同频共振。在应用音乐沟通的同时,可以联合应用抚触沟通、动态沟通、祥和注视等心灵呵护技术。在音乐沟通技术应用的过程中形式不是最重要的,最重要的是让老人感受到有人通过音乐在陪伴他,他是被看见、被陪伴、被呵护的,他不孤单。

  本文作者通过对一如既往每喝必醉的父亲醉酒状态态度的改变,以及父亲醉酒后拉二胡时作者新旧两种对待父亲方式的对照,以及经由与父亲以音乐沟通相互陪伴,加之作者第一次"跪在"父亲面前看似在"拍视频",实则是在与父亲的生命做连接与和解,进而在同频共振中完成合一的过程,让我们感受到心灵呵护技术在爱与陪伴过程中的重要作用。

梦见·看见

王 喆

又一次梦见了妈妈,与往次不同的是妈妈在微笑着对我点头,就在她想说什么的时候,我醒了。虽然仍是无边的夜,虽然枕边也已尽湿,但这一次我看见的却是爱……

40年了,只能在梦里与妈妈相见。

因为一场意外事故,妈妈在40年前的那个我生命中最黑暗的夜里,永远地离开了我们……

年幼的我,当时根本不懂这个突如其来的"死亡"一词对我意味着什么:每天下午放学后,我都会竖着耳朵听,期盼着听见妈妈开门的钥匙声;每天中午放学后我都会特地多走二里地,到妈妈单位门口等,期盼着遇见妈妈骑车下班的身影;每天临出门前我都会下意识地回头看,期盼着妈妈追上来给我整理一下衣领……

没有妈妈的日子,整个世界都是冷的、灰的、苦的……

妈妈的突然离开让我瞬间跌入了生命的谷底,没有任何一点一滴的征兆、没有任何一字一句的遗言、没有任何一丝一缕的准备,无常就这样不由分说地扑面而来……

40年来,无边的遗憾如潮水般可以顷刻间淹没我的生命。

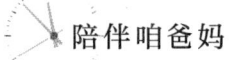

在遗憾的泥潭里挣扎了40年后,我生命的转机从走进十方缘开始了。经过触发了我撕心裂肺大哭的一星义工培训之后,我便开始跟着伙伴们去养老院陪伴老人:抚触着老人的手、看着他们的笑脸、听着他们的声音,我突然感受到妈妈仿佛回来了……

记得我第一次做主沟通义工的时候,心里还真有些激动,我一直在默念"对不起、请原谅、谢谢你、我爱你",预备会结束后和小伙伴先来了一个大大的拥抱,伙伴间送给对方有爱的、鼓励的、温暖的拥抱,好有力量。

随后,我们拿着歌本儿,迈着轻快的步伐走向服务的房间。

我们轻轻地敲开门,一位和蔼的老妈妈坐在床边,她见我们来了,便热情地和我们打招呼,示意我们坐下,并说:"孩子们,你们又来服务了?"

我说:"是的,老妈妈,我们十方缘每周都会来服务的。"

她开心地告诉我们,她女儿来了,中午要带她和同屋的老张到外面吃好吃的。女儿在学校上班,平时工作很忙的,今天特意来看她。

老妈妈一边和我们说,一边用目光追着女儿的身影移动着,一刻也不愿离开。她还说,最近女儿要出远门等等的琐事,真是儿行千里母担忧啊!我们听见的是语言,感受到的是满满的爱……

老妈妈说,如果不是自己年纪大了,女儿也要带着自己一起出去的。老人说话的时候,眼睛里都是发光的,整个场域愉悦、温暖、祥和而甜蜜,我被老人的状态滋养着。在陪伴的过程中,老人还不时地说着同一句话:"咱们一会儿一起出去吃饭哈。"几分钟之内老妈妈说了至少有十几遍。我和小伙伴相视一笑,"不分析、不评判、不下定义,就是爱与陪伴"。

我们祥和地注视着老妈妈,用心倾听着她的幸福故事,接受着她爱的滋养。

在女儿要走的时候,老妈妈颤颤巍巍地送到门口,眼睛里全是不舍。老妈妈颤抖着拉着女儿的手,泪汪汪地说:"妮呀,走那么远,妈老了,陪不了你了，你好好照顾自己，吃好、喝好、睡好，别挂念妈，妈挺好的，你放心吧。妈等你回来……"

说着，老妈妈的眼泪夺眶而出，女儿随即给了她一个大大的拥抱，随后，便急匆匆地小跑着离开，就在女儿快要消失在走廊的尽头时，女儿转身挥手向母亲挥手告别，那一刻，我分明看见女儿已满脸是泪……

在那个时候，我突然有些恍惚——仿佛刚才拥抱母亲的人是我。

如果我母亲还在的话，也应该是这位老妈妈的年纪了。于是，我走上前，来到老人身边，轻声地问："老妈妈，您能抱抱我吗？"话一出口，我的泪水就已经不听话地流了下来。

老妈妈缓缓地将望向她女儿背影的眼睛看向了我，并向我张开了双臂，我一个箭步凑上去和老妈妈拥抱在一起——那是我从记事起第一次拥抱"母亲"，"母亲"的怀抱竟是如此温暖……

我的泪，如雨下……

我一边拥抱着老妈妈，一边说："老妈妈，我很小就没了妈妈，她已经走了40年了，在这40年里，我再也没有叫过'妈妈'，现在，我能叫您一声'妈妈'吗？"

老妈妈一惊，随即说："当然可以呀，我可怜的孩子！"

于是，我轻声地呼唤着："妈妈、妈妈、妈妈……"

老妈妈轻轻地从背后抚摸着我的头，点头答应，说："哎、哎、哎，我的好孩子，你受苦了……"

"妈妈，谢谢您！我爱您！妈妈，我想您……"我鼓起勇气，又一次叫了声"妈妈"，把我这40年来最想说的一句话说了出来。

老妈妈抽泣着使劲儿地搂紧我，说："我的好孩子，妈妈也爱你，也想你……"

那一刻，我再也控制不住自己的泪水和情感，我突然感受到妈妈又回来了，她仿佛一直都在……

那一刻，我童年丧母的创伤在那位老妈妈的臂弯里顷刻间被疗愈了……

从那以后，我便开始持续践行爱与陪伴，每天都在陪伴生命的过程中喜悦成长着。

昨夜，又一次梦见妈妈，这是40年来妈妈第一次微笑着与我相见，虽然依旧没有语言、没有交流、没有接触，但是妈妈用微笑的点头示意着一切，而我看见的只有爱……

【点评】

本案例从梦开始，又以梦结束，作者通过回忆让我们看见一个"孩子"40年间未被疗愈的丧母之痛，在爱与陪伴服务践行中，在陪伴一位和母亲年龄相仿的母亲的过程中被疗愈的全过程。本文作者通过用心倾听"老母亲"与自己女儿的对话，感同身受于与自己母亲从未有过的生命连接，随后通过与老妈妈拥抱、喊"妈妈"等方式的陪伴，完成了爱与陪伴的整个过程。

本案例应用了用心倾听、祥和注视、抚触沟通、零极限、同频共振、"三不"等心灵呵护技术和生命陪伴生命的陪伴方法。其中，用心倾听技术在本案中多次应用，在陪伴老人的过程中不管老人说什么、说几遍，陪伴者每次倾听都保持"第一次"倾听的状态，通过老人诉说和被倾听的过程，让老人感受到被听见、被认可、被关注、被接纳、被呵护。如果需要回应，可以重点表达对老人谈话内容的理解。

爱与陪伴是有力量的，陪伴者只需放下期待，在宁静祥和的"三不"状态下与对面的生命在一起。

牵手漫步在爱的阳光下

孙俪俪　王　洋

提到陪伴爸妈,影像里总是充满了温馨的画面:相聚的喜悦,妈妈的唠叨,爸爸的老酒等这些美好的场景。然而生活不只是诗和远方,还有眼前的苟且;陪伴远不止是相聚和思念,也许还有"相爱和相杀"。如何在"苟且"的生活中看见爱,这也许是一个最琐碎的生命命题。

曾经的我整天忙于事业、梦想、赚钱,在那个望子成龙、望女成凤的时代信念里,我的成功确实填补了爸妈心中空缺的自豪感。直到有一天,一场变故改变了我生命的走向。

去年初我查出了乳癌,于是选择了居家休养。我开始了真正与父母的陪伴之旅,体验相伴的苦与乐。

随着我的健康跌入谷底,因为担心二老承受不了,我隐瞒了实情。但细心的爸爸还是趁我外出时,翻到了我的检查报告。那是我人生中的至暗时刻:我的惊魂未定、母亲的惨淡愁容、父亲的无助目光……

但我是家里的顶梁柱,即便如此,我依然要坚强如故,扛起父母和孩子们的希望!当时我认为,孝顺父母就是有事自己扛,不让父母操心。

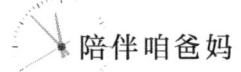
陪伴咱爸妈

看见母亲·看见陪伴

为了治病,我接触了原生家庭课程。那段生命的开启让我醒来:我看见自己的讨好模式,我看见内心的麻木和委曲求全,我一直活在母亲的控制和喜好里。

我开始叛逆了。我指责:就是那些委屈的人格模式让我失去自我,让我患病!我的内心无比愤怒,我要做回自己,我要与母亲老旧的思维模式和控制欲直接碰撞,于是,我们母女间便产生了强烈的冲突。在彼此的控制里,我们就这样开始"相爱相杀"了……

我该如何解脱?在一次静修中,我学习到关系的控制与被控制,加害者与被害者角色的理论。一瞬间,我突然抽离出去,看见了"自己"——我又何尝不是那个控制者和加害者呢!我自以为是地给予我认为的幸福给父母:安排他们的生活;安排他们远离家乡待在我身边;安排他们所有的可以与不可以……

而他们永远都无条件地顺应我、陪伴我、包容我,他们彼此支持着克服一切困难,从不曾向我抱怨过一句,因为他们爱着我……

当看见爱的那一刻,我哭了,我默默地跪在他们的脚下,开始向他们忏悔:我亲爱的爸爸妈妈,我错了!我要用整个生命去感恩和报答你们。对不起,亲爱的爸爸妈妈!我愿意放下给你们的束缚;我愿意让你们过自己喜欢的生活;我愿意接纳你们的唠叨;我愿意陪你们一天天变老,以你们想要的方式……

从那以后,我每天都会在心里默念:亲爱的爸爸妈妈,对不起、请原谅、谢谢你们、我爱你们……

从那以后,我的心柔软了,爸妈开始愿意靠近我,与我唠家常了。

正当感受到生命真的像一副壮丽的画卷徐徐展开时,我迎来了另一课题：母亲开启了诉苦之旅，每天都有一箩筐重复的委屈要诉说。于是，我被迫开启24小时陪听模式。我的康复需要正能量，可母亲又不能拒绝，我该怎么办？！

感恩十方缘让我学会了老人心灵呵护的十大技术，我不仅用这些技术陪伴父母，还用这些技术进行自我陪伴。慢慢地，当母亲对我开启"诉苦"模式的时候，我会在心里默念"不分析、不评判、不下定义"来调整自己，渐渐地，我发现我和母亲都在改变……

随着持续陪伴自己，我的喜悦与爱的状态愈加稳定。有一天，我给自己沏了一壶好茶，刚好母亲进来，便邀她一起。没想到这一喝，竟喝出了奇迹：品着茶香，聊起家常，我唱着儿时的歌，她也哼起了家乡的小调，她一曲，我一段，我们彼此祥和地注视着对方，每当唱完一首的时候，我们彼此都会为对方鼓掌、欢呼，甚至起哄，我们还会手拉着手地又唱又跳。虽然看起来有些无厘头，但我发现在这个过程中，我们都快乐起来了，我们很享受彼此同频共振的状态，很享受把喜悦带给彼此的滋养，更享受这份爱在彼此间的流动……

接下来的每一天，我们都会期盼着煮茶共饮的美好时光。

看见父亲·看见爱

说起父亲，我内心一直有些评判：内向、胆小、逃避家庭责任……于是造成了母亲的强势和我女强人的性格。在我生病后，父亲一直默默地承担着买菜、做饭和接送孩子等生活琐事。母亲对他始终是各种挑剔和不满，我也时不时挑三拣四，只因为我们认为父亲胆小和缺失对家庭的责任感。

对此，父亲始终是默默承受、任劳任怨、从不辩解。

有一次母亲告诉我，父亲多次劝她说："不要去干涉闺女调病了！如何

活得更好,闺女有她自己的考量。你看她已经够无助了,我们就不要再给她添乱了,只要她快乐、自在、舒服就好……"

我的内心彻底融化了。我感受到父亲爱的理解与支持,这爱无声且强大。好奇怪,当我看见了父亲对我的爱的时候,当我放下了对父亲的分析、评判和下定义的时候,我竟然可以开始与父亲发自内心地对话了,我感受到我们彼此的爱在流动。每天我也会邀请父亲一起共饮几杯茶,哪怕不说话,我同样能够感受到与父亲的那份爱的流动。

就在这样的陪伴中,一直默默无闻的父亲,也有了让我们惊喜的改变:平日里,父亲粗糙的饭菜,总让我们不满又无奈。而被爱滋养后的父亲,米饭煮得好香,菜也是烹饪得色香味俱全,感觉饭菜的灵魂都有啦,给父亲点赞!

爱的力量让我们之间的陪伴持续升温,陪伴不仅仅是彼此生命的给予与接纳,更是彼此灵魂间的看见与滋养!

原来,陪伴父母可以如此简单:当我们持续处于宁静祥和的"三不"状态的时候,也许仅借由一盏茶、一首歌、一句话的机会便可以与他们同频共振。我突然意识到这不仅是一份陪伴,更是一份爱的看见。

在爱与陪伴的过程中,我们不必试图解决父母的任何人生问题,只需"三不"地看见他们、爱他们、陪伴他们,并愿意牵着他们的手漫步在这爱的阳光下……

【点评】

本案例讲述了作者在被诊断为乳癌后重新审视生活,重新回到父母身边,通过爱与陪伴父母的过程重新看见父母,在这样的看见中找到了生命的力量,并经由此完成了与父母生命共同的成长与蜕变。在这个过程中,音乐沟通技术陪伴母亲从"诉苦模式"转换为"成长模式",进而通过每天下午煮茶共饮的享受开启了全家生命的成长及亲子间全面的和解与合一。

本案例应用了零极限、"三不"、音乐沟通、动态沟通、同频共振、用心倾听等心灵呵护技术，应用了生命陪伴生命的陪伴方法。其中，音乐沟通技术的应用有非常多的形式，比如，给老人播放音乐、倾听老人引吭高歌、陪伴者给老人唱歌、陪伴者和老人共同吟唱等等，具体用什么形式可以和老人沟通，关键要看老人喜欢用什么样的形式。

在音乐播放或歌唱中及时觉察老人的情绪变化。如果老人情绪变化不大，或没有太多感觉，需要考虑调整音乐的频率。一般情况下，老人的情绪等级与音乐频率等级比较接近的时候会很快产生同频共振，老人表现为非常喜欢，会眉开眼笑，会轻轻打拍子等。

爱，在烟花般生命的背后

贾秀蓉

秋去冬来，不知不觉，又是一年。岁月仿若烟花绽放，又如桐叶纷飞。与时间相伴的人生貌似最经不起时间的凝视与审判，我们唯一能做的也许就是把握有限的一切美好，去觉察、去活、去爱……

无常间，妈妈变了样子

我的生命是从睁开眼睛爱上妈妈的面孔开始的。妈妈今年已76岁了，她花白的头发，菊花般的笑脸白白胖胖的。带妈妈出门玩，她坐着的时候，经常有陌生人会主动打招呼，说："这老太太面相真好，好有福相噢！"妈妈总是笑着谢谢人家。其实，妈妈28岁那年就中风左半身偏瘫，已有48年病史了。

爸爸在油田工作。我4岁时，妈妈带着我和妹妹来到油田，那是我最幸福的时光。6岁那年夏天，妈妈有了弟弟去医院分娩，本来是喜事临门，谁知却是祸从天降。妈妈因为妊娠高血压引起中风，生命危在旦夕，医院下了病危通知，爷爷奶奶、外公外婆和亲戚们陆续赶来，当时我虽然还小，但是依然从大人们的神色中，感到事态的严重，惴惴不安。

妈妈住院后，邻居阿姨见我整天披头散发就拽我剪了短发。一出理发店，小玩伴就围上来嬉笑："菜帮子、菜帮子，哪里来的菜帮子！"没有妈妈的呵护，我感受到羞辱和孤独……

童年的我，在大人面前是懂事的乖乖女，内心却有着深深的自卑，需要妈妈给予爱的呵护。

妈妈在生死边缘挣扎两个月，爸爸陪在病床边愁白了头，总算盼到妈妈要出院了，我激动不已。当我看到半身偏瘫的妈妈时，我惊呆了：妈妈清秀的脸，再也没有了笑容；妈妈灵巧的手，怎么伸不开了？妈妈强壮的身体，怎么连路都不能走了？！……

我的世界崩塌了！我大哭，我呐喊，我不要妈妈变成这个样子，这到底发生了什么？这到底是为什么？！……

大人们在悄悄议论："差点儿连命都没了，能活着回来不易啊，啧啧！"

大人的议论让我一阵惊慌，"差点儿连命都没了"是什么意思？假如妈妈不能回来，我该怎么办？

我不懂、不信，更不敢想……

来自妈妈身体的突然变故让我仿佛一下子就长大了。妈妈漫长的康复期，几乎不能站立行走，只要妈妈坚强地站起来，我就赶紧站到她的左边，妈妈把左手搭在我的肩头，我的手抓着妈妈的衣襟，妈妈扶着我的肩颤颤巍巍地练习行走，妈妈往前挪一步，我就跟着妈妈挪一步。于是，小小年纪的我成了妈妈的"左腿"，渐渐地妈妈可以扶着我慢慢行走了。

妈妈有些力气后，看到孩子衣服的破洞就想缝补。但因为左手不能帮忙穿针引线，妈妈急得掉泪。我就用小手举着针，让妈妈穿线，有了针线，妈妈就开始给我们缝补衣服。于是，我成了妈妈的"左手"。妈妈上厕所时，我还能配合妈妈的右手解衣宽带，虽然小手力气小，但还是能帮妈妈做事的。

现在偶尔回忆起来，眼前总是浮现出年轻的妈妈在我的搀扶下，一步

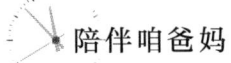

一挪慢慢前行的身影。

爸爸带妈妈四处借钱治病，医治3年无果，妈妈坚持放弃治疗。为了家、为了还债，我们搬到了农业点，单位照顾妈妈做了粮库保管工作。

那段日子爸妈经常吵架，也会打骂我们，为了生计，他们劳累到无法控制情绪。每次只要看见爸妈吵架，我就紧张，命运多舛的家摇曳在悬崖边缘……

在那段青春的岁月里，我只要听见妈妈的哭声，就埋怨老天不公，只要看见爸爸发火，就抱怨生活不平。但碍于小小的年纪无能为力，看见爸妈每天为生计在艰辛地往前奔，我也只能默默跟随着、忍耐着、熬着……

每个人的生命中都会有艰难的岁月，但只要熬过去便是光明。

意外时，遇见生命的拐点

花自向阳开，人终往前行。伴着岁月流逝，我学会了屏蔽童年的创伤，开创自己想要的生活。在有了自己的小家庭后，我暗下决心，绝不要重复父母的生活，要做丈夫温柔的妻子，要做孩子慈爱的母亲，新的家庭生活在幸福中充满了无限的期望。

随着孩子的出生和丈夫一心扑在事业上，小家的生活逐渐地忙碌起来。工作、生活、家庭、父母、公婆、孩子……我感觉自己像陀螺一样在旋转中失去了平衡。抱怨指责丈夫、对孩子失去了耐心，把本来幸福的小家搞得气氛紧张。

2008年，忙中反而出乱，我在搬重物时不慎损伤了腰椎间盘，造成左腿麻、脚痛，不能行走。我焦急、愤怒、恐惧，我不接受自己变成这个样子。

在为期半年的康复过程中，我气馁、无力、焦虑，整天没有好心情、没有胃口，甚至曾丧失了对生活的信心。

那场终生难忘的 5·12 汶川地震震荡了我的心灵，看着电视里一幕幕黑白的图像，听着一家家悲怆的经历，一遍遍强忍着腰痛起来跟着默哀，在心疼开始超越腰痛的那个瞬间，我真正地看见了生命……

望着窗外的蓝天白云、日出日落、昼夜更迭……想想在地震中丧失活着机会的生命，眼前的这点坎能算什么？当重拾起了对生活的信心后，我的身体反而康复得很快。

康复后，我还是有很多困惑。迷茫时，我遇见了亲爱的爱玉老师，是她带我走进十方缘，照亮了我前行的路。

"每一个生命都是需要被看见的，每一个生命都是需要被尊重的，每一个生命都是需要被呵护的，所以我们不分析、不评判、不下定义，就是爱与陪伴。"带着这样的价值观，爱玉老师带我去养老院陪伴老人，我的内心开始变得宁静且喜悦，觉得自己是在帮助老人。

喜悦的心情让我疲惫的身体得到了放松，所以，我特别愿意去陪伴老人，听他们讲自己的人生故事，好像我也陪着老人走过了一生。

在与每一个生命相遇的过程中，我倾听着老人的心声，感受着老人心中升起的力量，同时，我也感受到被老人呵护着。老人用生命教育了我，让我敢于直面"衰老"和"死亡"，在生命这趟旅行中去领悟生死的课题，去接纳生命的全部。

陪伴老人、践行服务，让我的生命在知行合一中出现了拐点，让我体验到自我成长的喜悦。

2021 年，在一次团队活动中我感受到抚触的神奇，我很激动，终于又找到一种方式可以陪伴年迈的妈妈了。

我轻抚着妈妈隆起的脊背，左右高低不平，左腿明显比右腿细，摸上去凉凉的。妈妈右手的几个指头有些僵硬，轻轻一按妈妈就喊："哎哟、哎哟，疼啊！"我有一丝急，心想：没用大力啊，怎么就不能忍一忍呢？！

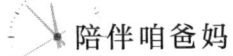

于是,随嘴说了一句:"妈,您忍着点儿,结节揉开就不疼了。"

"蓉呀!你们小时候啊,我就用这只右手给咱全家洗衣做饭,一只手端咱家那口大铁锅,咱这个家全靠我这唯一能用的右手来操持。现在上年纪了,手指和手腕都疼得不听使唤了……"妈妈说着说着,便哽咽了起来。

我心一酸,泪水夺眶而出,在感恩妈妈的同时,又深深地自责。我在心里反复默念:对不起、请原谅、谢谢你、我爱你。我用零极限技术清理自己的情绪,让自己慢慢平静下来。我捂住妈妈的手,轻轻地搓热,妈妈长长地呼了口气,总算平静下来。

抚触后,妈妈说浑身轻松。我深情地凝视着妈妈满头的白发和一脸的皱纹,在妈妈祥和的眼眸里,我看见了她的欣慰与满足,两行泪滑过了我的脸颊……

我竭尽半生寻寻觅觅的——就是爱,其实我一直就被妈妈的爱包围着,却因为不接纳妈妈生病的现实,而阻断了我们之间爱的流动。这一刻,我与内心那个6岁的自己和解了,我也从心底全然地接纳了妈妈和我生命的全部。

腰椎疼痛的出现让我看见自己童年的委屈,看见自己对妈妈生病的抗拒,看见生活的磨砺给我披上的厚厚盔甲,看见自己内心停滞在6岁的伤痛中不肯长大,看见不接纳背后那些未被表达的情绪,也在体验中看见妈妈当年的痛……

一场腰疾是生命送给我的礼物,它让我有缘走进十方缘陪伴老人,让我有缘与母亲完成和解,让我有了生命的成长和绽放。

又是新一年的除夕,当烟花再一次炸响天际,我看见了在烟花般生命的背后是爱,也唯有爱……

【点评】

本案例是一篇母女间爱与陪伴的故事。作者从对母亲病情的不接纳,到主动成为母亲的"左腿"和"左手",再到长大成家后一次意外导致自己经历了与母亲类似的人生经历,这个过程让作者对母亲的病痛感同身受。在为母亲抚触的过程中,感受到偏瘫的母亲几十年如一日地用一只手操持着全家的生活,爱着每一个人。于是,疗愈就在这样美好的生命拐点无声地发生了。

本案例应用了祥和注视、用心倾听、抚触沟通、零极限等心灵呵护技术,应用了生命陪伴生命的陪伴方法。在为老人提供心灵呵护服务前,陪伴者要对手指甲进行适当的修剪,避免刮伤老人的皮肤。服务前用肥皂或洗手液洗手,必要时用消毒液或酒精进行手消毒,以免把细菌等带给老人。洗完手后要擦拭干净,涂上护手霜或润滑油,保持与老人接触时双手的清洁、干燥和润滑。如果是冬天,陪伴者需要将手放到腋窝下焐热到与身体的温度相近,这样抚触时,老人更容易接受。如果是夏天,则需要把手洗净并保持双手干燥。另外,当陪伴者的手与老人接触的时候不要太用力。如果老人有不适感,陪伴者须及时停止,等老人适应后方可尝试抚触沟通技术的应用;如果老人不能很好地适应,陪伴者可尝试其他心灵呵护技术的应用。

父亲的爱,一直都在

张香芬

父亲已经离开我们 30 多年了,但每当我感到虚弱无力或者困苦无助时,心中总会有一种力量,让我勇敢往前,我相信那种力量来自我的父亲。

扁担下佝偻着前行的父亲

1987 年农历腊月二十五,父亲去了那个遥远的未知世界。从此,我心里就有了一块不敢去触及的空白:30 多年来,每次参加别人的婚礼,看见父亲牵着女儿的手走在红地毯上,我都会想起父亲佝偻着背,担着沉重的担子,一边牵着六七岁的我,一边努力向前走的样子,我总是忍不住地泪流满面。

小时候,家里很穷,父亲为了养活一家人,在农闲时会给别人打"锡壶",就是把锡熔化后压成锡页,再通过一系列的工序做成酒具、暖壶等。这个工序很复杂,所以每次出门干活都要带很多的东西,很重。所有这些都要身材矮小且瘦弱的父亲用肩挑着,经年累月,父亲的腰和背便佝偻得更严重了。因为需要有人专门拉风箱烧烙铁和熔化锡,我从六七岁开始便跟着父亲去拉风箱,我也会背着小篮子,里面放着自己的小板凳和烧火的炭,跟着父亲努力向前走。这一走就是好几年,直到我出来上学。

后来父亲佝偻着背，担着沉重的担子，努力向前走的样子常常浮现在我眼前。与父亲相处的很多往事随着时间都变得有些模糊了，但唯有父亲佝偻着身子负重前行的样子和他生命中最后 7 天的点点滴滴在我的心里扎下了根，而且随着时间的流逝变得越来越清晰。

父亲把最后的 7 天留给了我

1987 年我考上了中专。虽然只是个中专，但在村里的影响却远远超过了它本身。因为在我们村里，用父亲的话说往前推到新中国成立前都没有出过一个秀才。我是我们村第一个"秀才"，而且还是女孩子，为此，一生要强的父亲感到非常自豪。可是，就在这年的农历年底，父亲却病重了。弟弟到学校来接我，并没有说什么，回到家里已是晚上 8 点多，这时我才知道：父亲快不行了……

我吓得不敢出声，不敢靠近，远远地看着昏迷中父亲非常艰难地呼吸，一下又一下……

在姐姐们的催促下，我试着走到父亲的床前，颤抖着握住父亲干瘦的手，顿时泪如雨下，哽咽地叫着父亲，泪水滴落在我们握在一起的手上。慢慢地父亲的呼吸变得均匀，手也不再紧绷，变得也有些温软了。

我不记得那一晚是怎么过来的，但我清楚地记得父亲第二天醒来看到我后说的第一句话。他说："芬呀，我没事，我等你！"

从那天起，原本看来已经不行了的父亲，竟奇迹般地似乎好了。

因为已经接近春节，姐姐们看父亲状态平稳了，便都各自回了自己的家忙年去了。家里就剩下了父亲、母亲、弟弟和我。此时的父亲已经起不了床了，对别人也没有什么话，独独不让我离开他的视线。

腊月十八，父亲临行前倒计时的第 7 天：我坐在父亲的床前给他洗脸、洗手、梳头，帮他剪了指甲，然后，坐在父亲床边，握着他的手，听他讲他一生的经历。累了,父亲就闭上眼睛休息,我坐在他床边看书。黑夜来临时,我就在他床尾的小床上入睡,半睡半醒中听着他不均匀的呼吸和时不时的咳嗽……

腊月十九,父亲临行前倒计时的第6天:起床后,我帮父亲洗脸、洗手、梳头,我喂父亲吃饭,他半躺着,很享受的样子。吃完饭后,帮他擦嘴时我看见父亲稀疏的胡子,说:"爹,快过年啦,我给您剪剪胡子吧。"因为那时还没有刮胡刀,所以那个时候父亲的胡子都是用母亲做活儿的剪刀剪的。

父亲说:"不弄啦,还是说说话吧。"

于是,我又坐在父亲的床前,继续握着他的手,听他讲我们小时候的故事。中午的时候父亲休息了,同学有事找我,我就出去了一下。

不久,看见跑得气喘吁吁的弟弟,见我就喊:"姐,你赶紧回吧!爹醒来后看不见你,都急了!快!……"

听了弟弟的话,我匆匆和同学告别,赶紧跑回家。进门就听见父亲不平稳的喘息声,看见紧锁着眉头、呼吸急促的父亲。我急忙跑到他跟前,握住他不停颤抖的手,说:"爹呀,爹,我回来啦,我回来啦。"

听到我的声音,父亲紧锁的眉头骤然放松了,一把紧紧地抓着我的一只手,仿佛他一松手我就会不见了一样。我用另一只手一下一下地轻轻抚摸着父亲的手背,父亲长长地舒了口气,慢慢地平静下来。我主动和他聊起了学校的事:学习上的、生活上的、思想上的、同学之间的……

他安详地注视着我,微笑着听着我絮絮叨叨。当听到我取得了好成绩,拿到了奖学金时,父亲语重心长地叮嘱道:"芬呀,咱可得好好学,咱一个村好几十年就出你一个'秀才',不容易呀!爹没文化,这辈子过得苦,爹就盼着你能学出个样来,你可不能给咱村丢脸,要给爹、给咱老张家争光哈……"

听到生命垂危的父亲的鼓励,我热泪盈眶,原来父亲如此重视我的成长,对我有如此殷切的期望。那一刻,我感受到我被父亲看见了,我和父亲的心是紧紧相连的……

时间就这样在我们的相守中滑过。在父亲生命最后 7 天的时间里，只要他清醒我就尽量坐在父亲的床边，拉着他的手，听他讲故事：有时，听他讲他的经历，当兵、打仗、做生意、干农活，事事历历在目；有时，听他说我们姊妹八个的成长，上房、揭瓦、调皮、闹心，个个事无巨细；有时，听他聊母亲为这个家的付出和不易，农活、家务、起早、贪黑，充满了爱和感激……

在不知不觉中，父亲的故事竟解开了那个在我心中蓄积已久的"父亲不爱我"的心结——在我曾经的记忆中，父亲给予我的都是不公和打骂，我曾一度相信别人开玩笑的话：我不是亲生的，是拿两布袋糠换来的。

而此时，我感受到父亲的爱是那么的深沉，那么的厚重。他为我们姊妹八个付出了所有，却从未想到过回报。每一个孩子都在他的心里，他这一生都在用他那份独特的爱守护着我们，直到生命的最后一息……

父亲的离开

腊月二十五早上，父亲看起来精神不错，我照例帮他洗脸、洗手、梳头，喂他吃完了饭。父亲忽然和我说了一句："我也不知道为啥不待见你，你就好好地孝顺你娘吧。"我的心莫名地揪了一下，然后笑着对父亲说："俺知道的，爹，10 个手指头还不一般齐呢，何况俺还是家里最不听话的那个，俺知道您也是疼俺的。"父亲的眉头一下子舒展了，随后长长地叹了口气……

那天刚好有点事，朋友让我陪他去一趟城里。在我犹豫时，父亲说："你去吧，我等你。"

上午 11 点从家里出去时，父亲说他等我，下午 4 点回到家的时候，父亲已经处在了昏迷中。我哭着冲到父亲跟前，使劲握着父亲的手，说："爹呀，爹，俺回来啦，回来啦，您别走呀，爹呀，您说好了要等俺的……"

父亲闻声竟艰难地睁开了眼睛，颤抖着说："芬呀，你终于回来啦！我

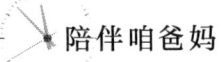
陪伴咱爸妈

终于等到你了……"

说完,父亲用他最后的一丝力气紧紧地抓住了我的手,直至整个身体从温凉变成冰凉,才慢慢地松开,再也没有说过一句话……

父亲走了,在终于等到我回来之后;父亲走了,在我们刚刚打开了彼此的心之后;父亲走了,在我刚刚感受到他的爱之后。在痛苦和哀伤的同时,我也很欣慰:其实父亲的爱一直都在。如果不爱我,在我刚出生别人都劝他把我送人的时候,他完全可以顺水推舟;如果不爱我,在他生命的最后一刻,他不会等着我;如果不爱我,他不会耗尽生命所有的能量,单独给了我陪伴他7天的机会;如果不爱我,他不会给我讲那么多关于他、关于我、关于我们的故事……

通过我与父亲这一生的陪伴,我终于明白:我一直生活在父亲的爱里,而且我坚信不管何时何地,父亲的爱,一直都在!

【点评】

本案例是关于父女间相互陪伴的故事,作者从印象中"扁担下佝偻着前行的父亲"的样子写起,到通过一句"芬呀,我没事,我等你!"写父亲把生命的最后7天留给了"我",再到"芬呀,你终于回来啦!我终于等到你了……",父女之间的陪伴在高潮中逐渐落下。故事在情节的跌宕起伏中让我们看见烟火人间一对父女间平凡且伟大的爱与陪伴。

本案例应用了用心倾听、祥和注视、抚触沟通、动态沟通等心灵呵护技术和生命陪伴生命的陪伴方法。其中,抚触沟通是一种简单易行、安全有效的沟通方式,可以拉近双方的心理距离,同时,可以起到调节情绪的作用。在抚触的过程中动作需缓慢、有规律、轻缓适度,在做抚触沟通时,陪伴者要处在宁静祥和的"三不"状态,表情自然、亲切、随和,陪伴者的手在与老人皮肤接触时不可太用力,以老人舒适为宜。在应用抚触沟通技术时,要时时觉察老人的状态,随时调整部位、力度或抚触频率,必要时,可更换或联合应用其他心灵呵护技术。

时间能否停滞在这一刻？

施秀琴

2022年2月16日我加入我家兄弟姐妹陪伴娘的轮值中，这是我今年做的最正确的一件事，也是我生命成长最快和最开心的一段日子。

尽孝不能等

娘从2019年春节后就开始生活不能自理了，大事小情都需要我们照顾。之前我没有加入照顾娘的轮值中，而是选择了继续工作，平时只是利用双休日买上东西去看娘，或者交钱给哥哥姐姐，让他们代为照顾娘。当时，我并没有觉得不对，还觉得自己也是在尽孝。

我的改变源于加入了十方缘，从那时起，我意识到金钱代替不了亲情的陪伴，明白了生前尽孝最重要。

在陪伴父母方面，我是有遗憾的。1996年我85岁的爹是在我娘和大姐的照顾和陪伴下送走的。那时候，我在工作，只是利用双休日过去看望爹，我从来没有请假陪伴过他，当时总觉得自己的工作特别重要，后来回想起来非常后悔。现在的我不想在娘身上再留下遗憾了。

之前的我只知道为事业成功而拼命，总认为不工作就是虚度光阴，那

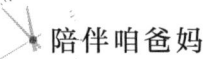

样的人生就毫无意义。幸亏我加入了十方缘，让我意识到陪伴父母的重要性。感恩我 94 岁的娘让我有幸在 60 岁时还有机会陪伴她老人家，所以，我特别珍惜和娘在一起的每一天，努力做到好言、好语、好脸色，用心陪伴娘，争取不给自己留下遗憾，也让娘优雅幸福地度过她生命中的每一天。

娘永远都是我们的榜样

娘是一个充满智慧的女人。娘一生养育了我们 6 个儿女，她用爹每月 69 元的工资把我们 6 个孩子拉扯长大，家里的一切都是娘操办，而且娘总是把家里的生活安排得井井有条。娘总说："别看咱们家孩子多，负担重，但咱们家从来没有向别人借过一分钱，每个月都会给山东老家的奶奶寄 5 块，每个月还能存两块，等到年底都取出来给你们几个娃买新衣服。"娘用她的智慧勤俭持家，让我们生活得特别体面。娘供养我们 6 个上学、工作、成家，让我们都成了对社会有贡献的人。我非常感恩娘给我们的爱、对家庭的付出、对国家的贡献，我们要用感恩的心来回馈娘，要用实际行动来孝敬娘，让娘享受我们儿女爱的陪伴。

娘是一个善良的女人。我小时候，每次和娘走在马路上，只要看见路上有砖头瓦块，娘总会跑过去把砖头瓦块捡起来，扔到路边。娘会说："孩儿呀，这砖头瓦块别人要是看不到会绊倒的，不安全！咱捡起来丢到马路边，对咱来说只是举手之劳呀。"由于经常看见娘这样做，慢慢地我们几个孩子也都会这样去做。娘从来没有教过我们什么是善良，但是娘却用行动活出了善良的样子。

在陪伴娘的日子里，我见证了娘迅速衰老的过程。现在娘坐不了一会儿就要上床休息，腿脚已经没有力量，走不动路，也不会说话了，偶尔用声音示意我们大小便。如今，那个经常跑过去把马路上的砖头瓦块扔到路边的娘已经生活不能自理了，娘的状态像婴儿一般，时刻需要照顾。我们谨记：是娘把我们几个拉扯大，我们要陪伴娘以报娘恩。

娘的小棉袄

娘是一位独立的女人。自从爹走后，娘就坚持自己生活，不给我们添负担，90岁之前的娘一直是独立生活的，她自己有60平方米的楼房，有退休金，住得近的哥哥姐姐和弟弟白天会轮流去看她，陪她聊天，帮她买一些东西和处理一些生活难题，娘很享受自己独立生活的日子。我离家远还上班，所以每周五下班后，我都会回娘家陪伴娘住一晚。娘会给我准备好吃的，高兴地忙前忙后照顾我，我也会买好多娘爱吃的或把单位发的或别人送给我的好东西拿给娘吃。晚上我们在一个被窝里会一直聊天到很晚，直到把各自的心里话说完才睡觉。第二天吃完午饭，我才回自己家，这样的日子我们过了好多年。我和娘都特别享受星期五晚上在一起的时光，也特别期待每个星期五晚上的"悄悄话"。邻居们都说，娘逢人便夸老闺女是自己的小棉袄。娘经常说："虽然俺老闺女平时忙，给家里干不了啥活，但她特会宽俺的心，陪俺说悄悄话，每次只要俺老闺女回家，俺的心情就特别好，所以每个星期五俺都盼着俺的老闺女……"

如今的娘已经不能说话了，只能由我来说给娘听。每天只要娘坐在桌子前，我都会轻轻地握着娘的双手，看着娘，和她说话：有时候，我边说，还边会给娘递上点吃的，娘一边吃，一边听着我说；每当说到娘懂的地方，她会笑着向我点点头，我也会学着她的样子，微笑着向她点点头，我们娘儿俩会笑着像小鸡叨米一样点头互动好半天；每当我说到她心坎上的时候，她眼睛里会闪着光，嘴角也会露出微笑，那是我最爱的娘的样子……

晚上我会躺在娘身边，搂着她的胳膊和她说话。睡前我会在娘的额头上来一个深深的吻，让娘感受到我的爱，娘特别享受这个时刻。

也许某一天，娘可能再也听不明白我说的话了，但我还是会说给娘听，和她说我们姊妹几个每个家庭的故事，说我自己的故事，说我们小时候的故事，让娘安心、开心、放心，我永远做娘的小棉袄……

有时候我们娘俩也会静静地面对面地坐着，我会轻轻地拉着并抚触娘的双手，我们四目相对，什么也不说，只是幸福地微笑着，感受着当下的温暖与爱的流动。每当我看着娘干枯的已经不灵便的手时，我心里都会有无限的感慨。娘年轻时的那双手又灵巧又能干，娘用她的双手给我们洗衣、做饭、缝补衣物。那时候我们家孩子多钱少，家里的衣服都是大的穿了，小的穿。衣服小了、破了，补补再给更小的接着穿。娘每次都是把衣服洗得干干净净、缝得整整齐齐的。虽然我们家清贫，但是娘每天都把我们打扮得体体面面，邻居们都夸娘心灵手巧。现在，娘的手已经不灵活，甚至已经不大能动了，需要我们的全面照顾。每次接触到娘的那双手时，我都会深情地亲吻她的手，感恩娘用她的这双手，给了我们快乐的童年和美好的当下，现在我要用我的这双手，为娘呵护出一个幸福的晚年。

娘左眼框处的淤青大包

2022年5月的一天下午2点左右，娘在里间屋午睡，我在外间看书，突然从里间传来"砰"的一声，我赶紧跑进里间：一股臭味儿扑面而来，只见娘脸朝下趴在地上。我被吓得六神无主，急忙蹲下去抱娘坐起来，只见娘左眼框处肿起一个淤青大包，我心疼地搂着娘大哭，并对着娘反复说："娘啊，对不起、请原谅、谢谢您、我爱您，对不起、请原谅、谢谢您、我爱您……"

当我的情绪稳定下来后，我看见床上、地上、娘裤衩里全是屎尿，这是娘第一次拉在床上，还摔到地上。一辈子要强爱面子的娘一定是想自己下地坐到坐便器上，可是娘卧病在床多年，全身肌肉已经没有力量，语言表达能力也几近丧失，娘当时心里一定很着急，很难过，娘的自尊心也一定很受伤……

我越想心里越难受，自责为什么没能照顾好娘……

娘倒是没有哭，只是无助地看着我，我快速地检查娘的其他部位，还好其他部位没有受伤。我赶紧不停地对娘说："娘啊，不要怕，有我在哈，我会处理好的。娘啊，您放心吧，有我在哈……"

娘好像听懂了似的，微微点点头，表情也慢慢地放松下来。

我要先把娘从地上抱到床上，但那又谈何容易。我使出浑身的力气，试了好几次都没有成功。后来，我从娘身后抱住她的腰，用腿使劲托起她的屁股，慢慢地让她站起来，然后再慢慢地扶娘坐到床边，最后让她慢慢地躺下。

安顿好娘，我又赶紧取水给娘擦洗身体，换上干净的衣服，快速收拾床上及地面的屎尿，取来药箱给娘消毒处理伤口，看着娘脸上的伤，我心疼坏了，后悔得要命。我一边处理，一边对娘说："娘呀，对不起、请原谅、谢谢您、我爱您……"

娘的情绪慢慢地平静了下来，之后就睡着了。

再之后，我一边洗衣服，一边伤心地哭，恨自己怎么就不能坐在娘身边去看书呢？！那样娘就不会摔下来了……

娘眼眶上的淤青大包两个月后才慢慢消退。从这件事情以后，我就更加用心，让娘时刻处在我的视线之内，我会估摸着时间安排娘的大小便，从那以后再也没有发生过此类事情。

一辈子爱干净的娘现在需要我们为她洗澡擦身，每次娘总会十分害羞并用手下意识地捂住下身，脸上的表情也特别不自在。我总会轻柔地对娘说："娘，没有关系的，我来给您擦洗干净，您别不好意思，感恩您给我这样的机会侍奉您。"

慢慢地我能感受到娘越来越放松，越来越接纳我的服侍了。在擦洗干

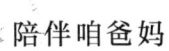

净后,娘会非常信任地看着我,每次我都会深情地抱抱娘,并对她说:"娘啊,我爱您!"我的态度让娘感到欣慰和被爱,娘也越来越依赖我了。

珍惜娘的每一天

面对娘一天比一天衰弱,我们特别珍惜和她在一起的每一天。虽然娘身体不灵便了,但是她的头脑是清醒的。逢年过节和娘过生日时,我们兄弟姐妹都会回家与娘团聚,做一大桌子菜,我们一大家人围坐在娘的身边,有说有笑。我们都特别享受陪伴娘的幸福时光,娘虽然说不了话,但她的脸上总会洋溢着幸福的笑容,我们相信娘一定能够感受到我们对她的爱。感恩娘为了我们,每天都坚强地活着,娘只要在,就是我们全家最大的幸福。

每每意识到娘可能时日无多的时候,我便更加珍惜还能够陪伴娘的每一天:我会变着花样儿给娘做她最爱吃的饭菜;我会耐心地喂娘吃饭,让娘吃好喝好,保持足够的营养;我会给娘洗脸梳头,擦身洗衣,保持娘干净舒服,让娘身上没有味道,让娘保持最好的状态……

随着时间的流逝,娘的状态越来越像婴儿一般了,她时刻需要我们的照顾和爱。娘特别享受我们陪伴她的过程,全然地相信我们,欣然地接受我们对她的服侍。每当我和娘四目相对的时候,我总能从娘的眼里看见满满的信任和爱的光。

我会经常微笑地拉着娘的手,我们娘俩或者静静地坐着,或者我陪着娘聊天,给娘讲故事;我会用带着爱和感恩的眼神看着娘,让娘感受到我对她的爱;我会经常把娘搂在我的怀里,跟娘说"悄悄话";在娘睡着的时候,我会轻轻地抚触娘脸上的每一条皱纹,皮肤上的每一个印记,每当我的指尖轻轻地滑过娘脸上的每一寸肌肤,我总是希望每一种精微的触觉都能烙印在我的记忆深处;我会在陪娘睡觉的时候为她哼起我小时候娘哄

时间能否停滞在这一刻？

我睡觉时哼的那首不知名的摇篮曲，娘在她熟悉的摇篮曲的旋律里会睡得很安详；在娘睡着以后，我会微笑着轻轻亲吻娘的额头，就像我们小时候她吻我们一样，然后轻轻地说一句："娘啊，谢谢您，我爱您……"

……

能够陪伴娘的日子是我生命中最幸福的时光，虽然现在的娘已经不能走路、说话，甚至有时候眼睛也睁不开了，但娘能全然接纳她生命的变化所带来的一切，平静地度过每一天，顽强地活出她的生命状态，让我感受到来自娘的温暖和生命的力量。

好期待时间能够永远停滞在陪伴娘的这一刻，好享受和娘在一起时感受到的那份淡淡的美好、平静的幸福和柔韧的生命力量呀。娘呀，谢谢您，我爱您，感恩您的陪伴……

【点评】

本案例是一个陪伴94岁母亲的故事。故事细述了在母亲逐渐衰老的过程中，作为女儿的陪伴经历：从意识到尽孝不能等，到通过插叙为我们讲述母亲年轻时的几个小故事，从女儿见证母亲衰老过程中的陪伴，到母亲意外摔伤母女俩的互动，再到母女俩日常的每一点滴的陪伴。

本案例应用了祥和注视、用心倾听、抚触沟通、音乐沟通、动态沟通、零极限等心灵呵护技术以及生命陪伴生命、生命影响生命的陪伴方法。其中，零极限技术应用广泛，在老人由于身体或心理原因不便与陪伴者用语言、音乐或肢体等方式进行交流时，零极限技术可以作为陪伴者的首选技术之一。在我们把零极限技术作为陪伴自己的技术连续不断诵念"我爱你"的时候，也许你会慢慢感知到有一个"我爱你"的声音在耳边回响，没有其他念头。这个时候，我们可以静静地觉察：诵念"我爱你"的人是谁？是谁在念？念的是什么？带着这份"看见"，也许自己的心会慢慢平静下来。

用爱共振"难解之题"

李桂彩

人这一辈子,除了生死,一切都是小事。而与耄耋的父母谈"临终",会是什么样子?

有一天去看父母,"叮咚叮咚",随着门铃声响起,父亲开门后见是我,便高兴地说:"哈哈,三丫头!我就知道今天你会来!"

我笑着说:"哈哈,我们爷俩这是心意相通呀!爸,我妈呢?"

父亲说:"你妈在屋里捻佛珠呢!"

然后,他笑着冲屋里喊:"老伴儿,咱们三丫头来了!"

和父亲说着话的工夫,母亲也乐呵呵地从屋里走出来了。我们坐在沙发上,我拉着母亲给她按摩身体,一边按摩,一边和他们唠着嗑。父亲说:"三丫头呀,你知道吗,咱小区里的马舅舅突发心梗去世了!据说前天还在小区里和朋友下棋,上午还有人看见他们老两口一起买菜呢,下午人就没了……"

言语间,感受到父亲因老友的突然离世,对死亡产生了极大的恐惧。父亲还对我说了广西飞机失事的事,说机上100多人生死未卜,感慨着人的脆弱和生命的无常。

我顺着这个话题,鼓起勇气和耄耋的父母试着谈临终的话题,这也是我压在心里许久而不敢说的话。

我微笑着看着母亲,问:"妈,您觉得现在幸福吗?"

母亲立刻笑呵呵地回答说:"幸福!我当然幸福!我有这么孝顺的孩子们照顾我,还有你爸每天这么陪着我,怎么会不幸福呢?宿舍大院里的邻居们都特别羡慕我……"

父亲也高兴地跟话儿说:"别说你妈觉得幸福了,就连你大姐都说,看着我每天能领着你妈在院里转,自己都感觉特幸福呢!"

我点点头,接着说:"只有您老两口健康、平安、幸福,我们才放心,我们都爱您二老。"

父亲笑眯眯地说:"放心吧,孩子!"

我说:"妈,您看有广西飞机的事,还有那个舅舅突然离世的事,这两个事,再加上新冠疫情的事,我就非常想问问您和我爸,想过您如果不舒服或临终时有什么愿望,或者有什么想嘱咐的吗?您如果忌讳也可以不说,但您不要想多了,只是话说到这儿了,我就顺嘴问问您。"

母亲怔了一下,若有所思地说:"没啥事了,也觉得没啥不能说的。"

我说:"比如您不舒服住院了,需要切气管上呼吸机,您愿意吗?"

母亲连连摆手,说:"别、别、别,可千万别,我都这么大岁数了,我可不想受那个罪!"

我说:"那您对临终或者死亡害怕吗?"

母亲想了想,说:"害啥怕呀,那有啥可怕的呢?"

母亲虽然这么说,但脸上显得很茫然,父亲脸朝向另一边看着窗外没说话……

我说:"妈,您这一辈子,总是在替别人着想,那么善良;还孝顺父母、照顾兄弟姊妹;现在每天念佛学佛,到'百年'的那天,佛菩萨一定会来接您的,在那里成佛成菩萨,只有快乐没有痛苦,您说是吧?"

说到这儿,母亲脸上逐渐露出了笑容。

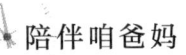

母亲说:"是啊,是啊,你说得对,我不害怕了!"

父亲听了我的话,也把头转回来,跟着说:"我不是每天也在抄(佛)经吗,我也会去好地方的,是吧?"

我使劲地点点头,说:"那肯定是的!而且您不是还经常把吃剩的馒头、米饭等撒在小房顶上喂小鸟吗?那在佛教来讲就是放生护生,功德无量的!"

父亲也显得轻松了许多,说话的声音也大了起来。记得几年前,弟弟想给父母亲买块公墓,想带着父亲去看看是否喜欢那个地方,结果父亲一听就急了,板着脸问我们:"是我病了,还是你妈怎么了?"说啥也不让买。因为父亲觉得买墓地是件非常晦气的事。我弟弟和弟妹都非常孝顺,这件事情就这样搁浅了。

这么多年了,我们都没人敢再提及这类话题,但这事在我们心里并没有真正的过去。今天有这样的机缘,终于可以和父母亲谈及"临终和死亡"的话题,看见他们的平和与敞开、喜悦与觉悟,我如释重负。我觉得当老人不知道百年之后会去往哪里的时候,他们是回避的、恐惧的、无助的。通过今天跟父母的谈话,他们对生死也许已经有了方向,这个方向像一束光从门缝儿里照了进来。当我们有力量的时候,我们才敢跟父母谈这个话题;而且在我们有力量以后,才会真正影响到我们的家人。

当我们的父母临近生命的终点,如果他们能没有遗憾地在宁静、祥和、幸福的状态下离开,那才是善终。

时光会老,容颜易逝,面对死亡这样的"难解之题",唯有无条件的爱与陪伴才是我们对父母最好的呵护。愿天下所有的父母健康平安,在宁静祥和中度过夕阳的美好时光。

后记:我慈祥的妈妈于2023年2月安详地走了,母亲去了她向往的地方——留给我们的是对母亲说不完的感恩与道不尽的思念。感恩母亲在弥留之际能给我机会在您的耳边轻轻地对您说:"妈妈,谢谢您,我爱您,我们都爱您!"感恩在您生命最后的几个月的时间里我们彼此的陪伴;感恩您给了我们为您洗脚、为您红肿的小腿上药的机会;感恩您给我们机会可以躺在您的身边,手拉着手一起聊天,一起入睡,就像我们小的时候一样……对我而言,与您在一起的每一个场景都成了我们美好的人生回忆,也定格成了我们生命中幸福的永恒!您永远活在我们的心里,妈妈,谢谢您,我爱您!

今天恰逢中元节,愿天堂的亲人安好,愿身边的亲人安康,愿天下的生命平安吉祥,皆得善终……

【点评】

本案例是与耄耋父母谈死亡话题的陪伴故事,本案例应用到祥和注视、用心倾听、抚触沟通、零极限等心灵呵护技术,通过生命陪伴生命、生命影响生命、生命唤醒生命的三种陪伴方法陪伴父母看见死亡、面对死亡、接纳死亡。

本案例作者在母亲弥留之际,在母亲耳边念诵"对不起、请原谅、谢谢你、我爱你",通过零极限技术的应用,通过不断地念诵四句箴言来进行清理,借此对生命表达臣服、忏悔、感恩和爱。那个时候,陪伴者会感受到自己内在的宁静祥和,而老人也通过同频共振有了达到内在宁静祥和的可能性。

最恨·最爱

张 圆

所有的苦难都是一种被换了包装的礼物，我天天挨打的童年就是这样一份礼物。从因对我施暴而恨母亲到通过成长不断看见爱的过程，我走了将近40年。我想，与母亲的彻底和解也许需要一生，但无论需要多久，我都会在这条路上一直走下去，因为我相信在爱与陪伴的过程中只要敞开心扉，爱就会真正地流动起来并被彼此看见，而不断的看见则是与生命和解的前提。

母亲的生病让我不得不面对和陪伴
这个曾经"最恨"的人

我的母亲有点先天智障，比常人迟钝一些。从我记事起，母亲只要不高兴就打我，不管我对错，只要她不满意，我就只有挨打的份儿。每当看见别人的妈妈通情达理，心疼儿女，我都无比羡慕。后来长大一点儿了，母亲再打我，我就跟她讲道理，但被母亲认定为顶嘴，结果我就被打得更狠了。我越来越讨厌她，甚至痛恨她，以致于根本不想要这个母亲。

在我18岁那年，母亲突然病了，而且病情很奇怪，医院也看不了。

当时我在郑州工作，我回老家看她时正赶上农忙，就在家帮忙收秋。有一天母亲突然喝农药了，当我发现时，赶紧找人送医院抢救，好在发现及时保住了生命。看着洗过胃躺在床上仍昏迷着的母亲，我的心情错综复杂：虽然我平时痛恨她，但这时却只希望她能好好活下去，只希望她能早点好起来……

从那以后，母亲每年都犯病：有时疯疯癫癫，到处乱跑；有时默默流泪，自言自语；有时甚至生活不能自理，需要有人照顾。我和父亲每次都要想各种办法为她治病。为了给母亲找治疗方法，我接触了中华优秀传统文化，通过学习，我知道我不能再带着怨恨对待母亲了，无论怎样，我的生命是她给的，仅凭这一点，在母亲那里都有我报答不完的恩情。不过虽然道理上明白，但每当面对母亲，我还是做不到完全接纳她和爱她。

2013年，母亲患上糖尿病并突发脑梗死，除了平时陪她看病和日常照顾以外，母亲两次严重的精神病发作让我和父亲几乎招架不住。尤其是2018年底，母亲再次因脑梗死发作住院，后来引发癫痫，每隔几分钟就会四肢抽搐，口眼歪斜，很吓人。医生各种办法都用了，但还是控制不住。面对母亲未卜的病情，医生给出的建议是：要么转院，要么回家。

面对这个我既爱又恨的母亲，面对并不富裕的家庭条件，面对母亲生死未卜的病情，我该怎么办？

母亲生死未卜时我的选择

对于一个农村家庭，父亲这么多年一边做泥瓦匠，一边照顾母亲，真的特别艰难，而我已成家，经济上也帮不了多少。在医生不断地催我们转院治疗时，父亲犹豫了，周围的亲戚都说拉回家算了。记得当时家里有一位德高望重的长辈曾经说："你们家里哪来的钱看病呀！全村的钱借光了有用吗？你娘的病只能缓解，根本没法治好，最后人财两空，你娘还受罪。

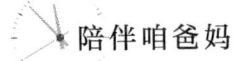

你们得借多少钱呀？！能还上吗？！"

长辈的话句句在理，可当我看见母亲每次抽搐时痛苦的样子，我的心都会跟着揪起来，我不停地祈求上天护佑母亲，也在思考如果把母亲就这样拉回家，后果将会是什么……

就在我最矛盾的时候，一件往事突然涌上心头。

那是我生完女儿之后，母亲说："小丽呀，咱再生一个吧，俩孩子做伴儿，一个太单了，以后你俩老了，孩子们也有个商量。"母亲的言外之意是希望我能给夫家生个男孩，这样我的日子能过得稳固一些，我能懂母亲的用心，更懂母亲的苦心。

我半开玩笑地说："妈妈，我也想再生一个，可谁给带呀？我没有婆婆，我俩还得上班，照顾闺女就够忙活的了，我要是要了，您给带呀？！"

没想到平时糊涂的母亲说："小丽呀，你生吧，你最难的时候，妈不帮你，谁帮你？！"

说完，母亲一脸正义地搂着我的肩膀，使劲拍了拍。

我当时觉得那是一句玩笑话，随口说说的，但母亲不假思索的回答让我猛然发现原来从小天天打我的母亲竟然还是爱我的，真的好感动。

"你最难的时候，妈不帮你，谁帮你？！"这句话曾经在我的人生遇到种种艰难选择的时候一度鼓励过我，而今天，母亲也面临着选择，在她最难的时候，我该怎么办？

……

在医生的多次催促下，我毅然决定给母亲转院治疗，不管结果怎样，我们都接受。

转院后，癫痫得到了控制，但是母亲再也不能下床了，头脑也变得更不清醒了，而且日夜颠倒，白天睡不醒，晚上兴奋得时常乱喊乱叫，扰得我和父亲不能睡觉，就连同病房的人也都无法休息。

在两个医院折腾了二十多天，父亲累得免疫力下降，感冒很长时间没好，我也快撑不住了，最后不得不选择出院回家。

在与母亲的爱与陪伴中找到力量和喜悦

从此，母亲瘫痪在床。我和父亲每天都围着母亲转，照顾她，为她祈祷，希望她能早日康复。在陪伴母亲养病的日子里，我每天都会给母亲洗脸、洗手、梳头。只要天气好，我还会把母亲推到院子里晒太阳。

一个春日的下午，阳光暖暖的，我看母亲睡醒了，就说："妈妈，外面阳光可好了，咱们出去晒暖儿吧？"

母亲微笑着说："好呀，晒晒好。"

于是，我抱着母亲坐上了轮椅，拿上梳子，把母亲推到院子里，找了一个没有对流风的地方，把轮椅转了个方向，让阳光晒到母亲的后背，之后，拿着梳子开始为母亲梳头。阳光下，母亲的白发闪着光，这是我这辈子第一次如此仔细地端详母亲的头发。我一缕一缕地为母亲梳理着头发，母亲的头发那么柔软、那么稀少、那么白，真的不知道从什么时候开始，母亲的头发竟然已经全白了……

那一刻，我的手一边一下一下地为母亲梳头；那一刻，我的泪一边一滴一滴地无声地滑过脸颊；那一刻，我仿佛是第一次真正地看见了母亲……

梳完头，我端着小马扎坐到母亲的膝下，静静地一边端详着母亲的脸，一边抚触着她的手，一边用心倾听着她有一句、没一句的聊天。在这个过程中，我突然莫名地被感动——母亲因为智力障碍，从小就被周围所有的人无视、排挤，甚至打骂……母亲童年的苦，也许是我所受的千千万万倍，有些苦也许甚至是我所不能想象的。当我联想到这些的时候，我情不自禁地拥抱了我苦命的母亲，像哄孩子一样把她抱在我的怀里，告诉她说："妈妈，没关系的，一切都过去了，有我在，您别怕，我爱您！"

每当这个时候，母亲总是一脸满足地回应说："小丽呀，我也爱你！"

然后，她乖乖地扎在我的怀里，任由我抚触她的后背和头发，那份甜美、那份享受、那份陶醉的表情让我无以言表，我感受到自己内心深处曾经的那些坚硬、憎恨、愤怒、刚强也在与母亲的这份温暖的连接中开始不断地松解着、柔软着、流动着……

后来有一天，我给母亲洗澡擦身，那天母亲心情特别好，开始有说有笑地与我说我小时候的事，我照常一边听着，一边应答着，一边给母亲搓背。这时，母亲突然转过头，郑重地对着我的脸，深情地说："小丽呀，要不是你爹、你和你弟弟，我早就死了，早就死了，死了不知道都多少回了……"

听着母亲的话，看着母亲眼中噙着的泪，我感动到一句话也说不出来，我的泪夺眶而出。这么多年来，这是我第一次听见母亲对我们的认可与感恩，我感受到那是对我无上的褒奖。我静静地流着泪，紧紧地拥抱着她，对她说："妈妈，谢谢您，我爱您……"

母亲回应说："妈妈也爱你！"

母亲的认可与爱的表达瞬间彻底融化了我的心，我喜极而泣，我听见了自己内在坚冰破碎的声音……

就这样过了几个月，母亲竟然奇迹般地能下床上厕所了，再之后甚至可以走路了，我对这一切无限地感恩。

在爱与陪伴中与母亲和解

母亲病了 22 年，从"最恨"到最爱，我完成了与母亲的和解，我的生命也在以这样的方式喜悦地成长着……

感恩生命通过这样的方式给了我一个学习爱的机会，通过陪伴母亲，我对母亲生起了爱，生起了感恩，更生起了敬畏，这是母亲用生命送给我的最大礼物。

父母一生不易，他们彼此抱怨了一辈子、吵闹了一辈子、拉扯着走了一辈子，但正是因为从来没放弃过爱，让二老虽然"相爱相杀"，但仍然走到了今天。我愿慢慢地爱与陪伴着父母继续走下去，走好这一程，走完这一生……

祝愿天下所有的儿女，都能珍惜和父母在一起的每一天，看见爱、连接爱、成为爱，在爱中彼此滋养，在爱中行走，在爱中回家……

【点评】

本案例是作者对母亲爱与陪伴的故事。作者因小时天天挨打产生对母亲的无限恨意，但随着年龄的增长和生命的成长不断看见母亲，逐渐地完成与母亲连接，与母亲和解及与自我和解的过程。

本案例应用了祥和注视、用心倾听、抚触沟通、动态沟通、零极限、同频共振等心灵呵护技术，应用了生命陪伴生命的陪伴方法。其中，同频共振技术应用很有特点。同频共振技术的核心是无条件地爱与接纳，由此产生生命间的"同频"，引发生命间的"共振"。在陪伴老人的具体实践中，同频共振的应用主要有以下几个方面：一、身体的同频共振，比如在爱与陪伴中，陪伴者与老人之间在身体动作的幅度、语言表达的节奏和呼吸、心跳的频率等诸多方面相似或一致；二、话题的同频共振，比如在与老人交流的过程中，有共同感兴趣的话题方向或相似观点；三、感受的同频共振，比如老人聊起自己的开心或伤心往事等，引起了陪伴者的共情。

同频共振技术是陪伴者根据当下的环境和老人的状况自然流动出的心灵呵护技术，所以同频共振技术的关键点是陪伴者在与老人陪伴的当下处于宁静祥和的"三不"状态。

伴您回首萧瑟处，一蓑烟雨与君行

陈 昕

一生致力于科研工作的爸爸，却爱好诗词。爸爸尤其喜欢苏轼的《定风波·莫听穿林打叶声》，我也非常喜爱这首词，每当听到爸爸诵读这首词，我都会感受到爸爸那份骨子里透出来的洒脱，我特别喜欢这种感觉，因为那是我爱的爸爸的样子。

爱的接纳

2020年冬季，爸爸先是被检查出前列腺癌，在做完切除手术后，又在腹部发现了淋巴癌，我们被告知如果不积极治疗，存活期大约只有半年。原本面对死亡的威胁就有压力的爸爸，瞬间已是直面死亡。

在那段时间里，我和妈妈天天陪着爸爸在医院治疗，生活上的照料都是小事，最难应对的是爸爸情绪的消沉。这个时候的我，内心充满了惶恐和无力。

一直睡眠超好的爸爸，开始夜不成眠；一向理性、严谨、有威严的爸爸时而情绪崩溃，时而莫名其妙地乱发脾气，时而又各种怀疑，做出一些不合常理的举动，甚至有了轻生的想法；几个月前还健步如飞、爬山骑车自如的"80后"老爸，现在走几步路都需要搀扶，常常面如死灰，没有一丝笑容，处于被击垮的状态。

我们全家人都不知所措，又急又怕，担心一味这样下去，不利于疾病的控制，精神还会出问题。我和妹妹这几年都在学习心理学，看出爸爸是因为自己的病情内心承受了巨大的压力，情绪无法释放，当然也有对死亡的不安、恐惧和焦虑，在精神上出现了焦虑抑郁的状况。

因和爸爸是父女关系，我和妹妹商量后决定请其他心理咨询师对爸爸进行专业的心理疏导。在征得爸爸的同意后，我在当地邀请了一位心理咨询师到家里为爸爸做疏导，妹妹在国外也专门邀请了一位专业心理咨询师通过线上的方式为爸爸做疏导。经过几次专业疏导后，爸爸压抑的状况有了一定的缓和，情绪没有那么剧烈地波动了，慢慢地可以正常表达自己的感受了。

通过和心理咨询师的沟通，爸爸也愿意说出他的担心和恐惧。其实，爸爸对突如其来的大病很抗拒，完全不接纳自己会得这种病；又认为自己成了家人的包袱，需要全家人的照顾，已经没有活着的价值和意义了；但又很留恋家人和亲情；还有因对疾病未来发展的不确定性，担心带来生命品质的下降；还有对死亡的恐惧……这些都让他承受着极大的压力和各种剪不断理还乱的纠结。

赫然呈现在爸爸面前的挑战是生命的重大课题！当下我忽然发现，自己曾经读过的书、学过的知识，此刻都是那样的无力，我常常接不住爸爸的情绪，无法应答爸爸抛出的问题……

还好，我们是有福报的，就在这时，我与十方缘结缘了。因为在朋友圈看见可以学习到"陪伴老人的心灵呵护十大技术"，我就一头扎了进去。现在铺天盖地的"家长课堂"，让我们知道做父母需要学习，其实做儿女如何陪伴父母，也是需要好好学习的。

我在十方缘的第一大收获就是不断学习如何爱与陪伴不同状况的父

母,既有心法,也有方法,还有技术,像是一套"陪伴父母指南"。通过学习,我感觉有了底气,多了安心,生了信心。我终于可以成为父母年迈时的拐杖、父母可以暖心依靠的肩膀了,我终于有能力可以陪伴他们安详走过最后一段回家的路了。为此,我的心里充满了感恩。

最先用到的技术是"三不":不分析、不评判、不下定义,就是爱与陪伴。以前当爸爸不断哀叹自己这里不舒服,那里不合适,各种抱怨、不满出现的时候,我都会在心里给爸爸贴上"太挑剔""太难伺候"的"标签",我会采用回避或劝导的方式,想扭转他的想法。得到的结果是他回我一句"你又不是我,怎么知道我的感受",或者他根本懒得理我,这都让我感觉很郁闷。

当我学着运用"三不"时,我放下了所有的标签,对自己说:"是的,陈昕,你的确不是爸爸,爸爸所有状态的呈现都是他该呈现的,他说的都对,你只要聆听,保持自己内在的平和,让爸爸的情绪释放出来就好,全然接纳爸爸如是的状态。"

几次尝试以后,我发现爸爸自己说着说着就会从不满意里找到接纳的出口,从不开心变成"还不错"。渐渐地,爸爸开始愿意和我聊天了,两厢欢喜。爸爸还时不时向我告妈妈的状,让我评理。要知道,以前我和爸爸相看两相烦,见面就争执、对抗、生气,现在我竟然成了"贴心小棉袄"啦。

抚触沟通是我在陪伴其他老人时常用的方法,拉拉手、抚摸一下肩膀和手臂、轻轻抱抱等,这些"小动作"常常能瞬间拉近彼此的距离,变得亲近和信任。在家里,最好的抚触就是拥抱,拥抱真的好温暖,现在每次回家我都会和爸妈拥抱。

我刚开始拥抱爸爸时,他会说:"又是从哪里学的这一套,别抱我!"一贯以"严父"自居的爸爸,从没见过这种爱的表达方式,没享受过,所以他也不接纳。而妈妈接纳度很高,我就常常拥抱妈妈。看爸爸情绪不错时，我也会借机抱抱他。慢慢地爸爸也不躲避、不僵硬了。回家拥抱爸妈成了我们见面的"必修课"，我心里特别暖，爸妈也喜笑颜开，很是享受，拥抱的力度也会大上几分。老爸常在抱着我时，还亲昵地念叨："我的傻女儿啊""我的贴心小棉袄啊"……

有一次，因为心里惦记办事，我穿好衣服和鞋准备出门时，已经在门口转悠了两圈的爸爸站在那儿忍不住地问："你忘了一件事吧？！"

我一怔，爸爸略有嗔怪地说："还没拥抱呢！"

我赶紧扑上去大大地、暖暖地拥抱了爸爸和妈妈。再大的事都要给拥抱爸妈让路！

更让我欣喜的是，这种拥抱习惯从我们小家，慢慢延伸到我们大家族。现在逢年过节一大家子聚会时，我们都会彼此拥抱，表达爱，传递爱。拥抱让我们感受到亲情不只是一种血缘关系，更是彼此的爱、关怀和温暖——拥抱让我们更加亲密了。

我86岁的爸爸也会主动去拥抱亲吻他93岁的二哥（我二伯）了，我78岁的妈妈也会主动拥抱她的姊妹了。谁说人老了就难改变了，爱与被爱是所有人的需要，为爱而做，自然生发。在十方缘我们常说一句话：爱是我们共同的信仰。让我们从拥抱开始，把爱与陪伴带回家。

温暖的陪伴

心理学有个情绪方面的"钟摆理论"，认为人的情绪会像钟摆一样起伏不定，会受外境、身体、心理等诸多因素的影响，所以恰当的积极心理暗示会对人的情绪大有裨益。在学习了心灵呵护十大技术的"经典诵读"后，我知道了经典的力量可以瞬间带给人能量的提升。针对爸爸知性、严谨、固执、多愁善感等个性，我在一些彩色便签纸上写上各种自我肯定、自我激励的正向短句，比如：

我是基本健康的；

我是本自具足的；

我拥有家人的爱与陪伴；

我这一生很值，事业有成、家庭幸福、儿孙都很好；

我接受他人的关爱，也有能力表达对他人的关爱；

释放不良情绪是每个人都需要的，不良情绪是可以表达的；

所有人都和我一样，都会生病，都会情绪低落，我接纳自己的不良情绪，看着它像流水一样流过我，一会儿我就好了；

我今天吃得好、睡得安、行得动，就是圆满；

……

我把这些带给爸爸正向激励的文字，贴在他卫生间的镜子旁，每天，他洗漱的时候都会看见。我这样做了，爸爸没反对，也没反馈过什么。半年多以后的一天，爸爸突然对我说："你贴在卫生间的那些字，不知为什么有的字看不清了，有的字还行。"我仔细一看，因为颜色的不同，一些浅色的字还真的看不清了，于是我立刻又重新写了一套给爸爸换上。

这一刻，我内心雀跃，喜不自禁——这些有能量的文字在爸爸曾经心情灰暗时，一定给了他陪伴的力量，给了他超越当下情境的勇气，让他自己调整了不断下滑的钟摆，一点点上扬，迎接每一天的阳光普照。特别感恩十方缘爱与陪伴的文化，让我内在真正有了爱，并激发出更多的智慧，让我有办法陪伴好亲爱的爸妈，真正践行孝道。

在十方缘学习的"四道人生"——道谢、道爱、道歉、道别，老师说要在生活中时时用。后来我忽然发现爸爸其实平时就在这样做，尤其是对妈妈，他会感谢妈妈对他的精心照料，他会关心妈妈的身体，唠叨她呵护好自己；他会因为自己现在的身体不能分担更多家务而感到抱歉和内疚；他会时不时叮咛我们如果他不在了，让我们帮助他善终，还要用心呵护好妈妈……

父母永远都是我们的引路人，引领我们走向圆满的人生。

归去，也无风雨也无晴

带着爸妈上云陪伴，享受全国义工老师的共同陪伴成了爸妈当下的又一种生活方式。2022年国庆期间，我们组织了"陪伴咱爸妈——光阴的故事"主题活动，倡议和爸妈共同翻阅旧照片，找出几张老照片，并讲述背后的故事，和爸妈一起感受过往生活中的美好回忆。在活动准备时，爸爸还说，他不善言谈，让我妈妈分享，他在旁边听就好。我也没勉强。临直播时，爸爸悄悄拿出一个小抄，上面整齐地书写着苏轼的《定风波·莫听穿林打叶声》，他说他想现场朗诵给大家听。他说年轻的时候读这首词和人生暮年再读，感受大不一样。我直呼："老爸，您真棒！"

分享照片环节自然是永远像阳光一般开朗的老妈唱主角，爸爸择时补充几句，很是琴瑟和谐。最后，他主动要求为大家朗诵助兴：

《定风波·莫听穿林打叶声》
作者：苏轼
三月七日，沙湖道中遇雨，雨具先去，同行皆狼狈，余独不觉。已而遂晴，故作此。
莫听穿林打叶声，何妨吟啸且徐行。竹杖芒鞋轻胜马，谁怕？一蓑烟雨任平生。
料峭春风吹酒醒，微冷，山头斜照却相迎。回首向来萧瑟处，归去，也无风雨也无晴。

面对着屏幕，坐在自己的家中，身边是老伴和女儿，这让不善于在众人前讲话的老爸感觉这个场域刚刚好：聆听着老爸略带家乡口音、舒缓自如的男低音，看着老爸举手投足间声情并茂的演绎，感受着老爸那份洒脱而又超然的情怀，不仅是我和妈妈陶醉其中，就连屏幕前的义工老师和他们的爸爸妈妈也在沉浸中享受着老爸朗诵的当下……

当朗诵到"谁怕？一蓑烟雨任平生"和"归去，也无风雨也无晴"时，我不禁看向爸爸的脸。他微扬起下巴，似乎眼睛也从手中的文字挪移开，头也似乎轻轻一甩，眼睛里有光亮在闪烁……

凝望着一脸陶醉、抑扬顿挫声中的爸爸，感受着他的生命：爸爸是怎样走过这一年多艰难的心路历程的？又是怎样超越了对死亡的恐惧呢？无常又带给他多少生命的思考与领悟呢？也许只有这首词才能够穷尽个中经历吧。

那一刻，感觉爸爸已经不是用嘴在朗诵，而是在用他的整个生命在朗诵，他是在超越，在完成他生命中最伟大的一次自我超越……

我就这样静静地看着爸爸，不禁泪目……

每一个生命都是本自具足的，都是具有自我超越能力和力量的；每一个生命都需要被尊重、被看见、被呵护；每一个生命都需要爱与陪伴。

特别可喜的是，现在爸爸的情绪平稳，通过中西医结合的积极治疗，病情得到了非常好的控制，又成了我"唠叨的老爸"了。

多幸运！在爸爸生命中这段最黯淡的日子里，我没有缺席。我愿和家人一起带着光、带着爱、带着祝福、带着力量去拥抱他、陪伴他、爱他。"伴您回首萧瑟处，一蓑烟雨与君行。"亲爱的爸爸，我爱您！

【点评】

本案例是一个全家陪伴父亲走过人生低谷的故事。作者描述了如何陪伴父亲从因疾病导致的低沉与阴郁，一直走到当下"也无风雨也无晴"的洒脱与超然，这是经由陪伴父亲完成的"生命中最伟大的一次自我超越"

的全过程。

　　本案例应用了祥和注视、用心倾听、经典诵读、抚触沟通、动态沟通、同频共振、"三不"等心灵呵护技术，应用了生命陪伴生命、生命影响生命的陪伴方法。其中经典诵读技术的应用将整个陪伴推到了高潮。经典诵读是通过诵读经典进行交流的一种心灵呵护技术。我们在日常的陪伴中可以根据老人的喜好、职业背景、生活环境和年龄来选择经典作品，但最好咨询老人是不是有自己喜欢的经典作品，然后诵读。在技术应用的过程中，可以根据情况选择听老人诵读、陪老人一起诵读、陪伴者自己诵读等方式，在诵读中可以尝试轻轻握着老人的手或者与老人有其他方式的互动，让老人感受到有一个生命和他在一起。诵读经典的内容很重要，但更重要的是陪伴者和老人在一起的那份宁静祥和的"三不"状态。

看见？看见！

禄凤英

我的母亲叫禄陈氏，在我能记事的时候，她已经50岁左右了。

在我的记忆中，我小时候几乎感受不到母亲对我的爱——她从来没有温柔地爱抚过我，从来没有在睡前给我讲故事或者唱歌，从来没有赞美或鼓励过我……

在我记忆里，母亲一直在忙，从白天忙到黑夜。每一个我一觉醒来的深夜，我总能听见母亲纺车"吱扭吱扭"地响着，仿佛那个响声弥漫在我整个童年记忆的每一个夜里，未曾停过……

如今80多岁的父母执拗地要住在乡下，他们有N多理由不去城里住。其实，我们特别想好好孝顺他们，可我们和父母始终无法达成一致。当时的我感觉母亲是老糊涂了，变得不分轻重，有时候甚至变得不可理喻：给她安装的空调，她觉得费电，所以从来不舍得开；给她买了洗衣机，她嫌洗不干净还费水，所以从来不用；剩菜剩饭不舍得倒掉，吃完因肠胃炎要花几千块钱住院治疗；看似勤俭节约的母亲，却因为同情推销员小伙子的"生命故事"，竟然花2000元买了一个按摩器，我上网一查只卖50元，当我忍不住说她两句，她还生气……

更不靠谱的是母亲私自做主把我爷爷奶奶留给他们的宅基地送给了我

的一个远房堂叔。我们问她为什么这么大的事也不和孩子们商量商量,她竟然认为这是件小事情,她知道我们在城里都有楼房,不会回老家盖房子,堂叔家儿子结婚又没有地方盖房,就白白送给了他们,这么点小事,不用和我们商量……

而对她来说什么是大事呢?就是她种在院子里的菜或大豆熟了,那孩子们就应该马上回来收割,如果大家说忙,晚几天,那不行。她会担心天气不好,又会担心大豆熟透了掉落,她就开始一个又一个轮番给我们打电话。不回去吧,怕她生气,抢着自己去收,最后把老人家累病了,老人受罪,全家跟着忙活;回去吧,我们要开7个小时的车才能从东营回到菏泽,路上花费就得1000多元,而收割80斤大豆可能就值160元……

类似这样的"小事"不断发生,我也很纠结。

十方缘为我打开了一扇"看见"之门

有一次朋友聚会上大家聊起了父母,都觉得父母越老越糊涂,对父母的感情是"爱恨交织",又都不知道该怎么去面对。就在这时,一个朋友给了我们一个建议,让我们去参加一个叫十方缘的公益组织做义工,说他们是专门做临终老人心灵呵护陪伴的,或许会有办法。抱着试试看的态度,我参加了他们的培训,培训之后就去养老院陪伴老人了。

我第一次去养老院陪伴的是一位生活完全不能自理的老人。老人瘫痪在床上,整个身体蜷缩着,不能用语言交流,但是一直对我们"啊、啊、啊"地大声喊着。我看见的是她的痛苦,感受到的是我的无能为力……

我不知道怎样陪伴这样的老人,看见同伴们轻轻回应着她的叫喊,"哦、哦、哦",然后给她放轻音乐,并轻轻地抚摸着她的手臂,对待她像对待一个小婴儿。慢慢地,她逐渐安静地闭眼休息了,呼吸也缓慢地均匀下来。

如此不安的一位老人怎么那么快就在陌生人面前安静下来了呢？我震撼于十方缘的心灵呵护技术。第一次的陪伴经历让我反思：我在母亲面前从来就没有温柔过，更不要说像这样耐心地对待她了，我第一次开始思考我和母亲之间问题之所在。

我和母亲的关系发生质的改变，是源自陪伴一位患阿尔茨海默病的老人。陪伴前院方告诉了我们老人的情况，我们做了心理准备。一进入房间，老人就对我发火说："你为什么来这么晚？！为什么你爸爸没有来？！你们嫌弃我了，不要我了！……"说着说着老人就哭了起来。

对于老人的这顿突如其来的数落，我开始时有点不知所措，不过我很快就明白了，老人把我当成了自己的孙女，埋怨她的儿子和孙女没有来看她。于是，我轻轻地走过去，坐在她的身边，慢慢地拥抱她，说："奶奶啊，我们哪能不要您呀！我爸爸在家盖房子，就派我来看您了。"老人一听就高兴了，马上就要跟我们走："你是来接我吧？咱们快走吧！"

我说："奶奶啊，别急。您已经好久没有给我讲故事了，我想听您讲故事了。"

奶奶一听更高兴了，说："你这孩子从小就爱听故事，奶奶给你讲。"

奶奶还说："你啊，从小就傻，分给你的糖，你总是不舍得一下子吃完，然后到处藏，结果都被弟弟们偷吃光了。"就这样，老人絮絮叨叨地说着，我们也认真地听着。

我突然发现老人讲的都是关于孩子们的故事——这个孩子的顽皮，那个孩子的可爱，这个孩子喜欢吃什么，那个孩子喜欢穿什么。每个孩子的爱好奶奶都记得，仿佛她的整个生活全是她的孩子们。我听着听着突然感动于眼前的这位老人——这位母亲，疾病让她忘记了很多很多，甚至忘记了她自己，但是对孩子的爱她从来没有忘记过……

临走前，老人还从被窝里拿出已经干瘪的半块苹果，悄悄地、很慎重地对我说："孩子呀，这是你最爱吃的那种苹果，你得出去再吃，别让他们看见，看见就没你的了……"

老人还拿出不知道她从哪里找的很多花花绿绿的糖纸，如数家珍地对我说："孩子呀，这些都是我为你存的，这个是外国糖，可好吃了，那个是巧克力的，苦甜苦甜的，大夫不让奶奶吃糖，我就请别人帮着尝尝味，再告诉我，然后我把糖纸都给你留下了……"

"奶奶知道你小时候最喜欢吃糖，就给你一直留着，这下你一定很开心吧？你看看，这多漂亮……"老人开心得脸上笑开了花，手里还不停地捏着"滋滋啦啦"作响的花花绿绿的糖纸。

听着老人的话，看着老人的表情，感受着老人的心，我突然感受到一股巨大的情绪在我身体中流动：不是因为那半块干瘪的苹果，也不是因为那"滋啦"作响的花花绿绿的糖纸，而是因为这次陪伴让我有了关于生命的顿悟。

从老人房间出来后我哭了很久，也反思了很久：为什么我能对别的老人"不分析、不评判、不下定义"，而对我最亲的母亲却总是横挑鼻子竖挑眼，不接受她的一切呢？为什么我能看见那位老人的孤独而去拥抱她、安慰她，而对与我最亲的母亲的孤独却从来视而不见，甚至从来不曾抱过母亲，从来不曾对她说过一句"我爱你"呢？为什么我因从老人糊涂背后读懂她伟大的母爱而动容，却对爱了我四五十年的母亲竟麻木到视而不见呢？为什么我能耐心地去听那位已经糊涂得连一点逻辑都没有的老人讲故事，而对我最亲的母亲，只要她说第二遍，我就会训斥她说已经讲过了，如果母亲再说的时候，我甚至会狠心地伸出3个手指头提醒道："已经第三遍了哈，事不过三！"然后，冷冷地让她咽回去……

……

顷刻间，我醒了，我懂了，我忏悔，我要痛改前非，我要好好弥补我的过错，我要好好孝顺我的母亲，我要好好爱与陪伴我的母亲……

感恩我慈爱的母亲用她的生命在爱着我、等着我，在一次次给我机会……

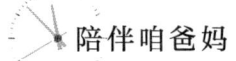
陪伴咱爸妈

真正的看见

我回家后,看见母亲正在享受地舔着一块糖,但当突然看见我时,母亲立马紧张地把糖迅速藏到身后,怯怯地说:"嗯……那个……我……我这……我就吃一块,这是第一块,真的……"

曾经那么强势骄傲的母亲,如今变得如此怯懦,变得如此小心翼翼,需要看着我们的脸色生活!今天的我看见这些,心疼至极,也难受至极。

我第一次拿着小马扎坐到母亲的腿边,趴在她的腿上,问:"娘,您说我是不是一个坏孩子?我一天到晚老是嫌弃您,不让您干这,不让您干那,还大声吼您。娘,我错了,我真的错了,我终于知道错了,我改,我再也不惹您生气了,请您原谅我!您一定要原谅我呀,娘!娘,我爱您!"

我不记得我还说了些什么,我只记得自己边说边哭,边哭边说,把那些对母亲的种种不好,种种不对通通说出来。母亲对于这突如其来的一切感到有些紧张,赶紧搂着我,说:"别哭,孩子,咱不哭。你是娘最好的好孩子,娘都知道,真的,你是娘的小棉袄,你从没有真的生过娘的气,你吼也是为娘好,娘老了,糊涂了,就得你给娘提醒,咱不哭哈,好孩子。娘也爱你……"

这是我们娘俩这辈子第一次互说"我爱你",后来娘也哭了,我想那次娘的眼泪一定是甜的。那次我在娘的腿上趴了好久好久,娘用她那双粗糙的大手一手搂着我,一手抚摸着我的头,那份温暖仿佛穿越了岁月融化着我……

从此,我和母亲之间的故事就变了"画风"。

又一个夏天到了,树上的知了拼命地叫着:热,热,热。

这一年,母亲种在院子里的甜瓜大量成熟了,而且是大丰收,我们一家"吃瓜群众"在娘的带领下都卖命地吃瓜,可怎么也吃不完,就连邻居都吃够了,还有富余。母亲看着成熟到快要腐烂的瓜发愁,见谁都说:"可惜了!这瓜,怪甜的,可惜了,可甜了……"

要是在从前,母亲这样说,我肯定得训斥她,甚至不准她不高兴,而现在看见母亲心疼因为丰收吃不了而坏掉的瓜,我有了一个好主意:第二天一早,陪娘去集市卖瓜。

听到这个消息,娘高兴得合不拢嘴,说自己已经有40多年没到集上卖瓜了。

于是,娘第二天天不亮就起来下地,亲自摘瓜、装车,还忙里忙外地准备遮阳的草帽、擦汗的毛巾和两大桶饮用水,真有她年轻的时候去集市摆摊卖瓜的感觉。一切准备停当,天刚亮,娘就催促我出发。

拗不过娘,于是,我配合着娘的安排,穿戴好"行头",驾着"宝马",拉着娘在夏日的清晨驶向了镇上的集市。

一路上,娘一直有说有笑,朝阳透过挡风玻璃照在娘微笑的布满皱纹的脸上,我知道那一刻,娘是幸福的。奇怪的是我也觉得很幸福,那一刻,我感觉自己第一次真正地看见了爱,看见了幸福,看见了娘,看见了生命……

【点评】

本案例是陪伴母亲的故事。作者从母亲的各种"不可理喻"开始铺陈,到通过爱与陪伴文化、陪伴的三大方法和十大技术的学习之后,不断地陪伴生命、看见生命、觉察生命的践行,进而看见了自己的母亲。

本案例作者经由陪伴一位"海默"老人而突然产生的顿悟,到向母亲忏悔,同时完成了生命的某种反转,之后作者主动地出主意在一个阳光明媚的清晨开着"宝马"陪伴娘去集市"卖瓜"。当作者看见娘的幸福时,她也感受到了幸福。那一刻,作者"感觉自己第一次真正地看见了爱,看见了幸福,看见了娘,看见了生命……"

本案例应用了用心倾听、祥和注视、零极限、抚触沟通、同频共振等心灵呵护技术，应用了生命陪伴生命的陪伴方法。在应用老人心灵呵护十大技术陪伴老人的过程中可以遵循以下五个步骤，我们简称为"五步法"：

1. 陪伴者觉察老人的状态。
2. 陪伴者觉察自己的状态。
3. 陪伴者调整自己进入宁静祥和的"三不"状态。
4. 与老人建立连接。
5. 陪伴者与老人同频共振。

"五步法"不仅可以应用在陪伴的过程中，还可以用在案例分享、案例复盘等过程中。

父亲，他笑了

张军广

我的父亲去世快 4 年了，可是我与他的和解是在去年才刚刚完成，我从内心抗拒了他一辈子，以前我觉得他不了解我，我们从来不曾走入过彼此的内心。

我是一个性格孤僻的人，在学校里常常受人欺负，挨批评，没有朋友。回到家里，我想和父母好好聊聊天，可是家里的气氛永远是冰冷的。父母的关系并不好，他们经常吵架，而且他们都不会和孩子沟通，和他们谈心聊天是很奢侈的事。我一旦说起内心的问题和纠结，从父亲那里得到的永远都是批评。其实我内心是特别渴望和父亲沟通的，因为他是老师，有文化、有见识，少年的我多么想得到父亲的肯定啊！

长大后，我一直想和父亲进行一次入心的长谈，谈谈这些年我吃过的苦，谈谈我的心路历程，谈谈家庭教育，谈谈他们的婚姻。但是这个愿望从来没有实现过，直到他去世。每次谈没两句话，他就走开了，面色也很难看。

父亲对我的评价从来都是负面的，从我记事起，他就以批评教育为主，从来没有肯定和表扬过我。他的话永远都是这样的：你的思维不行，你把握全局的能力差，你的脑袋怎么发僵啊，你干活儿怎么这么不行啊。

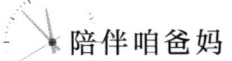
陪伴咱爸妈

最让我受不了的一句就是：你这一辈子不会有什么出息的！

我说："您不要总是批评我，您不懂我！"

他说："我不懂你谁懂你？！"

他还用斩钉截铁的语气说："知子莫若父。我批评你是为你好，这叫'否定式教育'。"

总之，他的沟通方式从来都是单向的，只能是他说我听。我永远说不过他，他就是天，他永远是对的。在他面前，我只能是软弱的，没有主意的。对此，我是非常抗拒的。

记得我在高一期末分文理科的时候，我很想选文科，因为我实在搞不懂数理化，也听不明白。初中3年学数理化就学得非常吃力，虽然最终还是以优异的成绩考上了高中，但是其中的苦，只有我自己知道。但在分文理科时，父亲坚持要求我选择理科，说理科好找工作，这让我非常苦恼，但也拗不过他，最终还是听从了他的意见，选了理科。结果是我非常痛苦地度过了高中3年，不仅学得吃力，高考成绩也不好。

到高考完毕要填报志愿的时候，他坚持让我报师范专业。因为那个时候师范专业是很好录取的，只要填报，基本能录取，我们班就有好几个高分上师范的。我觉得父亲只从他的角度考虑，只想着要确保我第一年就考上，免得复读一年还要再供我，另外，师范生还能免一大笔学费。我不喜欢当老师，因为父亲当了一辈子老师，我看着他也没什么太大的出息，工资刚开始几十块钱，一点一点地涨，最后几百块钱，这实在是当时的我看不上的。我当时的想法是我的人生可是有大志向的，我是要做大事的，一个小小的老师，怎么能入我眼里呢？当着父亲的面，我抗拒不了。但到了学校，我就把志愿改了，我填报的是财经专业，在是否服从调剂一栏，我这样写的：除了师范类学校以外，其他的都可以。

直到工作之后，我的大事情他基本也是反对的居多：我从原单位离职，他反对；我爱人从原单位离职，他反对；我考各种证书，他反对；我

父亲，他笑了

爱人考研，他反对；我们来北京，他反对……

不过反对无效，我从不征求他的意见，也不看重他的意见。

去年加入了十方缘，在十方缘里经常说的话就是：谢谢你，我爱你。每次活动完毕，都要念感恩词，感恩天地，感恩父母，刚开始念的时候我也没有什么感觉，后来念着念着就好像变成了从自己内心流出来的语言。

在一次整理素材的时候，我看见了筷子兄弟那首《父亲》的歌词，里边的第一句就是：总是向你索取，却从不曾说谢谢你。我感觉我的心好像被扎了一下，我想起了去世的父亲，想起了我们之间没有完成的沟通。父亲辛辛苦苦地把我养这么大，我还真的是没有说过一声"谢谢你"。

我好像忽然明白了，为什么我们父子沟通永远不顺畅了，原来就是我心中的那份不满，那份我对他的执念：我总是在想他做的种种不对、不好，从来没有看见过他任何的付出。

仔细想想，父亲为我们做的实在是太多了：父亲承受着不幸的婚姻，把我们兄弟两个养大；父母关系虽然不好，但父亲生前还是把母亲所有的事情都安排得妥妥的；父亲一边上班，一边没黑没白地独自照顾患有阿尔茨海默病的奶奶整整3年；我们生孩子、买房子、来北京，父亲嘴上说不同意，但都在用实际行动大力地支持着；我们最困难的时候，父亲把母亲安排到我们家里帮忙，而他一个人在老家默默地独自承担着家里的一切……

父亲身上的这种家庭责任感深深地影响到我，我还继承了父亲的勤奋。记得我在上初中的时候，父亲一边种着地，一边在学校里讲着课，一边照顾奶奶的日常起居，同时还要攻读函授大专。那时候，父亲每天晚上都挑灯学习到深夜。偶尔一次，我看见父亲的考试成绩单，分数还都挺高的。

每次我给他打电话的时候，他总是说"我没事儿，我没事儿"，直到最后一次，他再也不能接听我的电话，因为他心脏病突发倒在了大街上……

父亲已经为这个家、为他的孩子们付出到无可付出的地步，但是换来的是什么呢？每次聊天，我总是带着自己的怨气：父亲，您不懂我；您的婚姻对我造成了伤害；您的教育方式是错误的；明明就是您错了，您怎么就是不肯承认……

我怎么这么自私？！我总是想着自己的委屈，一直处在抵抗的情绪里。为什么那个时候就没看见过父亲的好，没想过父亲的付出呢？为什么那个时候不懂得和父亲说"谢谢您，我爱您"呢？如果当时我能放下执念，多聊聊他的不容易，多说说"您辛苦了"，我想我们一定能够有更好的连接……

也许世界上的任何人我们都可以选择，但唯有父母无法选择。曾经我最不愿回的老家，现在也回不去了。父母是我们生命的起源，也是我们修行的起点。改善与这个世界的关系，全面与自己和解，要从完全接纳并爱自己的父母、完全接纳并爱自己的原生家庭开始。我曾经因自己的原生家庭而感到自卑，对自己的父母长久地抱怨。现在我才真正认识到：父母才是我生命中最大的恩人，是我的大佛！

我一遍又一遍地念诵着筷子兄弟的这首歌词，泪早已夺眶而出，泪眼蒙眬中，我仿佛看见父亲站在我的前面，他笑了……

【点评】

本案例是父子间陪伴与和解的故事。作者通过对陪伴父亲过程的回忆与反思引领自己完成了与父亲超越时空的和解。本案例应用了自我陪伴的方式完成了生命陪伴生命、生命影响生命、生命唤醒生命的过程，与过去的自己完成和解，进而完成穿越时空的与父亲迟来的和解。

本案例应用了祥和注视、用心倾听、音乐沟通、零极限等心灵呵护技术，以及生命陪伴生命、生命影响生命、生命唤醒生命的陪伴方法。其中，音乐沟通技术的应用画龙点睛。音乐沟通是通过音声进行交流的心灵呵护技术，是指应用音乐作为辅助手段，来达到陪伴老人、陪伴自己、呵护心灵的效果。音乐沟通的核心是对自己、对老人、对整个场域的状态要有觉察，对老人"不分析、不评判、不下定义"，感受老人的状态、与老人同在。如果陪伴者把音乐沟通当成自我陪伴的技术，在应用时可以播放与自己当下能量频率比较接近的音乐，让自己与音乐同频共振。

后 记
感恩生命

  2021年元月的月度工作分享会上，有位义工分享了用心理学方法如何陪伴患有抑郁病症的母亲。这位义工平时不是特别喜欢学习，但是她在分享如何疏导她母亲情绪的时候思路非常清晰，使用的方法和理论说得特别明了，我非常好奇她是如何迅速学习的。她告诉我她最近在追一个描写心理咨询师工作、学习、生活的电视剧，在看剧的过程中，无意中学会了心理咨询的技术和方法。

  我听了以后特别震撼：我们一直想把陪伴老人的方法和技术分享给年轻人，但是学习的人不是很多，为什么呢？我们分享的方式不对，我们要用年轻人喜欢的方式进行分享，比如电影、电视剧、VR或游戏。

  我们当天就立项，标的是创作一部教年轻人如何陪伴自己父母的电视连续剧，当下起了一个非常应景的名字："陪伴咱爸妈"。

  半年过去了，没有任何结果。

  我心急火燎地找到负责编辑组稿《流动的生命》的杜杜老师来做指导。杜杜老师非常认真，把项目进行了梳理，发现做电视剧是一个庞大的工程，把全部工作进行了拆解，确定了制作电视剧最核心的是电视剧剧本，所以我们项目的核心转向编写《陪伴咱爸妈》剧本。

后记 感恩生命

我们邀请了不少剧本创作者来体验我们的工作,半年过去了,剧本没有编写出来。项目组进行了反思:找一个写老人心灵呵护领域的作家特别困难,不仅仅要有时间深入我们的业务活动中,同时还要悟到陪伴生命的底层逻辑和技术方法,所以,想要找到符合这样要求的编剧如大海捞针。

2023年元月,这个项目被确定为年度重点项目,我亲自负责。

我收集了两年来所有的工作纪要,对这个项目进行深度拆解。要做好一个电视剧,关键要有一个好剧本,要有好剧本,关键要找一个好的剧本创作者。创作者为什么那么难创作这样的剧本呢?主要原因可能有二:一个是没有一年或更长时间去了解这个行业,另一个是行业的底层逻辑、核心思想不容易体会到。

电视剧由几十集构成,每一集都是一个故事,我们可以组织对行业的底层逻辑了解比较透的义工老师,来写自己家庭或身边发生的故事,组成一个个故事原型,或一个个素材,为以后电视剧剧本创作提供借鉴蓝本,这样剧本创作者就可以根据一个个故事原型、素材来改编和创作,就大大降低了创作难度。

为了提高搜集故事的效率,我们招募了一个兼职的项目负责人,经过协商,王洋老师负责故事收集、整理、汇总及主编工作。

7月份,故事收集上来了,但是文字的表达达不到出版的水平。2023年7月27日,我给畅销书作家张大诺老师写信请教,大诺老师很快给了解决方法:大诺老师通过网络方式去辅导每一位作者,每一位作者重新书写自己的故事和体验,王洋老师最后再做文字上的润色。

特别感恩入选故事的每一位作者,大多花了半年时间重写自己的故事,几易其稿,最后由于篇幅所限,入选了49篇故事,没有入选的作品将在下一本故事书中引用。在此特别感恩大诺老师和参与故事创作的每一位作者,他们是(按照姓氏笔画顺序排列):

于锡强　王志华　王相群　王　洋　王曹静　王　喆　卢　莉

田幼玲　田素斋　刘　青　孙俪俪　苏　莉　杜　伟　李华凤
李桂彩　听　雨　何　麟　宋生兰　宋　君　张军广　张　芹
张盼盼　张香芬　张起梅　张晓平　张　圆　陆玉玲　陈秭江
陈　昕　柏翠娟　施秀琴　耿海燕　贾秀蓉　郭红梅　禄凤英
路　喆　魏爱玉

还有默默支持本书出版的老师们，他们是（按照姓氏笔画顺序排列）：

马冬青　王云云　王　琪　王德存　卢　莉　朱晓娟　刘　军
刘建丽　刘琴利　闫　然　孙晓丽　孙爱民　苏　莉　杜　敏
李宜珍　杨金晖　何　麟　张大诺　张　芹　张建峰　陈秭江
周　楠　郑婷婷　赵　文　姚桂红　贾秀蓉　倪华青　高少亭
高超华　唐　杰　黄　莹　萧　淳　谢忠平　蔡　红　魏爱玉

2024年元月，《陪伴咱爸妈》故事书的雏形终于完成了，但是零散的故事让剧作家看起来非常费劲儿，如何梳理呢？

开了很多次交流会，意见不统一。后来想，我们做这本书的初衷是什么？就是想通过这本故事集为电视剧的编剧提供素材，同时也可以让老人的家属通过真实故事学习陪伴老人的方法和技术，也可以让愿意把老人心灵呵护技术当一门职业技能的人作为案例集来学习。

在这个思路的指导下，按照老人需求、心灵呵护技术和生命成长的维度把本书分成了五个部分：生命陪伴生命、生命影响生命、生命唤醒生命、陪伴生命喜悦成长、"看见"的力量。每个部分有一个引言，简单介绍每一个部分的内容和逻辑思路，每个故事后边有一个点评，分享故事的文化内涵和技术方法。

回首往事，从立项到本书出版，历时三年半时间，1200多天，每一位作者和参与过本书的老师像放电影一样从我眼前闪过，我内心世界充满了感恩。感恩每一位作者，感恩参与编辑的每一位老师，感恩指导大家的大诺老师，感恩协助本书出版的各位老师，还有书中提及的每一位老人，给了我们作者陪伴的机会。

  也特别感恩本书出版过程中一直支持我们的北京十方缘公益基金会、南都公益基金会、北京险峰长天公益基金会、中国生命关怀协会、中国公益研究院、京都念慈庵总厂有限公司和森丽康科技（北京）有限公司。

  唯有感恩心生，唯有感恩临在！

  愿每一个生命在爱中行走，在爱中回家……

方树功
2024 年 6 月 18 日